不动产登记审查的
法理与构造

王亦白◎著

中国政法大学出版社

2018·北京

图书在版编目（ＣＩＰ）数据

不动产登记审查的法理与构造/王亦白著.—北京：中国政法大学出版社，
2018.12

ISBN 978-7-5620-8729-8

Ⅰ.①不… Ⅱ.①王… Ⅲ.①不动产－产权登记－审查－研究－中国
Ⅳ. ①D923.24

中国版本图书馆 CIP 数据核字 (2018) 第 280349 号

出 版 者	中国政法大学出版社
地 址	北京市海淀区西土城路 25 号
邮寄地址	北京 100088 信箱 8034 分箱　邮编 100088
网 址	http://www.cuplpress.com（网络实名：中国政法大学出版社）
电 话	010-58908285(总编室)　58908433（编辑部）58908334(邮购部)
承 印	固安华明印业有限公司
开 本	880mm×1230mm　1/32
印 张	10
字 数	230 千字
版 次	2018 年 12 月第 1 版
印 次	2018 年 12 月第 1 次印刷
定 价	46.00 元

序
PREFACE

　　不动产登记制度是维护交易安全、保障私权实现的基石，亦属国家加强社会管理的基础性制度。自我国《物权法》十一年前颁布实施，不动产统一登记即成为热门话题，因其既属民法上物权公示的主要方法，又系行政法上一类特殊的行政行为，学术界一直聚讼纷纭，私法学者和公法学者往往各执一端、摒弃他见，很少有将二者特性予以兼容并包的专业论著。然而，公私法相调和的问题在世界范围内日渐为法学界认识和重视，我国《物权法》立法过程中即有物权法公法化的争论，因此，以公私法接轨为视角考察当下中国的不动产登记问题可谓极富创见的尝试，于理论抑或实践均有诸多裨益。

　　本书关注当前我国不动产统一登记改革中的核心问题，以不动产登记审查为研究对象，既阐述基本法理，又关注制度构造，回应了顶层设计和实际运作中的现实需求，具有重要的学术和实务价值。作者首先讨论现代社会财产权保护的公法化和公权力介入私权利的必要性，揭示出不动产登记私法为"体"公法为"用"的法律属性，交代了不动产登记审查的理论背景，也为全文的展开奠定了法理基础。进而从价值取向和目标设定角度审视不动产登记审查，阐述了登记制度功能、登记审查的本质以及背后的双重价值追求，分析了依法行政、物权变动与不动产登记审查的关系，明确了我国应当确立"形式审查+注意义务"的审查模式和三个层面构建审查体系的基本思路。在此基础上，作者着力进行制度构造：一是从审查主体、审查标准、审查对象和审查程序出发，搭建起我国不动产登记审查制度的基本架构；二是创造性提出不动产登记审查的运行逻辑，论述了各类登记业务以及登记资料查询中的审查问题，体现出对登记实践的充分关照；三是站在公私法融合的角度，指出不动产登记审查体系应当不断拓展和延伸，实现内在优化和外部优化结合，让多重机制共同发挥作用。总的来看，本书立意新颖、行文流畅，论证严谨、层次分明，论据充分、资料翔实，结论可靠、建议务实，不啻为一部学理务实兼备的佳作，读之既可丰富理论水平，亦能指导实践操作。

作者 21 世纪初随我攻读法学硕士学位，当时即展现出较好的公法素养，惜乎其毕业即弃"学"入"仕"，选择经世致用作为人生追求。不曾想他不忘初心，在部委机关工作十余年后，又悄然重返校园，且从法大赴人大、脱"公（法）"向"私（法）"，实现了学业上的重大转向，为师颇感其勇气可嘉。更加可赞的是，当在职博士生成为许多导师门下"困难户"时，他能够静心治学、用心修业，将不同学业阶段的学术训练融会贯通，并与其所从事不动产登记领域行政管理相结合，居然三年即如期获得民商法学博士学位……虽然这其中有其选题得当（与自身工作结合紧密）的缘故，但也足以让我这个曾经的导师感到欣慰了。或许，我国学界少了一位法学教授，但国家多了一名学者型官员，于法治建设究属幸事。

喜见学生博士论文付梓，欣然为之序！

中国法学会行政法学研究会会长
中国政法大学副校长、教授

2018 年 11 月 17 日于蓟门桥

目 录
CONTENTS

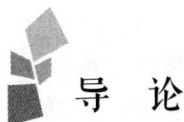

导　论

0.1 何以研究不动产登记审查?

近年来,不动产统一登记继 2007 年《中华人民共和国物权法》(以下简称《物权法》)颁布实施之后,再度成为社会关注的热点问题,政府重视、民众关心、业界热议。2013 年 3 月《国务院机构改革和职能转变方案》经第十二届全国人大第一次会议审议通过,方案提出"整合房屋登记、林地登记、草原登记、土地登记职责,由一个部门承担,建立不动产统一登记制度";2014 年 11 月 24 日,《不动产登记暂行条例》(以下简称《暂行条例》)公布,并自 2015 年 3 月 1 日起施行,国土资源部部长在施行当日发出全国第一批不动产权证书,标志着我国建立和实施不动产统一登记制度全面启动。方是时也,关于不动产统一登记与反腐、降房价、征收房产税等之间的关系引发诸多猜测议论,杂音纷呈、甚嚣尘上,但这种关注似乎功夫全在"诗外";随后,全国各地陆续实现"发新停旧",在"放管服"改革(简政放权、放管结合、优化服务的简称)的大潮下,实践中各类问题不断涌现,"最多跑一次"、破解"中梗阻"等渐成热点,有关话题则迅速转入"具体而微"的不动产登记操作层面，却缺乏相应的理性思考。

本书将不动产登记审查作为研究对象，其原因主要在于，随着人民对日益增长的美好生活的需要和不平衡不充分的发展之间的矛盾成为当下中国社会的主要矛盾，不动产往往价值不菲，是一个家庭或社会最重要的财产之一，不动产登记特别是其中的审查"兹事体大"，事关人民财产保护的需求能否得到满足、群众有无幸福感和获得感。而本文的抱负则在于，既要对不动产登记在法律层面进行深入的理性分析，又要为实践操作特别是登记审查工作提供一定的理论支撑。不动产登记制度是土地、房屋、森林、草原、海域等各类不动产实现权利保障、维护交易安全的基石，是一个国家加强和改善社会管理的基础性制度。不动产登记审查作为不动产登记制度的核心环节，从学理角度可以初步界定为，登记机构依法对于登记申请进行审核、查验，并作出是否予以登记的结论的行为或过程。不动产登记审查的内容十分广泛，包括：登记机构对于登记申请是否有管辖权；申请人或其代理人资格是否适合；申请事项是否在应予登记范围内；登记申请以及提供的相关材料是否符合法定要件；申请内容是否与登记原因及相关证明文件相吻合；登记申请人的权利是否与不动产登记簿上的权利吻合；登记申请材料的真实性等。与此同时，还存在若干与不动产登记机构审查密切相关的制度，如不动产登记官制度、不动产登记代理制度、不动产交易登记公证制度、行政复议制度，以及不动产登记与民事诉讼、行政诉讼等制度的衔接。

我国曾经长期区分各类不动产及其权利，实行分散的不动产登记制度，各地方、各行业也从本地区、本部门管理角度出发，颁布了大量的各类不动产登记法规规章和规范性文件。受制于当时立法能力和部门利益的掣肘，一方面，对于一些事关不动产登记审查的重大性、基础性问题，当时的不动产登记法规政策尚未明确；另一方面，各类不动产登记法规政策关于不动产登记审查的相关规定之间存在矛盾和冲突。针对我国长期以来各类不动产分散登记的现状及其弊端，以国务院 2014 年 11 月颁布《暂行条例》为新起点，我国在法律意义上正式迈入了不动产统一登记时代。随后，国土资源部于 2016 年 1 月 1 日颁布并正式施行《不动产登记暂行条例实施细则》（以下简称《实施细则》），并陆续出台了《国土资源部关于印发〈不动产登记操作规范（试行）〉的通知》（以下简称《操作规范》）等一大批规范性文件。

在我国不动产登记制度从分散走向统一的过程中，当前及今后一段时期的主要任务将是为构建科学、合理的不动产登记制度而努力。在此背景下，从私法和公法两个维度开展不动产登记审查问题的理论研究，对于进一步构建我国不动产登记制度具有重大意义。一方面，有助于进一步夯实我国不动产登记制度的理论基础，其研究水平的高低以及同中国国情的结合程度，将直接影响我国不动产登记理论构建的科学性，进而制约着相关理论研究能否实现关键突破；另一方面，有助于进一步促进我国不动产登记审查的制度构建和体系完善，为我国不动产登记体系乃至涉及不动产的社会管理体系健康运行、规范有序提供有益指导和现实支撑，进而促进我国国家治理能力和治理体系现代化水平的提升。

0.2 他山之石与我们的不足

客观地讲，法律制度体系的构建需要以理论观念共识的形成为前提，在学理上仍然存在众多争议与未定时，立法者往往也难以进行制度的取舍；反之，已经形成共识的理论观念，则可以被完整、准确地体现到不动产登记审查制度规范中。长期以来，世界上不少国家或地区已经建立了相对较为完备的不动产登记审查理论和制度体系，这可谓是我们研究不动产登记审查问题的他山之石。其特征主要表现为：第一，不动产登记审查的基础理论已经基本成熟、相对完善；第二，不动产登记机构所承担与审查相关的职责权限、程序设置已经较为明晰；第三，不动产登记审查若干配套制度已经建立并不断完善。以不动产登记审查理论为例，在法国，基于不动产登记公信力较弱的理论认识，故在其制度设计中所规定的不动产登记机构审查标准较低；在德国，基于不动产登记公信力较强的理论认识，故在其制度设计中所规定的不动产登记机构审查标准较高；而在日本，理论认为基于物权法定原则的存在，不动产登记制度中必须贯彻"不动产登记能力法定原则"，故日本《不动产登记法》第1条明确列举了可以登记的不动产物权类型，除此之外的不动产权利则因欠缺不动产登记能力而无法登记。以不动产登记机构审查的职能职责、程序设置等为例，我国台湾地区"土地登记规则"第50条将不动产登记申请补正限定于申请人资格不符、登记申请书不合程序或文件欠缺、登记申请书或登记原因与登记簿或其证明文件不符、未依规定缴纳登记规费或罚款者四种情形；第51条将不动产登记申请驳回限定于不属受理登记机关管辖者、依法不应登记者、申请登记之法律关系相关关系人间有争执者、逾期未补正者；除此之外，不得以其他理由将登记申请予以驳回或要求补正。以若干配套制度为例，法国为保证不动产登记申请的真实性，建立了不动产交易公证和认证制度；为了保证不动产登记人员的专业性，德国的《司法辅助官法》、日本的《法务局及地方法务局组织规则》均对不动产登记人员的性质、职权、培养机制等进行了较为全面的规定，等等。

　　然而，反观我国不动产登记审查制度，仍存在诸多不足，还处于一种相对粗放的阶段。即使已经进入统一登记时代，前述《暂行条例》和《实施细则》以及相关规范性文件的颁布实施也不意味着我国不动产统一登记制度已经建成，而是还有很多需要完善的地方和很大提升的空间。大处观之，从立法完备程度看，较之于德国《土地登记条例》共 144 条、日本《不动产登记法》共 159 条、我国台湾地区"土地登记规则"共 144 条，前述《暂行条例》仅有 35 条，显得甚为简略；与此同时，对于不动产登记中包括审查主体、审查职责、审查标准、审查对象、审查程度、审查程序、审查结果在内的一系列重大问题还欠缺细致而明确的规定。因此，我国不动产统一登记制度建设，正可谓一切尚且在路上，今后一段时期，仍有很多工作要做，需要我们作出长期艰巨的努力。具体言之，其理论观念的形成、制度操作的运行仍然存在诸多欠缺，有待于进一步厘清：

　　一方面，理论观念尚未形成共识。比如，登记机构对登记申请的审查模式是不动产登记审查中的一项基本问题，但长期以来我国理论界对于登记机构究竟采取形式审查还是实质审查，一直存在颇多争议；实际上，对于何为形式审查、何为实质审查，理论上也始终没有达成共识。《物权法》第 12 条虽然列举了登记机构的审查职责，但其究竟应当采怎样的审查标准呢？现行立法其实是采取了回避态度，并未作出明确规定；及至《暂行条例》正式颁布，第 18、19 条虽然细化列举了登记机构的"查验""实地查看"等种种职责，但对于登记机构应采何种审查标准仍然未能予以明确。此外，在不动产登记行为性质、登记效力、物权变动和不动产登记关系等基本理论方面，均存在相当程度之争议。

另一方面，登记审查的具体制度及配套措施亟待健全。虽然我国针对各类不动产权利及相关事项建立了登记审查制度，但仍然存在诸多缺漏或冲突。比如不动产登记的客体，除常见的土地、房屋、森林、草原、海域等需要登记外，以不动产形态表现的自然资源、信托财产等是否需要登记，法律法规尚未予以明确规定，这实际涉及登记能力问题。相应地，离开了若干配套措施的技术支撑和制度协同，不动产登记机构或工作人员根本无法准确、高效地进行不动产登记审查。目前我国也还存在诸多缺陷。比如登记审查具有相当的专业性，相关工作人员需要进行专门的选拔和资格准入，而令人遗憾的是，《暂行条例》并未规定不动产登记官制度；又如登记审查的校正和救济，《物权法》仅简单述及，《暂行条例》及《实施细则》均是语焉不详。

上述种种，为作者针对不动产登记审查开展深入研究提供了"问题域"，从而无论是基础理论构建、顶层制度设计还是规范实践操作，均属大有可为。

0.3 路径框架及创新愿景

学术研究必须以一定的研究方法为依托，运用正确的研究方法将会使学术研究事半功倍。反之，若未能正确运用相关研究方法，将导致学术研究陷入困境和迷茫。本书写作中，作者主要运用以下研究方法：

（1）跨学科研究法。不动产登记审查，不仅仅是一个法学问题，其还牵涉到经济学、管理学、社会学等多学科知识；即便在法学内部，其也关涉民法学、行政法学、诉讼法学等多部门法学。对于不动产登记审查制度的理论研究和制度构建，必须考虑多种客观因素，兼顾多种利益考量，综合运用多种学科知识，才能够整体性解决现实中存在的问题。

（2）比较研究方法。作者将运用收集到的各国或地区有关不动产登记审查的相关理论研究成果和实际立法例，深入研究境外涉及不动产登记审查的具体制度措施。在不动产登记制度方面，虽然各个国家或地区还存在较大的差异，但是在维护交易安全、降低交易成本、提升登记质量、提高登记效率、更好地完成不动产物权公示等问题上，各个国家或地区的基本目标还是一致的。因此，横向借鉴各国或地区的理论和实践研究成果十分有价值。

（3）历史研究方法。作者还将展开对我国不动产登记审查制度变迁的历史研究。新中国成立以后，特别是改革开放后，我国已经形成了一套较为全面、系统的包括不动产登记审查在内的不动产登记制度体系。在不同的历史时期，由于种种原因，各项具体制度也发生了较大的更替，对于这些历史脉络的梳理，可以说，十分有助于我们准确把握我国不动产登记审查的制度变迁、纵向发展，从而更好地掌握其中存在的规律性，以裨益于不动产登记审查制度的科学构建。

（4）实践调查研究方法。作者在研究过程中，注意选择一些地区进行实践调查，了解全国各地区、各部门针对不同种类的不动产登记申请所适用的审查范围、审查标准、审查程序，等等。第一手实践资料的获得，对于科学评价现行不动产登记审查制度，合理借鉴国内外理论研究成果，科学构建并加快完善我国不动产登记审查体系具有重要而现实的意义。

鉴于不动产登记审查这一研究对象具有较强的实践性，为提高理论层次，本书采用先发散再聚焦的论证方式，以公私法接轨为视角，将不动产登记的私法和公法双重属性作为理论研究和逻辑展开的起点，基于对当下中国现实问题的检视，阐述不动产登记审查的价值取向和目标设定，从主体、标准、对象、程序等方面研究构建中国特色的不动产登记审查制度，对不动产登记审查的运行进行深度分析，提出了完善我国不动产登记审查体系的思路。研究框架如下：

第一章，不动产登记的公法和私法双重属性。在主要以不动产为对象对现代社会国家公权力介入财产权制度进行理论观察的基础上，对不动产登记进行语义考证和概念界定，指出其法律属性存在争议。分别从私法和公法语境对不动产登记进行分析，进而将其性质定位为私法为"体"和公法为"用"。

第二章，不动产登记审查的价值取向和目标设定。阐明审查作为不动产登记的核心以及其在双重功能和潜在价值之间的桥梁作用，进而剖析依法行政、物权变动模式与登记审查的关系，明确了我国的审查模式选择和体系构建思路。

第三章，不动产登记审查制度的基本架构。从审查主体配备、审查标准确立、审查对象限定、审查程序设置等方面着手，研究分析我国不动产登记审查制度构建中的具体问题。

第四章，不动产登记审查的运行分析。围绕登记能力确定、登记类型区分、登记原因识别、阐述不动产登记审查的运行逻辑，具体分析登记生效主义、登记对抗主义下权利登记以及其他类型登记审查的重点，对登记资料查询的审查问题予以关注，还对不动产登记审查和交易监管一体化进行深入思考。

第五章，不动产登记审查体系的健全完善。登记审查体系向前端的拓展表现为，发挥不动产登记代理的减压作用和公证的辅助作用。行政体系内部要用好异议登记和更正登记机制以及行政复议手段；登记审查体系向后端的延伸表现为，通过民事诉讼和行政诉讼以及登记赔偿实现司法权对登记错误的救济。

　　第六章，结论和建议。在前文论述基础上对此项研究进行归纳总结，就相关情况予以说明，对所期待的愿景予以展望，并提出相关立法建议。

　　作者硕士阶段研读宪法学与行政法学专业，属于公法学范畴，在限制政府公权力和保障公民私权利之间上下求索；入职后长期从事土地产权管理实务，与私法领域一直割舍不断，亦激起对民商法学的好奇；博士研究生阶段的三年学术历练，"逼"着我大量涉猎民法文献，其实就是在"补短板"。当前，我国不动产统一登记格局既定，深入研究不动产登记审查问题，于作者既是兴趣使然，亦属职事所在。写作过程中，作者主要借助硕士阶段学习的公法背景、博士阶段的私法储备以及所处不动产登记领域的实践优势，深入检视我国不动产登记的制度现状并与境外制度实践进行比较，在厘清不动产登记双重法律属性基础上，寻求应然与实然之间的最佳契合点，从价值取向、目标设定、审查模式等方面研究不动产登记审查的基本理论，从审查主体、审查对象、审查程序、登记审查与交易监管一体化等方面搭建不动产登记审查制度的基本架构，提出完善不动产登记审查体系的基本思路，希冀为我国不动产统一登记制度建设作出应有贡献。在此过程中，作者拟完成如下创新：

　　一是，鉴于目前国内对不动产登记审查的研究主要是择其一端、及其一域，本书则以"第一个吃螃蟹"的勇气，采公私法接轨之视角，对其进行全面研究，试图创建一个基本成形的框架体系，也许力所难逮，但实心向往之。

　　二是，从理论角度分析不动产登记的私"体"和公"用"的法律属性及制度功能的双重性，指出不动产登记审查的本质及其私法和公法层面的价值取向，提出构建微观、中观和宏观的登记审查体系。

三是，从实践角度提出我国不动产登记审查制度的基本架构，确立"形式审查+注意义务"的审查模式、"履职尽责、合理审慎"的审查标准和分阶段实施审查的思路，以及多重机制共同发挥作用的完善审查体系的构想。

第1章
不动产登记的私法和公法双重属性

本书以不动产登记审查为研究对象，这个问题具有较强的实践性，但任何实践问题无不建立在特定理论背景之上。因此，有必要将不动产登记的理论基础交代清楚，首先要对不动产登记的本质属性进行理性追问。然而，不动产登记本身亦非横空出世，亦有其制度根源和特定语境，它是伴随着现代社会国家公权力介入财产权制度而产生并不断发展变化的，那么，对不动产登记理论背景的观察和讨论，则又成为首要任务中之首要，本章的写作即循此逻辑进行。[1]

1.1 现代社会公权力介入财产权的理论观察
——主要以不动产为对象

1.1.1 传统社会财产权向现代社会财产权的转型

任何法律体系的构建都是对于社会现实的回应，传统社会的生产生活方式决定了财产权制度。一方面，人类的利用能力低，对于自然资源利用的广度和深度十分有限。就利用范围而

---

〔1〕 本章第1.2~1.4节的内容，部分参见作者已经发表的"论不动产登记的私法和公法双重属性"，载《行政法学研究》2018年第1期。

言，人类能够开发利用的自然资源主要局限于可以实际感知的物，许多非实物形态但有财产价值的自然资源没有进入到人类开发利用范围。[1]以土地为例，人类往往以一整块土地作为开发利用对象，尚未拓展到对于土地上下空间进行分层使用、立体式开发。另一方面，人与人之间的社会关联度低。在农耕社会，自然资源承载的满足人类生产生活需要的可能性也有限。加之自然经济条件下，人口分散居住，社会交换需求较少。所以，传统社会中，围绕财产所形成的人与人之间的社会关联性不高，多体现为单个主体对于财产的利用，而围绕某个财产存在多个利用主体的情形，较为鲜见。[2]

相应地，传统社会中财产权具有如下特征：一是，财产权的客体主要为实物形态的物。在农耕社会甚至于机器化生产时期，人们可以利用的财富对象主要表现为有形的物，如土地、房屋、牛羊、农产品、机器。即便是货币，很多时候也表现为实物形态的金银等贵金属。在人类早期法典，如《汉谟拉比法典》《十二铜表法》中，国家制定法律保护私人财产的对象也都是这些实物形态的财产。及至 1804 年《法国民法典》，所列举的财产也多为实物形态。甚至在 1896 年颁布的《德国民法典》中，其"物权编"亦强调物权的客体必须是"有体物"，即有形的实物。虽然此种立法体例是受制于潘德克顿法学体系逻辑层次的需要；[3]但不能否认，当时社会生活中的私人财产主要为实物形态，"有体物"即为最普遍的财产权客体。

---

〔1〕 参见王洪亮等：《自然资源物权法律制度研究》，清华大学出版社 2017 年版，第 8 页。

〔2〕 参见胡吕银："《物权法》：徘徊在创新与保守之间"，载《社会科学》2007 年第 6 期。

〔3〕 参见王卫国："现代财产法的理论建构"，载《中国社会科学》2012 年第 1 期。

二是，保护私有财产。在欧洲，奉行财产权神圣不可侵犯原则；而我国长期以来形成"公私"财产并存局面，集中体现在土地中"公田"和"私田"的区分。传统农业社会中，自然经济条件下，生产生活需要主要局限于家庭内部的自我满足，个人对于财产利用的外部影响特别是负面影响也相对较小。基于个人财产利用的自我满足以及与外界关联度较小的原因，传统社会法律多采用财产权神圣不可侵犯原则，亦即以尊重、保障私人财产权为基本原则，即便是国家公权力，也要尽量避免、减少对于私人财产权的限制、干预。[1]1789 年法国《人权宣言》第 17 条规定，财产权是不可侵犯的神圣权利；1804 年《法国民法典》第 545 条规定，所有权是以完全绝对的方式享有与处分物的权利。直到 19 世纪末期，美国判例法仍认为财产权的行使应当绝对自由，不应对其进行任何限制，或者防范其所谓的滥用。针对"刁难人的栅栏"一案（该案中的土地所有者在土地边界附近修筑了一道丑陋的栅栏，他不是为了自己方便，栅栏对他也没有任何实用意义，而纯粹为了遮住光源并造成邻居的不快），大法官霍姆斯指出："个人自由的理论和一个人对其财产的个人支配权的理论使他能做令其他人厌烦的事……对此不会有什么惩罚。"[2]

三是，财产权类型以独占性的有体物为客体的所有权为中心。传统社会中私人财产权的类型以"有体物上的所有权"为

----

〔1〕　当然也要看到，财产权神圣不可侵犯思想是为反抗中世纪封建贵族对于人民人身自由和私人财产的束缚；资产阶级革命以后，新兴资产阶级提出了人人生而平等的理念，封建枷锁自此解除，同时提出了物权绝对化理念，要求废除一切附加在财产上的不合理的封建负担，构建私人财产权神圣不可侵犯观念，排斥各种限制，以保障私人财产的完整和自由。

〔2〕　[美]伯纳德·施瓦茨：《美国法律史》，王军等译，中国政法大学出版社 1997 年版，第 136 页。

主要表现形式，其他类型的财产权形式相对较少，远不如现代财产法的财产权关系复杂。以有体物为客体的物权体系中，亦以所有权为中心，用益物权、担保物权相对较少且简单。[1]比如在传统民法中，用益物权仅以不动产为客体，让与担保、最高额抵押、浮动抵押等新型担保物权亦尚未创设，且所有权仅限于"对于有体物独占性所有权"，即仅包括一个主体对于一个物的完全的、独占性的所有权。实际上，在物的所有权为多主体分享的共有情形，其社会关系并不复杂，但传统民法仍然对于共有采取排斥的立法态度。

进入现代社会，特别是20世纪以后，世界政治、经济、社会制度发生了很大的变化，这导致传统社会财产权法律理论基础同当代社会生活状况发生极大差异。[2]特别是现代社会中，诸多方面发生了结构性变迁，即：农地耕种由小块个人生产方式转向大规模合作生产；经济形态从自给自足的小农经济变成社会分工与合作高度发达的工业经济；智力财产创造由单枪匹马的个人发明时代日益进入合作开发时代；社会金融从银号内的地域性交易变成了交易所的全球交易；契约实践从即时交易和熟人交易扩展到了陌生人之间的长期信用交易；居住房屋由原来的家庭自主施工建设变成了今天的规模开发和按揭交易；大量人口由原来的独门独院走进了人口稠密的小区而需与更多的人生活在"同一屋檐下"，等等；[3]从而导致现代社会财产权出现了重大转型。

第一，财产权权利客体的非实体化。随着人类开发利用自

---

[1] 参见屈茂辉：《物权法·总则》，中国法制出版社2005年版，第119页。

[2] 参见［美］约翰·亨利·梅利曼：《大陆法系》，顾培东、禄正平译，法律出版社2004年版，第99~100页。

[3] 熊丙万："私法的基础：从个人主义走向合作主义"，载《中国法学》2014年第3期。

然和自我抽象思维能力的提高，许多财产权的权利客体不再局限于"有体物"，而更多地具有"非物质性"特点。比如，在传统观念中，一块土地仅需划定其水平四至即可，其上下界限被认为是"上至天宇下及地心"，而唯一的权利人（不论是所有权人还是用益物权人）对此范围内的所有土地空间均享有绝对的支配利用权利。[1]然而随着现代建筑技术的发展和法律观念的进步，对于土地上下某特定范围内的空间，亦可以单独开发，从而出现单设的"空间权"；即使以特定空间为范围能否成立空间权尚存争议，但就特定空间规定相应的使用权已是通行做法，德国的次地上权、日本的分层地上权以及我国的建设用地使用权分层设立制度即循此法理。再如，作为专利权客体的"专利技术"具有相当典型的"非物质性"，[2]以及当下常见的"虚拟财产"则更是以虚拟形式表现的财产。

第二，围绕财产利用发生的社会关联度急剧增加。随着人类利用自然能力的提高，同一财产上满足若干社会主体需求的可能性日益增强。与城市化进程的加快相附随，同一财产上承载多个权利人的利益需求的状况日益普遍。比如现代城市限于建设用地的有限性，只能选择集中居住，摩天大楼比比皆是，众多居民只能共同居住于一幢建筑内。相应产生了许多新型的多主体共存于一项财产上的财产权类型，若干权利人共存于一建筑物上的建筑物区分所有权制度、分时所有权制度属之，若干权利人共存于一公司财产上的股权制度、若干权利人共存于一定数额金钱上的基金制度等亦属之。应当看到，"这些通过私人合意改造出的新财产类型在存在形式、特点和保护的方法上，

---

〔1〕　刘国臻、陈年冰："论土地权利发展的三大轨迹及其启示"，载《学术研究》2013 年第 2 期。

〔2〕　吴汉东：《知识产权总论》，中国人民大学出版社 2013 年版，第 25 页。

与以往的以所有权为中心的财产权都有了很大的不同，强烈地体现出了不同于过往的新权利内容。"[1]更重要的是，由于人类利用自然能力的提高以及城市化人口的高密集度，财产利用过程中的负面外部性日益凸显，现代社会中个人支配私有财产可能对他人生活造成困扰。[2]可以说，不论是自愿的还是被动的，社会主体围绕社会财产发生的社会关联越来越高，社会关系越来越复杂。[3]从现实而言，民法上的不动产相邻关系制度、专利法上的专利强制许可制度、公司法上的小股东保护制度、破产法上的职工工资优先受偿制度、行政法上的建筑许可审批制度，等等。无不昭示着由于某项财产上所附载的社会连带关系复杂，私人财产权利行使时需要兼顾财产上所关联的其他社会主体利益。因此，私人财产利用受到越来越多的限制，以此兼顾他人利益、社会公共利益。

第三，市场自发配置社会资源的整体无效率性。财产作为一种社会资源，应当发挥其最大的利用效能。传统社会更多地采取市场自由主义，以放任财产权利人自主支配自己财产的方式实现社会资源配置的最优化。其理论基础来源于人是有理性的人、人是完全意志的人、人是完全自私人：一方面，人是自私的，所以对其私人权利必须予以绝对尊重，不可予以限缩，否则必将引起反弹和抗争；另一方面，人又是理性和自我控制的，人可以审慎权衡近期利益和远期利益、局部利益和整体利益，自我调适、分工协作，以此实现社会资源利用价值的最大化。但是，现代行为经济学研究证明：人并非是完全理性，而

〔1〕 冉昊："制定法对财产权的影响"，载《现代法学》2004年第5期。

〔2〕 参见张翔："财产权的社会义务"，载《中国社会科学》2012年第9期。

〔3〕 参见路红芳："论财产的社会性质——历史唯物主义视野中的'财产'概念"，载《湖北社会科学》2017年第4期。

是有限理性；人并非是完全意志，而是有限意志；人并非是完全利己，而是有限利己。[1]因此，人并不总是能够对于自身利益最大化进行准确把握，特别是在长远利益、整体利益和近期利益、局部利益发生冲突的情况下，冀望于人始终充满理性地开发利用自己财产并实现自身利益和公共利益的协调和最大化，其实完全不可能；并且，人并非将自己财产权视为绝对神圣不可侵犯，出于利他的本性或是理性的思考，一定程度上限制自己的财产权利，并非完全不可以接受。完全放任财产权利人自由支配自己财产权利已然并不具有现实合理性，相应地，为了补救财产利用过程中市场自由主义观念的缺陷，为了更好地兼顾他人、社会利益，以实现不动产利用效能的最大化，国家适度地干预私人财产利用，显然具有了其必要性和可行性。[2]

1.1.2 现代社会财产权保护的公法化

根据传统法律理论关于公法和私法的基本划分，在作用范围上，有政治国家或市民社会领域之分；在目标定位上，有公共利益或个人利益为本位之分；在调整方法上，有国家强制或意思自治之分。[3]财产权一般被传统社会的法律界定为私权，归于私法调整。在传统社会自给自足的自然经济背景下，除了刑法对于侵犯私人财产进行惩戒外，国家公权力几乎与私人财产、私人关系相隔绝，但并不意味着对于私人财产权毫不介入。

---

〔1〕 参见徐国栋："民法私法说还能维持多久——行为经济学对时下民法学的潜在影响"，载《法学》2006 年第 5 期。

〔2〕 参见单飞跃："'需要国家干预说'的法哲学分析"，载《现代法学》2005 年第 2 期。

〔3〕 参见陈太清："在历史与现实之间：公私法区分的控权价值"，载《求索》2010 年第 11 期。

实际上，由于人类社会开发利用自然资源能力的有限，侵占、争夺他人财产的情形十分常见，某种程度上比现代社会更加为甚。[1]对于这种财产权的侵害行为，国家公权力必须予以介入、救济和惩戒，如各国传统法典包括刑法典中，均对于侵害财产权的行为予以制裁。但是必须看到：一方面，由于社会生产生活条件的约束，个人、家庭对于自有财产可以进行独占性的完全支配，且利用过程中也不会对他人、社会产生负面影响，故其财产权的实现根本无需社会、国家的介入。另一方面，近代社会资产阶级启蒙思想家出于反对封建专制的需要，提出限制政府权力、维护私人权利完整性的思想，对国家公权力和私人财产权进行了严格区隔，减少公权力的介入。[2]总之，只有私人财产权在需要寻求保护时，国家公权力的介入才有其必要性，并且国家公权力的保护主要以财产权受侵害的事后救济为主，除此之外则绝少介入财产利用或权利行使。

在现代社会中，鉴于私人财产上往往承载着诸多其他社会主体的利益，财产权利人对于自己权利的行使必须兼顾到他人利益、社会公共利益，这一思想被表述为"财产权的社会化观念"，[3]不同法系的法学大师们从社会利益、社会功能、社会义务等不同层面阐述了相应的观点。德国的耶林在《法的目的》一书中指出，"所有权行使的目的，不仅应当为了个人利益，同时也应当为了社会利益；没有什么绝对的财产，也不存在可以不考虑公共利益的私人所有权，社会共同体的生活中不允许私

---

〔1〕 参见李祖扬、邢子政："从原始文明到生态文明——关于人与自然关系的回顾和反思"，载《南开学报》1999年第3期。

〔2〕 参见袁兵喜："论《物权法》的人权底蕴"，载《广州大学学报（社会科学版）》2009年第1期。

〔3〕 参见聂鑫："财产权宪法化与近代中国社会本位立法"，载《中国社会科学》2016年第6期。

人财产的不当使用"。[1]法国的狄骥也指出,"所有权不是一种权利,而为一种社会功能。所有主,换言之就是财富的持有者,而持有财富的事实,负有完成社会功能之义务;当他完成这个功能,他的所有主之行为就被保护。倘若他不完成这个义务或做得不好……那么,统治者强迫他完成所有主的社会功能是合法的干涉"。[2]美国法学家科宾指出,"我们的财产观念已经改变,它已不再被视为物或作为某种客体而存在,而已经变成了单纯的法律关系的集束——权利、特权和义务免除"。[3]与此同时,由于诸多现实因素的客观存在,"科斯定理"从权利配置角度论证了社会资源市场自由配置主义的不足,强调了产权界定的重要和交易成本的不可避免性,证明了国家干预资源市场配置的必然性和公权力介入私人财产权利开发利用的合理性。[4]相应地,现代法学对于公法介入私法领域已经不再那么排斥,公法被认为应当在一定程度上介入私法领域,对特殊利益主体在追求其自身利益时对社会普遍利益或公共利益所表现出来的漠视和威胁进行干预,并以此来平衡各利益主体。[5]甚至在一定程度体现出基于现实的需要,比如公共道路的修建显然有利于社会整体利益,但对于占用谁的土地修建、由谁来修建这类问题,如果委诸各土地权利人的"私人自治",则必然难以达到目的;因此,只能由国家公权力介入并借助于"征收制度"来

---

〔1〕 转引自梁慧星、陈华彬:《物权法》,法律出版社2010年版,第123页。

〔2〕 参见[法]狄骥:《〈拿破仑法典〉以来私法的普通变迁》,徐砥平译,中国政法大学出版社2003年版,第148页。

〔3〕 转引自马俊驹、梅夏英:"无形财产的理论和立法问题",载《中国法学》2001年第2期。

〔4〕 参见王敏:"对财产权外部性问题的反思——基于私法制度的视角",载《经济经纬》2007年第5期。

〔5〕 钟瑞友:"公私法关系的现代境遇——兼论物权法的法律属性",载《中共浙江省委党校学报》2008年第4期。

实现。再如，目前我国许多城市面临旧城改造这一难题，由于居民的利益诉求各异且缺少有效组织性，沟通、磋商成本巨大，如果没有国家公权力的强力介入，也很难实现旧城改造的顺利开展。造成旧城改造出现僵局、难以推进，很重要的一个原因就是，相关地方政府过于强调必须尊重每户居民的意愿，甚至强调要百分之百的居民同意，而不愿意运用国家公权力予以强制改造，以至于改造进程停滞，社会整体利益受损。[1]

还应看到的是，现代社会国家公权力机关日益强大，相关机构的人财物配置日益充分，为国家公权力介入私人财产开发利用提供了现实基础。传统社会中，限于自由市场主义理念和国家财力水平，围绕社会资源开发利用的国家机构配置较少。有关社会资源开发利用，完全委诸财产权利人的私人自治，基本没有国家机关的介入。[2]但是在现代社会，政府部门拥有一系列的与社会资源开发利用有关的机构。以我国围绕不动产开发、建设、使用过程中设置的相关职能部门为例，有国土资源主管部门、农业部门、城乡建设规划部门、建设管理部门、人防工程管理部门、市政管理部门、不动产登记机构，等等，除此之外还有地质勘测、建筑测量、建筑设计、不动产评估等一系列专业化组织，以保障公权力对于不动产开发利用干预的技术标准。总之，现代社会，国家公权力围绕社会资源开发配置的一系列政府部门已经为公权力干预私人财产利用提供了现实可能性。[3]

---

〔1〕 参见彭涛："旧城改造中的利益博弈与政府法治——以渭南市临渭区旧城改造为例"，载《人文杂志》2014年第6期。

〔2〕 参见易军："私人自治与私法品性"，载《法学研究》2012年第3期。

〔3〕 参见包玉秋："论公权力与私权利的平衡"，载《社会科学辑刊》2006年第6期。

1.1.3 公权力之于现代社会财产权的意义

梁慧星教授曾经描述过他的"私法理想国",即:私法"通过物权界定资源归属,通过契约实现资源流动,通过侵权责任救济受到损害的社会关系,通过亲属和继承给个人以家庭的温情与扶助,这些形成了大陆法国家对社会进行治理的基本模式。这种通过私法来实现社会治理的模式,可以有效地将国家权力排除在私人生活之外,实行私人生活的非政治化和非意识形态化,从而实现私人生活的自由、平等与博爱,这是对人的一种终极关怀。"〔1〕但那种理想状态实际上是虚妄的,或许在近代自由竞争资本主义社会体现得多一点(但也绝没有实现),而希望在现代社会出现排斥国家公权力的"私人自治""私法自治",显然已是"昨日黄花"、黄粱一梦了!现代社会中,国家公权力对于包括私人财产利用在内的各类私人活动,已经实施了全方位的渗透、调整和规制。

一是,国家公权力参与创造私人财产权利。传统社会的财产权利多是私人依据私法而创设,但是在现代社会,有关财产权利的创设,越来越多牵涉到国家公权力因素,甚至可以说,离开了国家公权力,私人将无法创设财产权利。〔2〕比如建房,在传统社会完全属于私人活动,国家公权力不予干涉,即便牵涉相邻不动产权利人,亦委诸民法相邻关系调整;但在现代社会,不经过政府规划许可、建设审批,土地权利人无权在自己的土地上建造房屋,导致建造房屋不再是私人的"权利",很多

---

〔1〕 易继明主编:《私法(第3辑)》(第2卷),北京大学出版社2004年版,第7页。

〔2〕 参见包玉秋:"论公权力与私权利的平衡",载《社会科学辑刊》2006年第6期。

时候需要国家公权力的参与或"许可"。再如，排污权等特许权被认为是一种新型财产权，而这类权利的取得直接来源于国家公权力机关的授予，从某种程度上看，此类新型财产权为公权力所创造。即使我们可以追问公权力的权源究竟来自何处，但不能否认的是，公权力已经在创造私权利方面高度介入。

二是，国家公权力确认私人财产权利。现代社会私人财产利用无时无刻不在"枷锁之中"，国家公法对私人财产权的限制即为枷锁。在纯粹的私法自治理念下，确认一项私人财产权确实完全依赖于私人自治，但是由于现代社会财产权客体的非物质性以及财产上社会关系的复杂性，私人财产权的内容、外延必须经国家公权力机关的确认，方可生效。换言之，传统社会不动产权利以私人占有为公示要件，标的物的范围以不动产的实际四至为界限。由于传统社会以熟人社会为特征，一项不动产之上的社会连带关系也较简单，上述以实物和占有为主要方式的不动产权利确认路径，是完全可行的。[1]到了属于陌生人社会的现代社会，再指望私人自治模式实现不动产权利的确认已经不可能，而必须由公信的权威机构予以介入、厘定、规制，自然只能是国家公权力机关。以建筑物区分所有制度为例，什么样的建筑物可以区分所有，建筑物中哪些部分应当为个人专有或众人共有，各自的权利义务是什么等问题，均须由国家公权力机关通过不动产登记制度予以确认。

三是，国家公权力限制私人财产权利。现代社会私人财产利用无时无刻不在"枷锁之中"，国家公法对私人财产权的限制即为枷锁。1896 年《德国民法典》刚颁布时，普遍认为第 903 条"在不违反法律或第三人权利的前提下，可以随意处分其物"

---

[1] 参见屈茂辉："物权公示方式研究"，载《中国法学》2004 年第 5 期。

所规定的权利限制只是"例外现象""很容易被忽略";但到了20 世纪中期,已经从"例外现象"转变为所有权内容中的重要因素。[1]我国《物权法》第 7 条规定,"物权的取得和行使,应当遵守法律,尊重社会公德,不得损害公共利益和他人合法权益。"学界认为此即我国现行法律赋予公权力对私人财产权限制的法律渊源。一般而言,国家公权力限制私人财产权的具体措施可以分为四种:一则,无补偿的强制性对私人财产权权利行使限制。这种限制具有普遍性且程度不深,国家无需给予补偿,理论上称之为"财产权的社会义务";[2]比如在城市规划中,老城区建筑物普遍受限高的规划约束。二则,有补偿的对私人财产权行使限制。这种限制是个别主体承担的具有"特别牺牲"性质且损害财产权人利益程度较深,国家给予相应的补偿,理论上称之为"管制性征收";[3]比如退耕还林中农民的耕地不能用于耕作而必须种植森林。三则,有补偿的强制性临时使用私人财产,亦称之为"征用"。四则,有补偿的强制性永久剥夺私人财产权利,即为"征收"。

四是,国家公权力解决私人财产权利纠纷。传统社会中,私人之间的财产权利纠纷多通过私法途径解决,或者自行协商,或者进行民事诉讼;但在现代社会,这种传统路径越来越困难,当事人之间自行沟通、协商成本巨大,而法院民事诉讼程序繁琐、成本高昂、效率低下。相较而言,国家公权力以行政机关为执行主体,以国家强制力为后盾,在解决私人财产纠纷,保

〔1〕　参见［德］卡尔·拉伦茨:《德国民法通论》(上册),王晓晔等译,法律出版社 2004 年版,第 53 页。

〔2〕　参见张翔:"财产权的社会义务",载《中国社会科学》2012 年第 9 期。

〔3〕　参见林华、俞祺:"论管制征收的认定标准——以德国、美国学说及判例为中心",载《行政法学研究》2013 年第 4 期。

障当事人权益方面，相较于私法手段，更加高效、便捷、低成本。[1]比如在他人违法建筑妨碍自身合法权益时，传统民法提供的排除妨碍、恢复原状等民事救济措施"远水救不了近火"，而在现代社会，受害人可以直接投诉行政执法机关拆除"违法建筑"，通过行政执法拆除"违法建筑"，以实现自身利益的维护。

应当看到，在现代国家公权力介入财产权制度的诸多方式中，不动产登记制度作为国家公权力确认不动产私人财产权的重要方式，似乎伴随着经济社会发展自然生长、自发形成，也很快获得社会公众的认可、认同，从而在世界各国以不同形态迅速"蔓延"，显现出极强的生命力。不动产登记制度的出现，通过登记这一公权力的行使（有的掌握在法院手中，有的掌握在行政机关手中），不像国家公权力参与创造私人财产权利受到特定因素的影响且须借助高权行政得以实现，不像国家公权力限制私人财产权利体现出强制性而容易招致非议乃至反抗，也不像以国家公权力来解决私人财产权利纠纷可能引发社会公众对其能否达到公允的质疑，可谓是一项"和平"地跨越公法私法界线的代表性制度。

事实上，从不动产登记制度在世界各国的发展历程看，它是伴随着现代意义国家的出现而逐步建立的。罗马法对于所有权的取得采取严格的形式主义，必须采用曼兮帕蓄（Mancipatio）或拟诉弃权（Injurecessio）方式获得的不动产权利方才视为有效，[2]相应地，在依据此方式进行交易后，也无需所谓的国家公权力机关的不动产登记。此后交易方式日益简化，占有转移

---

[1] 参见汪习根："化解社会矛盾的法律机制创新"，载《法学评论》2011年第2期。

[2] 参见周枏：《罗马法原论》，商务印书馆1994年版，第283页。

或交付，成为不动产权利移转的标志。[1]中世纪欧洲，亦是以不动产的实际占有、交付作为不动产权利确认、移转的标识，也未建立由国家主导的不动产登记制度。直至 18 世纪以后，随着资本主义工商业的发展，商业金融日益发达，为了满足不动产抵押公示的需要，在普鲁士和法国出现了地方市议会所主导的不动产抵押登记制度，一般认为，1722 年《普鲁士抵押与破产法》、1783 年《普鲁士一般抵押法》、1795 年《法国抵押法》关于登记的规定是近代不动产登记制度的源头。[2]随着不动产登记的制度价值逐渐为人们所认识和认同，主导不动产登记的机构由地方市议会逐步演变为国家专门设立的组织，登记范围也从不动产抵押渐次扩张到涉及不动产的所有权利类型。

1.2 我国不动产登记的概念界定和法律属性之争

1.2.1 不动产登记语义考

为准确理解不动产登记的概念，对这一集合性词语，首先要从语义分析的角度，就"不动产"和"登记"这两部分分别进行观察。

民法上的物有多种分类，最重要的也被立法所承认的分类就是动产和不动产，该分类以物能否移动并且以是否因移动而损害其价值为标准。关于不动产，世界上主要有两种立法体例：一种规定不动产是不能移动或移动必然毁损经济价值的物，如

---

〔1〕　参见李昊等：《不动产登记程序的制度建构》，北京大学出版社 2005 年版，第 96~97 页。

〔2〕　参见李昊等：《不动产登记程序的制度建构》，北京大学出版社 2005 年版，第 112 页。

《德国民法典》认为是指"不可动之物"，《日本民法典》第 86
条则规定"不动产是指土地及其定着物"；另一种规定不动产是
或者依其性质，或者依其用途，或者依其权利客体由法律规定
其不可移动的财产，如《法国民法典》中的概念，又如美国法
上认为"土地及其上部的永久性建筑，以及基础设施和诸如水
和矿藏等自然资源，还包括与土地所有权有关的任何权利或利
益，在法律上称为不动产"，再如英国 1925 年颁布的《财产法》
对不动产（"land"）的定义。[1]这两种立法体例的区别在于：
前者认为不动产是物，即不可动之物；而后者认为，不动产还
包括权利，即不可动之物上的支配权利。从外延上看，英美法
中不动产既可指客体物、也可指权利，客体意义上的不动产指
土地和依附于土地上的其他物，权利意义上的不动产意味着地
产权、产权或土地上的权益；[2]大陆法上《德国民法典》中
"不可动之物"包括土地、建筑物及附着物，我国台湾地区不动
产包括土地、建筑物及地上未与土地分离之出产物。此外要指
出的是，大陆法系国家和地区基本都认同土地与不动产之间密
不可分的关系，德国依据《土地登记簿法》直接用土地登记来
指称不动产登记，《瑞士民法典》第 655 条对土地的界定是"不
动产，不动产登记簿已登记且持续存在的权利，矿山，土地的

---

〔1〕 具体为：不动产，包括任何土地所有权的土地、矿山和矿产……其他可
继承的有形不动产；以及……土地上的地役权，领主特权等权利。See Law of Property
Act 1925, s. 205（1）（ix）. "Land" includes land of any tenure, and mines and minerals,
whether or not held apart from the surface, buildings or parts of buildings (whether the divi-
sion is horizontal, vertical or made in any other way) and other corporeal hereditaments; also
a manor, an advowson, and a rent and other incorporeal hereditaments, and an easement,
right, privilege, or benefit in, over, or derived from land. https：//www. legislation. gov. uk/
ukpga/Geo5/15－16/20/section/205，2018 年 3 月 18 日最后访问。
〔2〕 高富平、吴一鸣：《英美不动产法：兼与大陆法比较》，清华大学出版社
2007 年版，第 12 页。

共有部分"；在英美法系国家，虽然"land"表示"土地""real property"表示"不动产"，但实践中通常将"土地"与"不动产"在很多场合等同使用。土地的概念一般包含地上建筑物，也通常由土地登记机构负责各种不动产登记事务。

我国《物权法》虽然多次使用"不动产"这个术语，但没有对其作出明确界定。直至《暂行条例》出台，通过第 2 条以列举方式将不动产界定为"土地、海域以及房屋、林木等定着物"，但也未阐明其内涵；特别值得关注的是，《暂行条例》除了规定了传统意义上的不动产，还明确将不动产的范围扩展到海域，使之也成为我国不动产登记的客体之一。有鉴于此，相对于动产是指能够移动而不损害其实际用途和经济价值的财产而言，从概念内涵角度看，参照有学者对不动产是指位置不能移动或者移动位置后会引起性质、形状改变或降低其价值的财产的界定，[1]作者认为，不动产是指物理上不能移动，或者如果进行物理上之移动，将会损害其实际用途和经济价值的有体物，其外延则同于《暂行条例》有关规定。

至于登记，其最本原的含义应当是在特定文簿上作登录、记载的行为。有国外学者认为，登记是指一种对土地上或与土地有关的公共事务交易的登记，或仅仅是对土地上的某些权益的所有权事实的一种登记系统。[2]《辞源》对"登记"的解释是"将有关事项或东西登录和记载在册籍上"，《现代汉语词典》的解释是"把有关事项写在特备的表册上以备查考"，《大英百科全书》的解释是"一种登录或记录的行为"；从法律术语角度

---

〔1〕　参见金俭等：《中国不动产物权法：原理·规则·适用》，法律出版社 2008 年版，第 3 页。

〔2〕　E. S. Aidoo, *The Land Title Registration Law: An Introduction*, 15 Rev. Ghana L. 112 (1983~1986), pp. 112~113.

看，《布莱克法律词典》的解释是"正式和准确地记录、注册在名册或相类似的文件上"。此外，《英汉法律大词典》的解释是"任何可用作日后参考的文书或电子储存媒介的记载"；《元照英美法词典》的解释是"将某一书面文件中，例如契据或抵押文书，在公共登记机构进行登记的一种行为或过程。通常，登记的效果是使该人在登记财产上的优益权优先于此后的买主或抵押权人，当然登记的效果因各种登记法律而异。"基于上述颇具权威性工具书的解释可以看出，登记最初就是指将相关事项或某种事实书面登录或记载于某个簿册之上的行为，所记载的内容自然可以公之于众，起到的无非是记忆和公示的作用；当登记为了某种目的而进行，登记就逐步具有了信息公开和以备查考的功能。随着国家或特定公权力主体的介入，某些领域的登记就具有了专业化、公共性的特征，一旦推而广之，国家就会通过立法规定相应的登记制度；当相关登记由国家立法予以规制，其概念及意义便得以明确，此时的登记除了原始的登录记载、以备查考功能外，逐渐具有证明、确认、公示、宣告等多种功能，在特定领域产生一定的法律效果，甚而成为国家管理手段的一部分，表现出国家行使公权力的法律属性。因此，从登记概念的演变看，不动产登记正是经历了这样的过程，从而成为现代法治的重要组成部分。

1.2.2 不动产登记的概念厘定

作为一个法律范畴，法学界对于何为不动产登记，从不同的视角而言，有着诸多不同观点，甚至不少学者在用语上直接将其等同于"不动产物权登记"。但对其概念的认识，还是要结合我国现行立法准确界定。

首先，比较普遍也更为直观的是从行为的角度进行界定。

有学者认为，不动产物权登记是指经当事人申请国家专门机关将物权变动的事实记载在国家设计的专门簿册上的事实或行为，并从广义和狭义两个层面进行阐述，广义的登记包括权利来源、取得时间、权利变化情况和面积、结构、用途、坐落等事项，狭义的登记则只是土地上建筑物的所有权与他项权利的登记。[1]有学者提出，不动产登记是指登记机构代表政府对不动产所有权、用益物权和担保物权等进行登记并公示，依法确认不动产物权归属关系的行为。[2]有学者进而指出，不动产登记具有四个特征：登记机构将事实记载于登记簿；就不动产物权的设立、变更、转让和消灭进行的登记；范围仅限于不动产；性质上是一种公示方法。[3]上述观点虽然出自民法学或行政法学不同的学术背景，表述各不相同，但在核心问题上基本一致，即均认可不动产登记是登记机构对不动产物权进行登记并公示的事实或行为。

其次，围绕制度内容及其效果进行界定。从制度构建角度看，有学者指出，不动产登记制度大体包括三个构成要素，[4]即：登记机关和登记簿，规范登记机关或人员的程序，登记后产生的法律事实及其法律效力。事实上，我国《物权法》第6条和第10条的规定，第二章第一节其他相关具体条文，辅之以《暂行条例》及《实施细则》等，初步完成了制度架构，基本回答了谁来登记、登记什么、怎么登记等问题。从学理分析角度看，有学者指出，不动产登记的含义应当从两个层面来理解，

[1]　王洪亮："不动产物权登记立法研究"，载《法律科学（西北政法学院学报）》2000年第2期。

[2]　王达："对不动产登记的行政法思考"，载《行政法学研究》2007年第2期。

[3]　王利明：《物权法论》，中国人民大学出版社2007年版，第71页。

[4]　李昊等：《不动产登记程序的制度建构》，北京大学出版社2005年版，第3页。

物权法层面的不动产登记是指不动产登记与否的事实状态，而不动产登记法层面的含义则是指登记机关实施登记的流程、过程，也就是法律上所说的登记程序。[1]这种站在更为宏观的视角，从实体和程序两个层面对不动产登记的概念进行深入阐述的做法颇值肯定，或可申言之，物权法关注更多的是登记结果，不动产登记法关注更多的是登记行为。

当然，对不动产登记概念的最终界定，还是要结合现行立法规定，离不开立法的"一锤定音"。我国《物权法》并未对不动产登记的概念明确界定；《暂行条例》第2条将"不动产"界定为"土地、海域以及房屋、林木等定着物"，同时也给不动产登记下了定义。虽然《暂行条例》只是一部行政法规，在立法上的位阶不如《物权法》，但已经是迄今为止针对"不动产登记"的最为权威的界定；并且，由于《物权法》第10条，"统一登记的范围、登记机构和登记办法，由法律、行政法规规定"的授权，甚至可以将其视为与法律具有同等效力。《暂行条例》第2条的规定，类似于日本法学家我妻荣教授所作"将一定事项记载于登记簿的行为"的归纳。[2]根据现行立法的此一界定，我们要摒弃将不动产登记简单等同于不动产物权登记的看法。《暂行条例》规定了首次登记、变更登记、转移登记、注销登记以及更正登记、异议登记、预告登记、查封登记等8种登记类型，前4种登记类型服务于不动产物权的得丧变更，可以归为不动产物权登记的范畴；后4种登记类型各有其特定目的，如更正登记是对已登记不动产物权的否定，系对登记错误的救济措施，属终局性登记，异议登记登记的是利害关系人对既有不

———————————
〔1〕 孙宪忠："不动产登记基本范畴解析"，载《法学家》2014年第6期。
〔2〕 龙卫球："不动产登记性质及其纠纷处理机制问题研究——兼评《物权法司法解释（一）》第1条"，载《法律科学（西北政法大学学报）》2017年第1期。

动产登记权利的异议，为保护真实权利人权利提供的临时性程序路径，预告登记针对的对象介乎债权和物权之间，系对未来可能取得的不动产物权的一种请求权，查封登记在本质上属于登记机构对司法机关的协助执行行为，它们的共同点是都不属于不动产物权登记的范畴。因此，即使后4种登记类型在登记实践中并不多，或者说不动产物权登记的数量占了绝大多数，但以不动产物权登记来直接指代不动产登记，也显然犯了以偏概全的认识错误。

作者认为，将不动产登记视为"涉及不动产的登记"可能更为妥当，亦可从狭义和广义分别认知。在狭义上，不动产登记包括了将不动产权利归属记载于登记簿的不动产物权登记行为，突出了《物权法》出台以来以权利登记为核心的价值取向，首次登记、变更登记、转移登记、注销登记均可囊括其中，代表了不动产登记的大多数。在广义上，除不动产物权登记外，还涵盖将其他法定事项记载于登记簿的更正登记、异议登记、预告登记、查封登记等其他类型，也可在涉及不动产的登记能力方面保持一定开放性，为今后应对"租售同权""三权分置"以及吸纳诸如不动产信托登记等新类型留有一定空间。如前所述，不动产登记涉及多个层面，鉴于学理分析略显抽象、制度话题又过于宏大，我们还是循序渐进，首先从行为层面客观认知我国不动产登记的概念，本书也将主要在行为层面、在广义范围使用"不动产登记"这一法律概念，为便于集中讨论，本书的论述主要针对不动产登记行为展开，如无特别说明，不动产登记这一用语即指不动产登记的行为及其效力。

1.2.3 我国不动产登记的发展历程

我国虽然在古代就已经有了地籍或者土地登记，但是如果从现代意义角度看，则不动产登记制度应当是自中华民国成立以后并经过一段历史时期方开始逐步建立，主要经由北洋政府肇始，并在南京国民政府时基本成型。1922 年，北洋政府颁布"不动产登记条例"，即为我国近现代不动产登记制度之肇端；1930 年，南京国民政府颁布《土地法》，规定要对土地及地上定着物——建筑物进行登记，随后于 1946 年又颁布《土地登记规则》，试图建立土地登记的程序规则，但由于时局动荡，这些制度未能得到实际贯彻执行。

新中国成立以后，根据 1947 年颁布的《中国土地法大纲》及 1950 年颁布的《土地改革法》的规定，开展了土地改革运动，也助推了土地登记制度的建立；在此期间，对农村的土地实行了清丈、划界并由人民政府向农民发放土地证和房产证，城市的土地和房屋也逐步实行登记制度并由人民政府颁发城市房屋所有权证。但 20 世纪 50 年代后期以后，随着中央高度集权的计划经济体制的建立，经济生活政治化、民事关系公法化，原先推行的房地产登记工作逐渐放松，特别是经过"文革"，房地产管理几乎不复存在，机构被撤销，制度被废弛，不动产制度实质上被破坏殆尽。

改革开放以后，我国开始恢复与创建各项法律制度，特别是随着社会主义市场经济体制的逐步确立，基于经济建设和社会管理的需要，登记作为行政管理手段逐渐恢复，涉及不动产登记的法律法规相继颁布。在土地登记方面，1986 年通过的《土地管理法》确定了土地所有权和使用权必须依法登记的制度，国家土地管理局 1989 年颁发的《土地登记规则》系统规定了对国有土地使用权、集体土地所有权、集体土地建设用地使用权和他项权利等各类土地权利的登记。在房产登记制度方面，城乡建设环境保护部 1987 年颁布的《城镇房屋所有权登记暂行办法》对房屋所有权登记问题进行了规定；1994 年出台的《城市房地产管理法》首次确立了国家实行土地使用权和房屋所有权登记发证制度，从管理角度规定了城市房地产的权属登记；1995 年出台的《中华人民共和国担保法》就房地产的抵押权登记作出了规定。此外，还颁布了《中华人民共和国森林法》《中华人民共和国草原法》《中华人民共和国农村土地承包法》《中华人民共和国海域使用管理法》《中华人民共和国矿产资源法》等法律以及相关法规规章，建立起各类不动产的分散登记制度，分别针对森林和林地、草原、农村承包土地、海洋、矿产资源等各类不动产确定相应的登记制度。总之，当时我国陆续建立起的是各类不动产的分散登记制度。

伴随着私权的兴起与发展，经过多年酝酿，2007 年国家出台了《物权法》，第 10 条第 2 款明确规定，"国家对不动产实行统一登记制度。统一登记的范围、登记机构和登记办法，由法律、行政法规规定。"从而为建立不动产统一登记制度奠定了法律基础，但统一登记却迟迟未能得以实施，国土资源部和建设部 2008 年还分别出台了《土地登记办法》和《房屋登记办法》。直到《物权法》出台 6 年之后的 2013 年，第十二届全国人大第一次会议审议通过的《国务院机构改革和职能转变方案》提出"房屋登记、林地登记、草原登记、土地登记的职责，整合由一个部门承担"和"建立不动产统一登记制度"，不动产统一登记方才进入快车道。随后，2014 年国务院颁布《暂行条例》、2016 年国土资源部颁布《实施细则》，分散在各部门的不动产登记职权统一交由国土资源主管部门的"不动产登记机构"行使。

1.2.4 我国不动产登记的法律属性及相关争议

在我国走向不动产统一登记的过程中，对于不动产登记的种种讨论渐成热点话题。前文已经基本厘清不动产登记的概念，但我们还需要对其从本质上进行理性追问——不动产登记究竟是什么，从而明确不动产登记的法律属性。这样的追问在当下中国或许是一个寂寞的选择，显得那么不合时宜，但实际上决非不切实际的"空论"，不动产登记具体问题的研究，往往都要以其法律属性为理论预设或逻辑起点，从而进一步对这项制度进行理论思考、体系构建，此其一；即使从法学研究强调实际功用的功利主义视角下，对于其法律属性的认定，也关乎不动产登记模式之选择、程序之设置以及责任之确定，此其二；更为重要的是，它还将对涉及不动产登记的相关案件的法律适用、诉讼选择和司法裁判产生实实在在的影响，此其三。因此，对于不动产登记法律属性的正确认识非常重要，已经成为必须认真面对并应先行解答的问题，否则即是"一着不慎，满盘皆输"。

应当说，在"分散"登记时代，我国土地、房屋、森林、草原等不同类型不动产由相应的管理性立法所规制，法学界和实务界对不动产登记的本质属性这一问题尚能仁者见仁、智者见智，民法学者多从不动产物权变动的角度来认识和分析不动产登记的性质，行政法学者则从不同类型不动产管理的角度出发，一般将不动产登记视为登记机构的一项行政管理行为，相关观点林林总总、众说纷纭。这种学术争鸣的状况，随着《物权法》在2007年的颁布实施直至《暂行条例》的施行，逐渐呈现出"一边倒"的趋势，法学界和实务界似乎一下子达成某种价值共识，认知上的分歧忽然尘埃落定，特别是在近年不动产统一登记制度建设的加速推进期，不动产登记好像业已成为民法专家的专属话题，而行政法专家则呈现集体静默的状态，罕见发声。然而，当真如此，果应如此吗？

　　关于我国不动产登记的法律属性，实际上曾经长期存在争议。虽然《暂行条例》第 2 条部分回答了不动产登记是什么的问题，但对该行为的性质依然语焉不详，即使把不动产登记限定在狭义的不动产物权登记范畴内，将其在学理层面概括为不动产登记机构依法确定物权归属并予以公示的行为，也不能全然化解认知上的分歧。关于不动产登记的性质，学界有不同看法，大致形成公法行为说、私法行为说、公私性质兼顾说三种学说，[1]相关观点梳理概括如下：

　　一是公法行为说。该说认为我国的不动产登记实质上属于行政行为，是不动产主管部门依其职权而实施的行政行为，[2]理由包括登记机构为行政管理部门、登记本身具有浓厚的行政管理的色彩、登记依据主要由行政法规和规章组成等。

　　二是私法行为说。[3]该说认为不动产登记是一种私法行为，登记行为的发生以及私法效果的产生主要依赖于申请人的意思表示，主张登记的私法属性有利于保障交易安全功能的实现，也对不动产登记制度的建立完善具有指导性意义。

　　三是公私性质兼顾说。该说认为登记一方面具有民事行为的属性，另一方面又具有行政行为或行政活动的性质；[4]登记行为作为一个整体，是当事人所实施的申请登记的私法行为和

　　〔1〕　朱岩、高圣平、陈鑫：《中国物权法评注》，北京大学出版社 2007 年版，第 119~121 页。

　　〔2〕　崔建远、孙佑海、王宛生：《中国房地产法研究》，中国法制出版社 1995 年版，第 238 页。常鹏翱教授在其专著《不动产登记法》，社会科学文献出版社 2011 年版，第 11 页有关论述中也表达了类似观点。

　　〔3〕　王利明、尹飞、程啸：《中国物权法教程》，人民法院出版社 2007 年版，第 93 页；孙宪忠教授在其所著《中国物权法总论（第三版）》，法律出版社 2014 年版，第 354 页中亦有有关论述。

　　〔4〕　王利明：《物权法研究（修订版）》（上卷），中国人民大学出版社 2007 年版，第 305~306 页。

登记机关所实施的登记许可的公法行为的结合。[1]不动产登记被视为公法介入私法领域的公私二重性行为,既表现为国家明确由行政机关登记并赋予其相关职权,又体现在登记行为须以当事人申请为前提,从而实现对不动产权利状态的确认和公示。

上述三种学说分别从不同角度反映了不动产登记的功能和属性,各有其合理之处,但亦存在一定不足。公法行为说不能解释,如果缺少当事人的申请,登记机构如何去实施行政职权,以及登记行为的目的究竟何在;私法行为说不能解释为什么负责登记的行政机关,从事的却是一项私法行为,也过分强调了私权自治在登记中所起的作用;[2]公私性质兼顾说基本反映了不动产登记的运作状态,更为全面地体现了登记行为的性质,具有较强的解释力,但给人以被动地调和争论之感,尚需进一步切中肯綮地指出私法和公法属性具体何在以及二者之间的关系。因此,需要分别在私法和公法两个不同语境深入分析不动产登记行为。

1.3 私法和公法不同语境下的不动产登记

1.3.1 我国不动产登记在物权变动中的角色

从私法的视角来看不动产登记,最典型也最具代表性的莫过于与不动产物权变动密切相关的不动产物权登记,其自始至终处处张扬着私法属性。不动产物权变动有的基于法律行为而

---

〔1〕 王轶:《物权变动论》,中国人民大学出版社 2001 年版,第 93 页。当然,登记机关实施的是否为行政许可尚需进一步研究,容后文再行分析。

〔2〕 物权登记案件法律适用问题调研课题组编写:《物权登记与司法审查及新司法解释解读》,人民出版社 2011 年版,第 8 页。

发生，有的则基于法律行为以外的原因而引起；[1]后者主要指因法律文书、人民政府的征收决定、继承、合法建造房屋等法律事实引发的物权变动，学界并无太多争议。我国和各国立法例在非基于法律行为的不动产物权变动上基本一致，不必经过公示即可发生效力，此即所谓"无须登记"；依据《物权法》第 31 条，不动产登记只在处分相关不动产物权时，才成为必要。在基于法律行为的物权变动中，我国不动产物权立法模式一般被概括为"债权形式主义为原则，意思主义为例外"或者"以登记生效主义为原则，登记对抗模式为例外"，[2]有的则称为采取多元混合模式。[3]

　　由于物权是支配权、具有排他性，权利的行使和变动关系到该不动产权利人以及欲取得该不动产之交易相对人等的利益，不动产登记在债权形式主义和意思主义模式下所扮演的角色有共同点，但也有一定差异。[4]债权形式主义模式下，债权行为是引起不动产物权变动的决定因素，但要使之达到变动物权的最终目的，必须依赖当事人对债的实际履行，通过申请并完成不动产登记，方能真正发生物权变动，并产生物权公示的效果；在此情形，不动产登记是不动产物权变动的生效要件和物权表征及公示方法。意思主义模式下，单有债权行为即可引起不动产物权变动，除非债权行为无效或被撤销才阻止物权变动发生，

---

〔1〕　崔建远：《物权法（第三版）》，中国人民大学出版社 2014 年版，第 54 页。

〔2〕　李永军、肖思婷："我国《物权法》登记对抗与登记生效模式并存思考"，载《北方法学》2010 年第 3 期。

〔3〕　崔建远：《物权法（第三版）》，中国人民大学出版社 2014 年版，第 46 页。

〔4〕　See Wesley Newcomb Hohfeld, "Fundamental Legal Conceptions as Applied in Judicial Rensoning", 26 *Yale L. J.* 710, 1917.

立法不强求必须办理登记，只规定未经登记不能对抗第三人；在此情形，不动产登记并非不动产物权变动的必备要件，只是物权公示方法。

综合以上，在基于法律行为的不动产物权变动中，不动产登记在债权形式主义和意思主义模式下都扮演着公示不动产物权的共同角色，为彰显不动产物权的排他性、保障交易安全和交易秩序起着十分重要的作用。区别则在于，债权形式主义下的不动产登记还是不动产物权变动的必备要件，直接关系不动产物权人本人的利益；意思主义模式下虽不强求当事人必须办理登记，但由于未经登记不能对抗第三人，该不动产物权随时有被他人取得的风险，从而导致权利人为防范风险亦为自身利益计，大多数情形也会选择申请办理登记，实际上登记与否也间接关系到不动产物权人本人的利益。即使是非基于法律行为的不动产物权变动，由于《物权法》第 31 条的规定，也会迫使不动产物权人必须先行登记，而后才可以处分不动产，从而回归到公示原则。[1] 需要指出的是，上述在物权法层面关于不动产登记角色的认识，所关注者都是登记与否的事实状态，是从登记行为结果的角度来看待的，往往又通过登记结果之最终载体即不动产登记簿来具体展现。

最后，就更正登记、异议登记、预告登记、查封登记等登记类型看，除了查封登记类同于登记机构对司法机关的协助执行行为而显得公法属性较强外，更正登记、异议登记、预告登记等都围绕涉及不动产的权利而展开，并着眼于保护真实的或未来的不动产权利人的合法权益，亦具有相当之私法属性。

---

〔1〕 崔建远：《物权法（第三版）》，中国人民大学出版社 2014 年版，第 64 页。

1.3.2 不动产登记簿的私法效力

我国《物权法》第 16 条规定，不动产登记簿是物权归属和内容的根据。《暂行条例》（总共 35 条）又以第二章共 6 条专门规定"不动产登记簿"，可见不动产登记簿在不动产登记中分量之重。有的认为，不动产登记簿指的是国家不动产登记建立的专门记载不动产物权即相关权利的专门簿册；[1]有的认为，它是由不动产登记机构依据法定程序和标准制作的，用以记录不动产标示及其上物权状况并由登记机构管理的具有法律效力的文件；[2]有的学者认为，其法律内涵是指国家不动产登记机构制作的、用于记载不动产自然状态及权利设立和变动事项的专用簿册。[3]作者认为，不动产登记簿的概念应当结合《暂行条例》第 2 条加以阐述，而不能仅局限于不动产物权登记，登记簿应当是指登记机构依法制作的用于记载不动产权利归属和其他法定事项的专门簿册，其法律特征具有官方性、统一性、确定性、公开性、永久性以及在不动产登记制度中处于枢纽与核心地位；[4]更为重要的是，还需要阐明不动产登记簿与不动产登记之间的关系，登记行为作为物权公示手段决定物权效力发生，登记簿才公示不动产物权状态。[5]因此，就登记簿与登记

---

〔1〕　孙宪忠主编：《不动产登记条例草案建议稿》，中国社会科学出版社 2014 年版，第 23 页。

〔2〕　参见程啸："不动产登记簿之研究"，载《清华法学》2007 年第 4 期。

〔3〕　参见向明："我国不动产登记簿制度研究"，载《政治与法律》2011 年第 2 期。

〔4〕　武立宏：《不动产登记法律制度要论》，中国政法大学出版社 2015 年版，第 81~84 页。

〔5〕　参见朱广新："不动产登记制度探究——以不动产登记簿为中心"，载《河南省政法管理干部学院学报》2010 年第 4 期。

的关系而言，前者是结果结论，后者是行为过程，前者为静态性，后者为动态性，而从物权法层面恰恰重视的是不动产登记最终的静态的结果；正是在此意义上，不动产登记簿具有重要的私法效力。

关于不动产登记簿的效力，有的学者认为，登记簿的效力主要包括推定效力和公信力；[1]另有学者认为登记簿实质上成为不动产物权的法律根据，它具体实现着登记对不动产物权的三大效力，即物权变动根据效力，权利正确性推定效力，善意保护效力。[2]有的学者对登记簿的公信力提出质疑，认为我国《物权法》只是规定了登记簿具有推定力，即当事人是否享有物权、享有什么样的物权，以不动产登记簿上的记载为准，并不是登记公信力。[3]还有的学者认为，应承认登记簿具有形式拘束力。[4]作者认为，基于前述关于不动产登记在我国物权变动中角色的论述，从不动产物权登记角度看，不动产登记簿的效力主要包括推定力和公信力。一是推定力，又称权利正确性推定。《物权法》第16条的规定可以引申解释为"不动产登记簿关于权利状态的记载"是"物权归属和内容的根据"，亦即包含着权利正确性推定的意思，[5]官方法律解释文本也明确将该条款的规定作为权利正确性推定看待；[6]该效力主要发生在登记

---

[1]　程啸："不动产登记簿之研究"，载《清华法学》2007年第4期。

[2]　参见孙宪忠：《中国物权法总论》，法律出版社2009年版，第338页。

[3]　参见孟勤国、申惠文："我国《物权法》没有承认登记公信力"，载《东方法学》2009年第5期。

[4]　吴光荣："论不动产登记簿的形式拘束力"，载《清华法学》2009年第5期。

[5]　崔建远：《物权法（第三版）》，中国人民大学出版社2014年版，第51页。

[6]　全国人大常委会法制工作委员会民法室编：《中华人民共和国物权法条文说明、立法理由及相关规定》，北京大学出版社2007年版，第16~17页。

名义人和真实权利人之间，将登记名义人推定为真实权利人，从权利角度又可分为积极推定和消极推定，即已经登记在登记簿上的权利存在，已经在登记簿上被注销的权利不存在。

二是公信力。一般是指不动产登记簿对交易第三人所具有的真实、可信的效力，即使存在着错误，所记载的内容也应视为真实，否则不能消除第三人对交易安全的顾虑；公信力与推定力一脉相承，均依据《物权法》第 16 条而产生，但效力发生范围主要在登记名义人与交易第三人之间、不能及于真实权利人；体现了物权法优先保护以第三人为代表的社会公众利益的价值，[1]甚至不惜牺牲真实权利人的利益。

此外，有的学者认为，在以登记为生效要件的不动产物权变动中，不动产登记簿还应当具有设权力，依据《物权法》第 14 条，由于登记是不动产物权变动的强制要素，它可积极创设物权，反面推论即不登记的物权不变动，未登记的不是物权；[2]而对于采取意思主义或登记对抗主义物权变动模式的土地承包经营权、地役权以及非基于法律行为的不动产物权变动，则无设权力。作者对此不敢苟同，虽然在继受取得之情形，不动产物权变动多以登记为生效要件，但不动产物权变动中起决定性作用的应当是当事人的意思自治，登记完成只是交易双方债权性法律行为的生效要件，把生效要件当作不动产物权变动的决定性因素，显然过于高看不动产登记的作用了。

---

[1]　常鹏翱：《物权法的基础与进阶》，中国社会科学出版社 2016 年版，第 287 页。

[2]　参见常鹏翱：《物权法的基础与进阶》，中国社会科学出版社 2016 年版，第 280 页。

1.3.3 作为行政行为的不动产登记及其类型化

新中国成立以来，曾经长期强调和强化不动产登记的管理属性。有学者通过对 1949 年之后中国土地登记进行历史考察，认为"1949~1953 年，土地登记以推动生产力发展为根本目的；1953~1982 年，土地登记基本被遗忘；1982~2002 年，土地登记以实施土地管理和确认、保护土地产权为主要目的；2002~2007 年，土地登记彰显保护土地物权交易安全的目的"。[1] 2007 年《物权法》的颁布被认为是不动产登记制度的一次重要转型。在此之前，不动产登记主要被看作是行政管理的手段，法律规定不动产物权变动以登记为生效要件的目的，不过是通过赋予不动产登记以私法上的效力来落实当事人办理登记这一公法上的义务，[2] 不动产登记作为行政行为属于主流观点。当《物权法》从私法的角度全面规定不动产登记制度后，改变了那种认为不动产登记是登记机构行使行政职权的传统看法，不动产登记还是行政行为吗？作者认为，此问题仍应作肯定回答，即从《暂行条例》第 2 条的概念界定涉及的主体、内容和规制等要素来分析，不动产登记具有行政行为的基本特征，仍应属公法上的行政行为。

第一，从不动产登记机构的性质看，均为行使国家公权力的行政机关。根据《暂行条例》第 6、7 条等规定，国务院国土资源主管部门负责指导、监督全国不动产登记工作，国家层面的不动产登记事务由国土资源部负责，地方层面则由县级以上

---

〔1〕 张迎涛："不动产为什么要登记——以 1949 年之后中国土地登记为例的历史考察"，载《行政法学研究》2008 年第 1 期。

〔2〕 吴光荣："不动产权属确认的程序选择——以不动产登记之法律性质为中心"，载姜明安主编：《行政法论丛（第 14 卷）》，法律出版社 2012 年版。

人民政府确定一个部门作为本行政区域的不动产登记机构，实践中基本上按照上下对口的原则，由地方各级国土资源主管部门负责。第二，"依法"划定了不动产登记机构职权行使的边界，使不动产登记具有了法定性和强制性。根据《物权法》第6条规定，既明确了不动产公示方式的法定性，也体现了法律对这一方式的强制性要求，登记行为的法定性和强制性是公权力行为区别于私权利行为的重要属性。[1]第三，从登记程序运行和登记机构职责看，给登记行为划出了行政裁量空间。登记程序依当事人申请或依嘱托、依职权启动，登记审查是核心环节，最终予以登簿或作出不予登记的决定，登记机构具有主观能动性；并且，依据我国《物权法》第12条和《暂行条例》有关规定，登记机构应当履行查验资料、询问申请人、必要时实地查看以及如实及时登记等职责，也对登记机构依法履职提出了规范要求。第四，涉及不动产登记的法律法规相应地具有公法性质。有学者指出，从不动产登记的运作规律上看，它主要以登记簿的设置和运行为对象，由此产生的关系发生在代表公权力的登记机构与作为私权利主体的当事人之间，这显然是公法所调整的不平等关系，反映出不动产登记法的公法色彩。[2]事实上，《物权法》的"公法化"在其起草出台过程已经有了广泛讨论，《暂行条例》第1条所规定的"整合不动产登记职责，规范登记行为，方便群众申请登记，保护权利人合法权益"等立法目的更是充盈着公法思维。此外，虽然不动产登记行为大多依申请而启动，其行为结果也产生私法效果，但是我们不能把登记行为的性质和登记申请权的性质混为一谈，也不能以一项

---

〔1〕　王克稳："我国不动产登记中的行政法问题"，载《法学》2008年第1期。

〔2〕　常鹏翱：《不动产登记法》，社会科学文献出版社2011年版，第10页。

行为产生私法效果就否认其公法属性，[1]特别是在服务行政已成为普遍共识的当下中国。

可以说，不动产登记的行政行为属性不容置疑，体现了国家公权力对私权利的合理介入；凡经登记机构审查予以登记的不动产物权，均产生公信力，非经法定程序不得撤销，并在权利受到侵犯时，可以获得相应的行政救济。既然不动产登记是行政行为之一种，但究竟属于何种类型的行政行为，则需进一步分析。在行政法学领域，德国行政法学鼻祖奥托·迈耶最早提出行政行为这一法学范畴，随之催生了行政行为模式理论；所谓行政行为模式，即行政行为的形态、模型、形式或类型，指在理论上或实务上对行政主体意思表示的构成要素和行为程序都已形成固定的、共同的典型特征的行为体系。[2]就具体的行政行为模式而言，有的纯粹基于学理进行类型化，认为"在大陆法系行政法学理论中，一种对于行政行为较为常见的分类方式是行政法律行为（又称法律行为的行政行为）、行政准法律行为（又称准法律行为的行政行为）、行政事实行为的划分"。[3]这样的分类方式不仅受到理论上的很多质疑，有学者指出，将行政行为区分为法律行为之行政行为和准法律行为之行政行为只是日本、我国台湾地区传统行政法学的见解，现在都已被新的学说所抛弃和取代；[4]而且也为多数行政法发达国家所不承

---

〔1〕　王克稳："我国不动产登记中的行政法问题"，载《法学》2008年第1期。

〔2〕　参见叶必丰："行政行为的模式"，载姜明安主编《行政法论丛（第2卷）》，法律出版社1999年版。

〔3〕　参见霍振宇：《行政登记与司法审查》，法律出版社2010年版，第28页。该书第39页将包括不动产登记在内的行政登记定位为行政准法律行为并区别于行政确认行为，实难认同，容后文详述。

〔4〕　参见黄新波："论工商变更登记的性质"，载《行政法学研究》2010年第1期。

认，当今的德国行政法一般只有法律行为和事实行为之分，已不再存在单独的准法律行为概念，[1]公证、通知、受理行为在法国行政法上归属于事实行为范畴，也不存在准法律行为的概念。[2]实际上，行政行为的类型化只有兼顾法学理论和法治实践才有生命力，行政许可、行政处罚、行政强制、行政给付、行政征收、行政确认、行政裁决等行政行为的具体类型，获得了我国法学界和实务界的广泛认可，其中大多类型已经通过立法予以规范，可以认为是我国行政行为类型化之前见。因此，对于不动产登记行为类型的认识，应当以此为基础而不必另起炉灶，特别是要厘清与之存在一定相似度、容易引起混淆的行政许可、行政确权等的关系，准确定位其具体类型。

首先，不动产登记不属于行政许可。在2003年《中华人民共和国行政许可法》（以下简称《行政许可法》）颁布前，法学界对登记和行政许可的关系一度存在误解误读。有些相当权威的行政法学者在不动产登记是否属于行政许可问题上暧昧不清，既认为许可是一种赋予法律权利和资格的行为，而认可、登记则是对既有权利的确认和记载，并没有赋予新的权利，又在具体列举时出现自相矛盾；[3]有的民法学者也把登记行为视为"登记机关所实施的登记许可的公法行为"。[4]根据《行政

---

〔1〕　参见［德］哈特穆特·毛雷尔：《行政法学总论》，高家伟译，法律出版社2000年版，第391页。

〔2〕　参见王名扬：《法国行政法》，中国政法大学出版社1988年版，第136页。

〔3〕　就广义而言，许可、认可、登记属于一类行政行为，均为国家依申请实施的一种监控管理手段。参见应松年主编：《行政法学新论》，中国方正出版社1998版，第249页。但在该书第269页"18.房管、建设规划部门负责办理的许可事项"和"19.林业、土地部门负责办理的许可事项"中，又分别列举了"申办城市私有房屋所有权登记及其所有权证，外国人私有房屋所有权登记及其所有权证"和"土地登记与土地使用证"等内容，同一部分相关内容本身就存在明显矛盾之处。

〔4〕　王轶：《物权变动论》，中国人民大学出版社2001年版，第93页。

许可法》第 2 条规定，"本法所称行政许可，是指行政机关根据公民、法人或者其他组织的申请，经依法审查，准予其从事特定活动的行为"，以及国务院法制办《行政许可法疑难问题解答（一）》第 1 条 "行政许可是行政机关对经济和社会事务的管理行为，不包括对民事权利、民事关系的确认。因此……产权登记，机动车登记，婚姻登记，户籍登记，抵押登记等，不是行政许可"和国务院法制办《行政许可法疑难问题解答（二）》第 13 条 "国有土地使用权登记、农村宅基证颁发行为，是产权登记，不是行政许可"，不动产登记不涉及准予申请人从事特定活动，不是行政机关对经济和社会事务的管理行为，不应纳入行政许可范畴；同时，在另一角度，认为不动产登记大多属于产权登记范畴，涉及对民事权利、民事关系的确认，这对我们后文进一步研究论证不动产登记的行为类型也具有相当重要的参考价值。

其次，不动产登记不同于行政确权。严格来讲，"确权"并非准确的法律用语，而是"确定权利归属"的简称，由于不动产登记其重点也是登记不动产权利归属，实践中容易让社会公众误认为不动产登记就是行政确权。"行政确权"的实质是行政裁决中的"权属纠纷裁决"，依据《中华人民共和国土地管理法》（以下简称《土地管理法》）第 16 条第 1 款，即"土地所有权和使用权争议，由当事人协商解决；协商不成的，由人民政府处理"，其中的"处理"实为行政裁决，也就是所谓的行政确权。按照传统的行政权与司法权的划分原理，行政机关处理行政纠纷，司法机关处理民事纠纷，两者本应泾渭分明；但是，国家可以通过立法赋予行政机关处理一定民事纠纷，从而使行政裁决制度应运而生，需指出的是，即使行政裁决具有准司法性，其本质仍为行政行为。判断一个行政行为是否为行政裁决，主要看裁决对象是否为特定的民事纠纷、裁决范围是否有法律对行政机关的明确授权，《土地管理法》第 16 条第 1 款所规定的土地确权完全符合行政裁决的上述两个特征，然而至今没有任何法律规定不动产登记具有行政裁决的功能，可知不动产登记不是行政确权。当然，不动产登记与行政确权之间又存在着"结伴而行"的紧密联系，比如单位与个人就土地使用权发生争议时，应当先由乡级或者县级以上人民政府处理即"行政确权"；行政确权行为生效后，再由登记机构审查登记并核发权属证书。或许，这正是二者在实践中时而出现相混淆情形的原因之一。

最后，不动产登记是行政确认行为。行政法学界通说认为，行政确认是行政主体对相对方的法律地位、法律关系和法律事实进行甄别，给予确定、认可、证明并予以宣告的具体行政行为；[1]不动产登记在行为目的、法律效果和功能作用等方面与行政确认的基本特征高度一致。在行为目的上，行政确认旨在确认或证明某种法律关系或法律事实的存在，不动产登记正是通过登记机构将不动产权利归属和其他法定事项记载于登记簿，来确认和证明不动产物权关系或相关法律事实的存在；在法律效果上，行政确认使得相对人获得某一法律事实或法律关系的有效证明，不动产登记使当事人申请登记的事项得到官方的确认，产生相应的法律效力；在功能作用上，行政确认虽不产生授予权利的法律后果，但起着官方证明和赋予公信的作用，不动产登记亦能证明准予登簿的法律关系和法律事实经过了登记机构的审查和认定，使公众更有理由确信它是真实的。也有学者对行政确认作进一步细分，认为"行政认定是行政确认的一

---

[1]　参见罗豪才主编：《行政法学》，北京大学出版社 1996 版，第 184 页；姜明安主编：《行政法与行政诉讼法（第二版）》，北京大学出版社、高等教育出版社 2005 年版，第 282 页。

种，它是指行政主体依法对相对人的法律地位、法律关系和法律事实等的认定行为"；[1]但由于尚未形成广泛共识，作者在此并不采用"行政认定"这一概念。此外，从有关法律和解释的用语来看，涉及登记时多使用"确认"，如《土地管理法》第11条、前述《行政许可法疑难问题解答（一）》第1条，这实际反映了立法层面的一种态度。

总之，不动产登记是登记机构依法对涉及不动产的法律关系或法律事实加以审查、确认和记载，从而向社会公众进行宣告和公示的一种行政确认行为。当然，将不动产登记称为行政确认行为，并非否认物权变动的私权属性，这是因为不动产物权变动本身只是具有私法上的效果，但由于物权尤其是所有权具有外部性，方需借助公权力的行使，来平衡私权效力的内部性及其外部性。还需指出的是，这里的行政确认不同于物权保护中的物权确认请求权的"确认"，后者通常以向人民法院提起诉讼的方式进行，在性质上属于确认之诉，也可以依据《土地管理法》第16条通过"土地确权"这一行政裁决的方式寻求救济，还可以提请仲裁机构依法确认物权的归属与内容，真可谓此"确认"不同于彼"确认"也。如果加以区别，则不动产登记属于行政确认，而针对物权确认请求权的这三类相应的救济措施则可以归纳为司法确认或准司法确认。

1.3.4 不动产登记的公法效力

不动产登记在行政行为类型上被认定为行政确认，也就产生公法效力，这种行政行为的效力是指行政行为在作出、发布

---

〔1〕 参见马生安：《行政行为研究——宪政下的行政行为基本理论》，山东人民出版社2008年版，第308页。

后，如未被撤销或宣告无效前，即可产生拘束相对人、原作出机关以及其他相关的机关与第三人的拘束力。[1]依我国行政法学界通说，行政行为的效力主要包括公定力、确定力、拘束力、执行力等，由于行政确认行为只是对某种法律关系或法律事实的存在予以证明或确认，并不授予权利或课以义务，因而不应存在执行力；就不动产登记行为而言，有的学者认为其效力包括公定力、确定力、拘束力，[2]但对其并不作任何详细阐述。作者认为，拘束力应当是行政作为法律效力的概括性描述，其他效力应均属由其衍生而来的子效力，不宜单独将其列出；同时，基于前面对行政确认行为执行力的否认，从不动产登记行为的内部影响、外部影响两方面进行分析，不动产登记所具有的公法效力应当主要是确定力和公定力。

一是不动产登记的确定力。有学者认为，确定力是可以使行政行为内容拘束原作出机关及其他机关与相对人的效力，该行政行为的拘束力无异于其构成内容的拘束力，这种拘束力便有对所涉及事实的"确认"效果。[3]站在行政确认的立场和不动产登记行为的内部关系来看，不动产登记的确定力就是指不动产登记一旦完成，就对相对人和登记机构产生了法律效力，相对人不能随意对其效力提出争议，登记机构自身也受到不能任意撤销登记行为的限制。一方面，可谓之"不可争力"，即登记行为的相对人除非具有法定理由并依法定程序，不得随意要求变更、撤销或废止已生效的不动产登记行为。另一方面，可

---

〔1〕（台）陈新民：《中国行政法学原理》，中国政法大学出版社 2002 年版，第 172 页。

〔2〕 王达："对不动产登记的行政法思考"，载《行政法学研究》2007 年第 2 期。

〔3〕（台）陈新民：《中国行政法学原理》，中国政法大学出版社 2002 年版，第 173 页。

谓之"不可变力"，原则上不动产登记机构不得将登记行为随意撤销，或者只有在特定条件下才允许登记机构有撤销登记的效力。赋予不动产登记确定力的原因在于，尽管不动产登记仅仅是对不动产物权及其他法定事项的证明与确认，但在相对人通过登记申请对个人意志真实性作出承诺后，登记机构又通过公权力的介入使行政权在其中产生了支配力或体现了行政意志，就必须要让不动产登记行为对参与登记行为的双方都产生拘束力。唯其如此，不动产登记才能对依法记载在登记簿的不动产权利归属或其他法定事项，真正产生行政确认的效力。

二是不动产登记的公定力。所谓公定力，是指行政机关本于职权所作之行政处分，在原则上均应受适法之推定，于未经依法变更或者有权机关加以撤销或宣告无效前，任何人均不得否定其效力，即系有强制他人承认其效力之谓；[1]行政行为的公定力实质上是一种假设的法律效力，所享受的是整个社会对行政行为的法律保护，是一种对世的法律效力。[2]由于不动产登记旨在维护不动产交易秩序和交易安全，因而其法律效力必须外部化，通过赋予登记行为及于第三人的特定效力，以保证登记的实效性、稳定性和公共性，公定力即为此应运而生。不动产登记作为不动产物权公示的法定形式，其公定力的作用在于，通过法律上拟制的、推定的法律效力，向社会作出有公权力保障的登记是可以信赖的承诺，从而对社会公众产生拘束性的力量，避免引起不动产交易秩序混乱、交易安全得不到保障的状态。即：无论不动产登记实际上是否合法有效，一经作出

---

〔1〕 参见（台）陈秀美：《行政诉讼上有关行政处分之研究》，司法周刊社1994年版，第131页。

〔2〕 叶必丰：《行政行为的效力研究》，中国人民大学出版社2002年版，第75页。

都应当被推定为合法有效；即使登记内容真的有错误亦不可随意否定，非经撤销或宣告无效仍应被任何人尊重、服从，登记内容也应视为真实的、合法的及可信赖的。从本质上讲，不动产登记的公信力是确定力从内部关系向外部关系的延伸，为保护社会公共利益的重要组成部分之社会公众信赖利益提供了制度保障。

1.4 私法为"体"公法为"用"的不动产登记及其区分实益

1.4.1 私法为"体"公法为"用"的法律属性定位

对于不动产登记，作者认为，既要肯认其私法属性，但也不能忽视其公法属性，将其视为具有私法和公法双重属性的行为更为适宜，不过这双重属性的认定不是简单拼装，亦非调和理论争议，而应当有所侧重，明确指出孰轻孰重。

前面在阐述不动产登记私法属性时，对登记的关注点主要在于行为结果，即不动产物权登记与否；实际上，从行为过程乃至更广阔视角下的行为起因来看，不动产登记的私法属性亦是"昭然若揭"。一方面，就登记行为本身而言，登记申请对于登记程序启动及行为发展演变具有重要意义。不动产登记大体上包括启动程序、审查程序和决定程序，除少数依嘱托或依职权启动登记程序外，大多数登记依申请而启动，申请对不动产登记的作用可谓举足轻重。考察我国现行立法，《物权法》第11条以及《暂行条例》第14～16条等规定确立了"依申请登记"的原则，体现了民事自决和充分尊重申请人意愿：一是，除非法律另有规定或者依据有关国家机关的嘱托，申请是启动登记程序的原因；二是，当事人是否申请登记以及何时申请登记应由其自行决定，登记机构不为当事人的申请确定期限；三是，当事人的登记申请界定了不动产登记机构的活动范围，登记机构不能超越该范围从事活动；四是，只要登记尚未完成，申请人可以撤回登记申请。

另一方面，不能离开事情起因孤立地看待登记机构的不动产登记行为。从更广阔的视角看，万事万物即有其根源，不动产登记亦是如此，既界定为行政确认，那么所要确认的对象就是登记之起因，有的学者将其称为"登记基础关系"，[1]有的学者将其称为"原因行为"，[2]作者参照《最高人民法院关于适用〈中华人民共和国物权法〉若干问题的解释（一）》（以下简称《物权法司法解释（一）》）中有关用语，称之为基础民事法律关系，其私法属性十分明确。《暂行条例》规定的8种登记类型中，除查封登记外，诱发不动产登记的起因都是基础民事法律关系；即使是查封登记，登记机构所协助执行的往往大多也是民事纠纷所致。因此可以说，私法属性基本上贯穿不动产登记之始终，从登记起因到登记启动，从登记过程到登记结果；在以不动产物权登记为核心的不动产登记中，私法属性更是直接体现在登记目的实现和登记功能发挥上。

与此同时，由于不动产登记机构属于行政机关，实施着依法赋予的行政职权，行政行为可谓是不动产登记的外观表征或曰之"壳"，私法自治的目的也需要借助这样的公权力手段介入才能更好地成就和实现，不动产登记的公法属性当亦属显然，其作用不可忽视。然而，考虑到不动产登记毕竟主要基于物权变动的需求而产生，所追求的最终效果是确认、公示、保护不

---

〔1〕 王永亮："论不动产登记中的私权利保护"，华东政法大学2014年博士学位论文。

〔2〕 杨晓玲："行政登记研究"，中国政法大学2009年博士学位论文。

动产物权，登记本身对私权利的介入是有限度的，私法属性应当是不动产登记的本质。并且，不动产登记的私法效力和公法效力之间联系密切，也充分体现了其公法属性的工具价值：登记行为的确定力是登记簿推定力的效力延伸，从对不动产权利的正确性推定，发展成对登记机构和相对人的拘束力；登记行为的公定力是登记簿公信力的效力加强，用登记机构的公权力以及隐藏其背后的国家权威，为当事人涉及不动产的私权利保护进行"背书"。因此，在不动产登记所具有的私法和公法双重属性中，私法属性是其内核和本质，公法属性则是其外观和形式。

　　借用晚清思想界的"体用之争"的提法，[1]作者将不动产登记定位为私法属性为"体"、公法属性为"用"，简言之私法为"体"公法为"用"或私"体"公"用"。如此定位因应了处于转型期的中国国情，契合不动产登记的立法演进和法治实践，也更容易为法学界和实务界所接受。事实上，从解释论的角度来分析《物权法司法解释（一）》第 1 条，即"因不动产物权的归属，以及作为不动产物权登记基础的买卖、赠与、抵押等产生争议，当事人提起民事诉讼的，应当依法受理。当事人已经在行政诉讼中申请一并解决上述民事争议，且人民法院一并审理的除外"；虽然它旨在划定不动产登记纠纷处理的民事诉讼和行政诉讼的边界，但从其将大部分不动产物权登记纠纷划入民事诉讼、以"除外"来表述行政诉讼附带民事诉讼看，恰是从另一角度佐证了不动产登记的私法为"体"、公法为

---

　　〔1〕"体用之争"是晚清思想界的重要议题，从政治层面看则主要体现为保守派与洋务派的争论。为了调和不同阵营之间的矛盾，张之洞提出了"中学为体，西学为用"这一口号，并在其著作《劝学篇》中全面论述，从而成为洋务派的重要思想武器，客观上有利于减少改革阻力、将社会朝着有利于变革的方向引导。

"用"的本质属性。

1.4.2 私"体"公"用"定位之实益

对于不动产登记法律属性的讨论不应到此为止，更重要的是，进一步分析私法为"体"公法为"用"定位的实益所在。

一是厘清公权力和私权利的作用边界。"上帝的归上帝，恺撒的归恺撒"，不动产登记既属私法为"体"公法为"用"，纯粹私法领域的作为登记起因的基础民事法律关系和作为登记程序启动主要因素的登记申请，应当尊重当事人的意思自治，公权力不应主动介入和干预。登记程序启动后直至作出准予登记、不予登记等决定属于登记机构发挥作用的公法领域，登记机构应当依法受理、审查并独立作出判断和决定，把握好"当为"与"不当为"的界限，合理审慎地履行法律赋予的职责；相对人和相关人在此过程应当尊重登记机构的履职行为，待登记结果最终确认涉及不动产的权利及相关事项。

二是明确不动产登记的救济路径。当涉及不动产的相关事项进入登记程序后，方可运用其救济程序，真实权利人和利害关系人可以在该制度内部通过更正登记、异议登记等程序实施不同目的的救济，还可在制度以外通过行政复议、诉讼等程序予以救济；对于可归责于登记相对人自身的登记错误应当自行承担登记错误的责任，而对归责于登记机构的登记错误可以提出登记赔偿。

三是划分不动产登记纠纷的审判范围。根据《物权法司法解释（一）》第1条规定，作为不动产登记起因的基础民事法律关系的争议，即因不动产物权的归属以及作为不动产物权登记基础的买卖、赠与、抵押等产生争议，当事人提起民事诉讼的，人民法院应当通过民事审判予以解决，但不排斥行政诉讼附带民事诉讼的解决途径；当事人对不动产登记行为本身有争议而提起行政诉讼的，人民法院应当通过行政审判予以解决。司法权和行政权的边界同样也要划清，人民法院民事审判和行政审判的结果不能"越俎代庖"直接取代登记行为，只能及于不动产登记行为的法律效力，最终的不动产登记行为仍应由登记机构作出。

此外，作者将不动产登记定位为私法为"体"公法为"用"，不是简单地基于不动产登记这一行政确认行为能够产生私法效果；若是如此，几乎任何一项行政行为都会产生私法效果，即使作为司法行为的行政审判很多时候也会对当事人产生一定私法效果，但它们大多则属于公法为"体"私法为"用"。因此，以不动产登记为原点透过现象看本质，可能需要一种逆向的"类型化"。就作者观察所及，私法为"体"公法为"用"的定位绝非不动产登记所独有，行政行为现象之中实际上有很多"暧昧的身影"游走在公私法之间，它们大多披着"登记"的外衣。比如，机动车、船舶、航空器等特殊动产以及其他民事财产权领域的登记，户籍登记、收养登记、婚姻登记等民事身份关系领域的登记，以公司登记为核心的商事主体登记等都具有明显的私法为"体"公法为"用"的特征。

更为重要的是，不动产登记私法为"体"公法为"用"的定位体现了一种价值层面的"偏向"。如果把基础民事法律关系比方为机动车，借助不动产登记这一手段，"私法开车，公法上牌"，方能实现合法运营；而随着不动产登记制度的运行，在功能层面则又会出现"私法行驶，公法搭车"的情况，当然这是后话了，容下文详细论述。

第2章
不动产登记审查的价值取向和目标设定

与不动产登记私法为"体"、公法为"用"的法律属性相对应，通过登记审查实现的不动产登记制度功能也呈现出双重性，而其背后则直接源于公私法层面的价值追求。并且，依法行政的现实需求和不动产物权变动的模式选择作为重要考量因素，都与我国不动产登记审查的目标设定密切相关，进而影响着我国不动产登记审查的模式和体系选择。

2.1 不动产登记审查的本质与价值取向

不动产登记审查在登记制度的双重功能和公私法层面的价值追求之间架起了一座桥梁。如果说功能是制度在客观层面展现出的功用和能力，那么价值则是制度在主观层面所追求的目的和特性。[1]从法哲学上讲，制度功能体现着价值追求，同时又制约着价值追求；价值追求决定制度功能的选择，同时规制着制度功能的发挥。当然，由于法本身往往是历史和社会的产物、是客观需要的产物，制度功能和价值追求实际上是自然性和社会性、客观性和主观性的整合。

---

[1] William Blackstone, *Commentaries on the Laws of England iii*, Oxford: Clarendon Press, 1768, pp. 117~118.

2.1.1 不动产登记制度的主体功能和附带作用

任何一项法律制度都应当对于国家和社会具有其特定的功能和作用，这也是制度存在的价值所在。法律制度的功能一般是指立法者所预设的一种能力，这种预设的能力一经确定就具有客观性，就成为法律所固有的不可分割的东西。[1]对于不动产登记的制度功能，人们在不同语境下，可以从不同角度进行评价，它可以产生多种影响，"一百个观众眼中有一百个哈姆雷特"。作者基于对不动产登记私法为"体"和公法为"用"的定位，以不动产登记制度的本质作用为出发点来分析其制度功能，实际上即指为参与制度的人以及社会公众乃至国家所能提供的服务。

不动产登记制度被认为是国家保护权利人合法财产权、保障不动产交易安全的一项基础性制度，这在当下中国基本已达成共识。关于不动产登记的制度功能或者重要意义，有的学者认为主要体现在有利于确定权利归属、促进社会安定，维护交易秩序、保护交易安全，降低交易成本、提高交易效率，依法征税、调控市场；[2]有的学者认为主要包括界定和确认不动产权利的归属，明确不动产权利及其变动的信息，促进不动产交易、增强不动产的流动性；[3]有的学者指出，静态意义上的不动产登记是物权法上财产归属的表征，动态意义上的不动产登记是对财产流转的法律保障措施，旨在减少交易费用和提高效率，

---

[1]　W. S Holdsworth, *An Historical Introduction to the Land Law*, Oxford：Clarendon Press, 1927, p. 11.

[2]　胡志刚：《不动产物权新论》，学林出版社 2006 年版，第 84 页。

[3]　吕艳辉："公私法交织中的不动产登记"，载《北方法学》2008 年第 5 期。

实现国家对不动产交易的宏观调节和监控;[1]有的民法学者站在公法层面立论,认为包括"为国家对不动产尤其是对土地的行政管理奠定基础""使国家能够细致正确地掌握主权范围内的不动产,因而以此作为征收各种税负的手段""为国家进行宏观调控,推行各种不动产政策提供决策的依据"。[2]总体来看,法学界对不动产登记制度功能的描述涵盖的范围较广,在对维护交易安全、降低交易成本等作用的肯定上看法趋同,有不少已经不再局限于私法范畴,而是踏进了公法领域。但需指出的是,诚如德国法学家耶林对私权的尊崇那样,"国家法律和民族法律的忠实追随者无外乎是私权的侍从——他在后一种情形中所养成的特点,同样将会在前一种关系中伴随着他,并具有决定性意义——为了国家在私权中播下的和显示出的东西,将在国家法律和民族法律中结出果实。在私权的底层,于生活的毫末,那种力量必须一点一滴地形成和聚合,为了能实现伟业,必须积聚国家所需的道德力量资本。私权,而不是国家法律,才是一个民族政治发展的真正的学校!"[3]不动产登记制度之存在主要是为了满足私法需求,这是我们始终不能忘记的"初心";而公法上的效用并非登记制度题中应有之义,参与房地产市场调控、协助课税等并非登记机构原本职责所在,仅是兼而有之的效用,主要为政府相关决策或实施监管提供一种可能性或现实选择,正如有学者提出的,登记与物权的确认和保护、交易秩

---

〔1〕 武立宏:《不动产登记法律制度要论》,中国政法大学出版社 2015 年版,第 22~24 页。

〔2〕 参见程啸:《不动产登记法研究》,法律出版社 2011 年版,第 44~45 页。

〔3〕 参见[德]鲁道夫·冯·耶林:《为权利而斗争》,郑永流译,法律出版社 2007 年版,第 37 页。

序的维护等密不可分，但和"行政管理"则可以相对分离。[1]

作者认为，不动产登记的制度功能应当从两个层面来分析，一是由制度本身直接产生的私法效用，可谓之主体功能，属于最本源、最核心的效用；二是由制度实施衍生而来间接产生的公法效用，可谓之附带作用，也许更为社会所关注，但只能居于次要地位。

一方面，不动产登记制度的主体功能。一是基于登记的权利表征作用，实现对不动产物权的确认和保护。登记制度的实质在于赋予不动产物权变动以权利外观，使登记簿上记载的权利推定为正确、相应的权利人也被认为是法律所确认的主体，从而在某种意义上起到定纷止争的作用；且由于物权的排他性，其他任何人都负有不得侵犯的义务，形成了各方保护不动产物权的良好氛围。在此基础上，涉及不动产的财产关系得以明晰，将复杂的民事法律关系简单化，成为市场经济活动正常运行的基石。二是基于登记的物权公示作用，促进对交易秩序和交易安全的保障。不动产物权公示是指，不动产权利的享有及变动必须以可取信于社会公众的外部表现方式对外予以公示。[2]由于不动产交易从法律立场看就是不动产物权的移转，为使权利移转正常进行，登记作为不动产物权公示的主要方法，在静态权利角度宣示了权利归属，保护了权利人的利益，稳定了财产关系，维护了交易秩序；在动态角度，登记的不动产物权被赋予公信力，降低了交易的不确定性，第三人出于对于登记公示的信赖而敢于从事不动产交易活动，其权利可以得到法律保护，

---

〔1〕　参见刘保玉："不动产登记机构错误登记赔偿责任的性质与形态"，载《中国法学》2012 年第 2 期。

〔2〕　参见孙宪忠：《中国物权法总论（第三版）》，法律出版社 2014 年版，第 271 页。

交易安全也获得了有力保证。三是基于登记信息的可查询，为交易成本的降低和交易效率的提高提供了便利。不动产交易的高效运行有赖于交易双方对各类信息的掌握，信息的不完全和不对称往往是制约因素，由于登记的公示和登记信息的可查询，既使当事人免去实地调查的苦累与耗费，及时掌握有关信息，减少了交易费用，降低了交易成本；又能使当事人在信赖登记簿所记载内容的基础上，增强了交易信心，便于合理作出决策、提高交易效率，从而成为"财产法中的激励机制"。[1]

另一方面，不动产登记制度的附带作用。基于中国的国情，不动产登记制度作为一种现代国家治理手段，在整个国家治理中具有十分独特的、无可替代的作用，可以认为是推动国家治理现代化的重要辅助手段。现代社会国家公权力对社会全面介入、全面调整，然而这种介入、调整必须借助一定的工具和抓手，不动产登记制度就是一个重要的路径。一是可以为土地管理和依法征税提供有效支撑。我国的不动产登记正在从税收登记、产权登记走向多用途登记，完备和准确的不动产登记信息可以有效支撑土地管理"批、供、用、补、查"等各项工作。同时，不动产权利的占有、交易需要缴纳相应的税收是各国税收征管的通行做法，为了掌握相关信息并有效征缴，世界各国的惯例也是在不动产登记时一并征缴；并且，我国不动产登记信息管理基础平台的建成运行，还可以为将来征收房地产税提供基础信息和支撑条件。二是可以协助政府调控房地产市场。通过不动产登记能够准确掌握各地区乃至全国房地产交易总量、价格走势、市场结构、供需状况等，进而分析市场供需状况，并针对市场反映出的问题及时采取包括税收在内的经济杠杆或

---

〔1〕 张维迎：《信息、信任与法律》，生活·读书·新知三联书店 2003 年版，第 124 页。

法律的、行政的措施调控房地产市场。尤其是当市场出现不良反应时，在准确、完整的不动产登记基础上建立起来的预警信息系统可将有关信息反馈给政府，便于政府"对症下药"，及时排除市场风险；[1]从长远看，有利于促进房地产市场秩序的健康稳定。三是可以为反腐倡廉提供基础信息。建立公务人员财产公开制度是世界各国现代政治通行做法，对于树立政府威信，制约公权力滥用，具有重要制度价值，我国也一直在探索建立相关制度。[2]通过实施科学有效的不动产登记制度，特别是不动产登记信息在国家有关部门之间的共享，可以及时、准确地获得公务人员拥有的不动产权利情况，有助于支撑官员财产申报核实工作，倒逼公职人员廉洁从政、如实申报房地产信息，破解官员异地炒房、异地置业转移财产等组织和纪检部门不能及时掌握的问题，从而有利于反腐倡廉制度建设。当然，对此我们需要正确认识，近年来社会上对不动产登记制度一度存在误解误读，认为统一登记就意味着开征房地产税、加大腐败打击力度，但是，征不征税、何时开征、征收多少以及是否实施官员财产公开制度等均属政府决策范畴，需要出台税收法律或制定相关政策加以规定并推动，与不动产登记制度本身没有必然联系或者直接关联，不应也不可能通过不动产登记制度来解决。

此外，不动产统一登记在全面深化改革中还可发挥引领和推动作用。党的十八届三中全会提出的改革任务，如"充实农民土地使用权权能，赋予农民对承包地占有、使用、收益、流

---

〔1〕　参见李东英、冀晓燕："浅谈不动产登记制度对房地产市场的影响"，载《山西农经》2017 年第 18 期。

〔2〕　参见陈玉成："论公务员财产申报和公开制度的法律价值"，载《安徽行政学院学报》2014 年第 3 期。

转及承包经营权抵押、担保权能""保障农户宅基地用益物权，改革完善农村宅基地制度，通过试点慎重稳妥推进农民住房财产权抵押、担保、转让，使农民获得宅基地和房产转让收益"，要使这些赋予农民更多财产权利的措施得以实现，前提是依法登记，明确农民承包地、宅基地及农房的权利归属，依法保护相关权利人的合法权益；再如，要发挥市场在资源配置中的决定性作用，就要确保市场公平、公开、公正，其前提是要明晰产权，通过不动产统一登记可以形成全面、准确、可靠的不动产信息，避免交叉或冲突。

还需指出的是，不动产登记制度的主体功能与附带作用二者之间并非没有联系，主体功能本身会有一个溢出效应，从而产生附带作用，而附带作用的发挥往往也需要借助主体功能来实现。但是，无论是制度设计还是制度实施，首先需要关注的是其主体功能能否实现，而不是贯彻公法意图；并且，当附带作用与主体功能产生冲突或者某一附带作用影响到主体功能时，应当毫不犹豫地"弃卒保车"。鉴于不动产登记制度的主体功能与附带作用在中国语境下原非泾渭分明，我国的制度演进也表明，不动产登记曾经长期被视为管理手段、是公法的附庸，私法上的功能在《物权法》出台后才逐渐显现；诚如有的论者所言，"《物权法》既然已经将登记作为不动产权利的公示手段，则在构建统一不动产登记制度中，立法者更应当重视不动产登记的公示功能"，[1]这一转向不是建立和实施统一登记制度即可一蹴而就的，可能需要很长时间、许多人的努力才能真正完成转型。

---

[1] 高圣平：《中国土地法制的现代化——以土地管理法的修改为中心》，法律出版社 2014 年版，第 69 页。

2.1.2 不动产登记审查的本质剖析

不动产登记的制度功能，需要通过以审查为核心的登记行为来体现。如前所述，《暂行条例》第 2 条明确界定了不动产登记的概念，它关注了登记簿这一登记结果，也体现出其外延的周延性。但客观地讲，这个界定还是存在明显的缺陷，对登记行为本身的本质特性揭示尚存不足之处；并且，从不动产登记私法为"体"公法为"用"的法律属性定位看，此种界定也未能阐明其中公权力行使的基本特征，即公法之"用"究竟体现在哪里？不动产登记兹事体大，岂是一个模糊的"依法"之限定加以客观"记载"所能概括之？

作者认为，就不动产登记行为而言，应当包括两方面突出特性，一是主观判断，二是客观记载。后者主要通过在登记簿上记载来体现，某种程度上可视为不值得予以太多讨论的事实行为；而前者主要通过审查来体现，是登记机构履职尽责的核心所在，可以说审查是登记机构行使公权力的集中体现。打个比方，不动产登记就像一台具有识别功能和装帧作用的"复印机"，针对所需复印的私法层面的资料，通过登记审查的识别功能去伪存真、去"芜"存"本"，然后通过在不动产登记簿上的客观记载，达到以国家权威性为其"背书"的"装帧"效果；但它不是"打印机"，不能任意地体现操作者——行政机关的权力意志。鉴于前文将不动产登记类型化为行政法上的行政确认，那么审查就是为完成行政确认任务的判断过程，其结果最终要通过是否载入不动产登记簿来体现。如果说事实判断解决是什么的问题，价值判断解决该不该的问题；可以说，不动产登记审查是建立在事实基础上的专业性判断，这种判断既包括纯粹对于事实问题（如不动产自然状况究竟怎么样、申请主体与权利人是否一致等）的专业性判断，也包括一定程度上的法律判断或价值判断（即申请登记事项是否符合登记条件或是否应该被登记），有其特定边界，并不是行政机关针对私法事务的自由裁量。究其本质，不动产登记审查则是登记机构通过法律法规赋予的一系列公权力的行使，对私权利是什么和该怎样作出专业性判断，符合登记条件的启用国家权威予以保护，不符合登记条件的则排除在公权保护范围外，从而达到合理且有限度介入私权利的目的；申言之，登记审查因国家保护私权的需要而存在，依靠的是国家的权威性，借助的手段则是法律法规赋予的公权力。

为了彰显审查在不动产登记中的核心意义，从兼顾内涵揭示和外延明确的角度出发，不动产登记应当被进一步界定为"不动产登记机构经过依法审查，将不动产权利归属和其他法定事项记载于不动产登记簿的行为"。这一界定与《暂行条例》第2条的关键区别在于是否有"审查"，如果只是单纯的"记载"，任何机构任何人皆可为之，何需国家指定专门的不动产登记机构和工作人员？可以说，正是因为"审查"的存在，才显现出不动产登记的行为因素，经依法审查而在登记簿上所进行的记载，才使得不动产登记契合物权法所需要的结果要素。同样地，正是因为有了"审查"，才真正体现出公权力对私权利的合法而有效的介入。凸显出审查在不动产登记中的核心地位，既可以阐明本书关注不动产登记审查之旨趣所在，也有助于我们进一步完成理论构建，找到解决制度实践问题的钥匙。

不动产登记审查作为登记行为的核心，必须服从和服务于不动产登记制度功能的实现。作者认为，从学理层面看，不动产登记的审查目的可以界定为二元：一是注重提升登记质量，登记真实性，体现登记公信力；二是注重提高登记效率，要简化流程、多措并举，优化服务、便民利民。考虑到我国长期以来一直过分重视静态权利保护的客观现实，结合我国不动产交易日益频繁以及不动产登记体系已经日趋完善的现实，今后的不动产登记审查实践中，虽然在应然层面上仍需保证登记质量和登记效率并重，但结合中国国情，更为现实的状况则可能是在保障便民利民、实现高效便捷的基础上，使登记结果与实际权利之间具有高度盖然性已足，而不是苛求登记结果的绝对真实。还应看到的是，不动产登记审查本身亦有其价值追求，这二元化的审查目的背后实际上体现着其价值追求，可以说，提升登记质量、保障登记真实性反映了对于安全价值的追求，提高登记效率、强调便民利民则体现出对于效率价值的追求。申言之，安全和效率这两大普适性价值，正是不动产登记审查在私法层面的价值追求之所在。

2.1.3 不动产登记审查在私法层面的价值目标

美国法学家庞德认为，价值虽是一个困难的问题，但却是法律科学必须直面而不应予以回避的。[1]从法律层面看价值，主要是指法律所具有的功能和效用，规则的制定、制度的形成都要以一定的法律价值为依归，这些价值一般包括正义、秩序、安全、效率、平等、自由等，体现在法律制度中的往往是其中的一个或几个。价值追求与制度功能之间的关系，其实质是作为主体的人与作为客体的制度之间的需要和满足相对的关系，[2]价值追求是制度功能的内核，制度功能是价值追求的外

---

〔1〕　参见朱庆育："寻求民法的体系方法——以物权追及力理论为个案"，载《比较法研究》2000 年第 2 期。

〔2〕　F. H Lawson, Bernard Rudden, *The Law of Property*, third ed, revised by Bernard Rudden, London：Oxford University Press, 2002, p. 13.

化。具体到不动产登记这一制度，对其法律价值的探寻，所要考虑的无非是作为主体的人（既包括权利人自身又及于社会上不特定第三人）与作为客体的不动产登记制度之间的需要和满足的关系；不动产登记所具有对主体有意义的、可满足主体需要的属性就是其功能，主体所寻求的、依赖制度予以满足的内在需求就是其价值，不动产登记的制度功能不过是主体价值追求的结果罢了。从前面对不动产登记的制度功能特别是主体功能的论述出发，该制度通过登记审查所追求的私法层面的价值目标，主要包括安全和效率这两大普适性价值。

一是安全价值。安全在诸多法律价值中具有十分重要的地位，霍布斯声称"人民的安全是至高无上的法律"，庞德从社会利益说出发对安全价值作出了最为全面而深入的阐述，启示我们：安全同特定社会的主体需求紧密相联，而非一成不变；安全所关注的对象为个人和社会，构成安全的两种形态，并在其中不断摇摆；安全最终目的在于确保社会生活的存在不受危及其行为的威胁。[1]在不同法律制度中，按照不同的标准，可以对安全价值作不同的分类。就不动产登记制度而言，以安全价值所享有的主体为划分标准，可以分为个体安全价值和社会安全价值。前者着眼点在于对作为个体的权利人不动产物权及相关权利之确认和保护，使之不受侵犯或遭受损害。鉴于整个社会、整个国家领域内市场交易秩序是否安全、是否高效属于社会基本经济秩序范畴，具有社会公共利益性质。[2]因而，后者着眼点则在于对市场经济社会不动产交易秩序之维护，使之不受威胁或遭到破坏。以安全价值所关注的民事法律关系状态为

---

〔1〕 马栩生："登记公信力研究"，武汉大学 2005 年博士学位论文。

〔2〕 参见汪海波："交易安全的物权法保护"，载《北方经济》2008 年第 14 期。

标准，可以划分为静态安全价值和动态安全价值，前者可称之
为享有的安全，主要着眼于不动产物权真实权利人的权利保护，
使其权利得到不动产登记的确认和保护；后者又称为交易安全，
可定义为"交易主体合理期待利益的安全"，着眼于对参与不动
产交易的不特定第三人的保护，对其通过正常交易活动所取得
的权益进行保护，而不轻易归于无效。

　　不动产权利人个体安全、静态安全等价值的实现，主要通
过不动产登记私法上的推定力和公法上的确定力（具体体现为
权利表征和物权公示）等手段来达成；不动产交易秩序、交易
安全等社会安全价值、动态安全的实现，主要通过不动产登记
私法上的公信力和公法上的公定力等手段来促成。应当指出的
是，不动产登记制度所追求的安全价值内部并不天然处于协调
一致的状态，即个体安全和交易秩序之间、静态安全和交易安
全之间可能存在冲突；[1]在此情形，现代以来，大多数国家往
往以维护交易秩序和交易安全为优先选择，当下中国亦是如此。
自 19 世纪末至今，交易秩序和交易安全逐渐取代个体安全和静
态安全之地位而得到更多的强调，其中《德国民法典》被视为
这种转向的标志与契机。[2]比如说，实践中可能存在不动产登
记名义人和真实权利人不一致的情况，在登记公信力作用下，
只要是第三人系善意地信赖登记公示，则首先要保护的是善意
第三人的利益，其实质是以牺牲真实权利人个体享有的安全为
代价。

　　二是效率价值。从法学概念看，效率在本质上反映出的是

---

〔1〕　James Schouler, *A Treatise on the Law of Personal Property*, 5 ed, New York: Matthew Bender&Company Incorporated, 1918, pp.7~8.

〔2〕　江帆、孙鹏主编：《交易安全与中国民商法》，中国政法大学出版社 1997 年版，第 54 页。

投入和产出比，是指从一个给定的投入量中获得最大的产出，即以最少的资源耗费取得同样多的效果，或以同样的资源耗费取得最大效果。[1]这里的投入可谓之成本，产出可谓之收益，效率体现二者之间的比例关系，成本大收益小为低效率，成本小收益大则为高效率。不动产登记制度所追求的效率价值，就应当是相对少的成本获得更好的收益，这里面实际上包含两个层次的效率：一是在宏观层面以登记制度之有无为考察点，进行社会总体成本收益的比较；二是在微观层面对于申请人而言的成本收益比较。以成本而言，由于不动产登记制度寄望于登记簿准确反映涉及不动产的民事法律关系，制度的运行主要围绕登记簿进行，绝大部分的人力、物力、财力及时间等制度成本也是因登记簿而产生，需要有专门的登记机构和专业的登记人员从事审查、登簿等工作，有便民的办公场所和足够的办公设备为申请人提供服务并保管登记簿，有充足的工作经费满足审查、登簿、发证、查询等工作要求，有一定登记周期从而完成各项登记程序，等等。这些成本看似庞大，实际上当不动产登记制度正式运行以后，其间存在着私人成本与公共成本之间的成本转移，除申请人个体在不动产交易完成之后所需付出的实现不动产权利保护的成本大幅降低外，以国家和私人本应付出的总成本来算，整个社会为此付出的总交易成本不是增加了，而是大大减少了。

以收益而言，市场交易的重要一环就是交易标的信息的获取，不动产登记制度的运行可以收集到涉及不动产自然状况、权属状况、权利限制等较为权威可靠的海量信息，并为期待参与不动产交易的各类主体提供相应的查询服务，进而拓宽了当

---

〔1〕 参见张文显：《法学基本范畴研究》，中国政法大学出版社1993年版，第254页。

事人获取不动产交易相关信息的渠道。近现代以来,熟人社会
逐步向陌生人社会转型,"陌生人的出现取代熟人关系成为近现
代社会基本特征,形成超越熟人关系的陌生人间的广泛存在的
市民社会,而市民社会又表现为契约性与陌生性";[1]在市场经
济下的当今中国社会,陌生人之间的交易已常态化,不动产的
高经济价值也就必然意味着高风险,如果不能解决信息不对称
的问题,不动产交易将变得费时费力,其正常进行必然大受影
响,市场不可能活跃,经济繁荣则难以期待。[2]虽然社会上的
各类交易主体以私人自治方式也能自行获取交易标的相关信息,
但囿于交易主体作为一个民事主体自身能力的局限,往往需要
花费较大的探寻成本,且获取的标的信息还可能不完全;如果
国家公权力能够介入,以国家权威性、强制力、公信力为保障,
建立一套准确、透明、便捷的交易信息公示系统,可以极大地
方便市场主体获取相关交易信息,并防范交易风险。[3]因此可
以说,由于不动产登记制度的存在及其运行,降低了不动产交
易的不确定性,形成了对于交易合法性的期待,从而激励了更
多交易发生、活跃了市场经济,社会收益大大提高;与此同时,
对于交易当事人这一个体而言,除了有通过登记簿获得比较准
确的相关交易信息这一收益期待外,登记过程的迅速和便捷也
是其作为个体所期待的直观收益。

---

〔1〕 参见徐国栋:《民法基本原则解释——成文法局限性之克服(增订本)》,
中国政法大学出版社 2001 年版,第 58~59 页。

〔2〕 其根源在于"权利的受让人为预防不测的损害之故,在任何的交易里,
均非详细的调查真正权利人以确定权利的实像,方开始交易不可,如此一来,受让
人为确定权利关系的实像裹足不前,对于现代活泼迅速交易行为自然会受到严重的
影响";参见刘得宽:《民法诸问题与新展望》,中国政法大学出版社 2002 年版,第
284 页。

〔3〕 参见张明:"不动产登记簿的公示及意义",载《城市问题》2005 年第 3
期。

在不动产登记制度运行中，效率主要体现为登记机构的审查效率，要想实现效率最大化，审查内容应尽可能少，而审查范围应尽可能限缩。这是因为，登记审查工作必须耗费作为行政机关的登记机构的大量人力、财力、物力，这些耗费就是登记行为这一行政管理活动的刚性投入；如果登记机构履职尽责中所需审查的内容越多、范围越广、把关越严格，则相应的投入也就越大。此外，需要说明的是，不动产登记制度本身也有其局限性，比如登记内容的准确性并不绝对、登记公信力一定程度上会以牺牲真正权利人利益为代价、登记对交易的介入会对交易便捷产生某种影响，等等，但把这些同没有登记制度而产生的影响市场交易的不利因素相比较的话，会发现登记是一种最不坏的制度。[1]或许，这从另一个角度展现出不动产登记审查制度对于效率的价值追求。

通过分析上述安全和效率这两大价值目标，并结合不动产登记制度来看，可以发现，它们当然是对作为主体的人的各项合理需求的满足，实际上还是优化制度设计、完善登记流程的推动力；对于不动产登记审查而言，既是引导顶层设计的基础，实际上也外化于登记审查的具体运行之中，不断发挥着应有的作用。更为重要的是，不动产登记审查应当兼顾安全和效率，但不同的价值目标相互之间可能存在冲突，如果为了更好地维护"安全"价值，则应当强化不动产登记审查力度，从而可能以牺牲一部分"效率"价值为代价；如果为了更好地实现"效率"价值，则应当加快不动产登记审查的进度，从而可能以牺牲一部分"安全"价值为代价。由于审查在不动产登记这一公权力行使中的重要意义，安全和效率价值之间的平衡实际上就

[1] 霍振宇：《行政登记与司法审查》，法律出版社2010年版，第24页。

为不动产登记审查的制度建构指明了方向、提供了出路，价值平衡的结果则必然使不动产登记审查更为注重现实考量，对安全的追求只能是相对安全，对效率的追求亦不应是绝对效率。

2.1.4 不动产登记审查在公法层面的价值追求

基于对现代社会国家公权力介入私权利影响的分析，不动产登记制度具有特殊的社会价值，这些价值因应了财产权保护的公法化趋势，但由于登记制度运行应当以审查为核心，实际上也就成了登记审查在公法层面的价值追求之所在。特别是在当下中国，公有制作为社会主义市场经济制度的基本特征，在土地这一最主要的不动产上表现得尤为突出，如何在公有制下实现对私权的有效保护，也就使得我国不动产登记审查在公法层面价值追求上呈现出一定的特殊性。

一是通过不动产登记协助社会不动产资源的合理配置。不动产作为当今世界最重要的社会财富，基于现代国家对社会不动产资源分配、行使进行介入和调控的需要，各国普遍实行物权法定原则。《中华人民共和国民法总则》（以下简称《民法总则》）第116条规定"物权的种类和内容，由法律规定"，设立哪些不动产权利以及权利内容如何均需要由全国人大及其常委会所制定的"法律"规范。以土地为例，根据《物权法》等法律，我国土地所有权只能属于国家或农民集体，在国家所有土地上和集体所有土地上可以分别设立土地用益物权，从而有效地实现了土地资源在不同社会主体之间的分配和调节，确保了社会主义公有制基本制度的实现。为落实物权法定原则，实现国家公权力对于不动产资源的有效管控，维护相应的资源分配格局，不动产登记能力这一概念被提出，它是指"只有符合法律规定的不动产权利种类才能纳入不动产登记范围，方才可以进行不动产登记，不动产登记机关对于法律没有规定的不动产权利不得予以登记"。[1]根据《暂行条例》第5条的规定，只有《暂行条例》所列明的不动产权利，登记机构方可予以登记，从而防止不动产资源被随意创设为不动产权利，进而影响社会整体利益，达到合理配置不动产资源的目标。

二是通过不动产登记为公示不动产权利奠定真实性基础。由于物权特别是不动产物权自身所具有的效力或特殊性，特别是基于其排他性和优先性，法律允许权利人追及其物而不论该物辗转流通于何人之手，[2]因此，物权公示已然成为世界各国物权法普遍认可的基本原则和制度。享有不动产权利的事实和不动产权利变动的事实必须通过一定的方式让社会公众知悉，使不特定的第三人能够获悉不动产权利的相关情况，以免不动产权利享有人或不特定第三人因为不知情而使自身利益受到损害。在物权未被公示的情况下物被非法转移给第三人，若权利人依据其物权主张优先性或排他性，则对于善意第三人非常不公平，极不利于维护物的占有秩序和交易安全。现代社会作为陌生人社会，以实物占有的方式不能满足不动产权利公示的需要，一般均选择由权威的国家公权力机关设置的不动产登记体系作为不动产权利的公示手段。也正因如此，才有了我国《物权法》第9条"不动产物权的设立、变更、转让和消灭，经依法登记，发生效力；未经登记，不发生效力，但法律另有规定的除外"和第16条"不动产登记簿是物权归属和内容的根据"的规定。

三是通过不动产登记规范交易秩序、防范交易风险。现代社会，伴随着公权力介入社会生活的加深，国家不仅要从静态

---

〔1〕 高圣平："不动产权利的登记能力——评《不动产登记暂行条例（征求意见稿）》第4条"，载《政治与法律》2014年第12期。

〔2〕 参见陈华彬：《民法物权论》，中国法制出版社2010年版，第69~75页。

角度参与创造、确认不动产权利，还需要维护动态的不动产权利交易安全和便捷。不动产权利交易虽然本质上属于民事主体之间的交易行为，为私法自治范畴，但是必须看到国家介入市场交易秩序的必要性，而不能完全放任市场主体自我调查、自我磋商、自我保护，否则整个社会的市场交易秩序可能陷入混沌。更为重要的是，以国家公信力为基础建立的不动产登记制度在保障交易顺利实现的同时，还对交易过程中隐含的风险予以披露，以此提醒相关交易人，防范不动产市场交易风险。《暂行条例》第 2 条规定中的"其他法定事项"就包括附加于不动产权利上的诸多交易风险，相应地，设置异议登记、预告登记、查封登记等其他登记类型的目的就在于全面展示不动产相关信息，为市场主体进行相关交易决策服务，有助于规范不动产交易秩序，防范交易风险。例如，异议登记通过将利害关系人对登记簿记载异议事项的公示，可以让潜在的买受人在决定是否交易前了解不动产的全面情况，从而获得警示，促进交易秩序建立。再如，虽然法律对抵押权人成为第几顺位的抵押权人的事宜无权作出规定，但如果登记簿已经给顺序在后的抵押权人提供了足够警示，使其了解后序顺位抵押权的风险，就为其作出合理决定提供了帮助，降低了交易风险。

四是通过不动产登记实现国家对社会的有效治理。鉴于社会资源的紧张和社会连带关系的紧密，现代社会的不动产权利创设不再是纯粹的私人行为，国家公权力可以通过登记行为来检验权利创设的合法性。现代各国法律一般就不动产权利创设规定相应的成立条件，如果该条件得不到满足，则权利不得创设。比如，与我国《物权法》第 30 条"因合法建造、拆除房屋等事实行为设立或者消灭物权的，自事实行为成就时发生效力"规定相适应，《中华人民共和国城乡规划法》（以下简称《城乡规划法》）第 32 条规定了"建设用地规划许可制度"，《城乡规划法》第 40 条规定了"建设工程规划许可制度"，《中华人民共和国建筑法》（以下简称《建筑法》）第 7 条规定了"建设工程施工许可制度"。在未办理上述行政许可的情况下，相关房屋建设行为即为违法，相应的房屋等建筑物所有权即难以成立。[1] 针对此类国家法律设置的强制性条件，应当通过不动产登记审查来保证权利创设符合法定要求。再以国有土地上建设的房屋登记为例，《实施细则》第 35 条列出了相关申请证明文件，具体包括：（一）不动产权属证书或者土地权属来源材料；（二）建设工程符合规划的材料；（三）房屋已经竣工的材料；（四）房地产调查或者测绘报告；（五）相关税费缴纳凭证；（六）其他必要材料。只有提交了上述申请文件，登记机构经审查有效认定国有土地上建设的房屋的合法性，才能将违法建造的建筑物排除在法律保护范围之外。此外，不动产权利的占有、交易需要缴纳相应的税费是各国税收征管的通行做法，同时一般规定此税费在不动产登记时一并予以征缴。

当然，不动产登记审查在私法和公法层面不同的价值追求，其内在亦有相通之处，如为公示不动产权利奠定真实性基础这一公法层面的价值追求，何尝不是私法层面安全价值的另一种表达？规范交易秩序、防范交易风险这一公法层面的价值追求，亦何尝不是与私法层面动态安全价值"一体两面"？不动产登记同其他法律制度一样，是用来解决社会生活中实际问题的，价值取向的解说是在探寻其背后的法理逻辑，登记审查亦可从两

---

[1] 关于违法建筑所有权存在争议，有观点认为违法建筑完全不存在民法所有权问题，如黄刚："违法建筑之上存在权利吗？"，载《法律适用》2005 年第 9 期；有观点认为违法建筑虽然具有行政法上违法性，但仍然存在民法所有权，如杨延超："违法建筑物之私法问题研究"，载《现代法学》2004 年第 2 期。

个层面具体以观之。

2.2 依法行政与不动产登记审查

在依法行政的语境下对不动产登记进行观察，特别是要注意防范行政权的不当扩张，保持登记审查这一公权力行使的谦抑性。关于公权力的行使，西方主要存在"有限政府"和"福利国家"这两大理论，前者注重公民个性自由，认为管得最少的政府就是最好的政府，政府仅应扮演守夜人的角色，主张限制政府职能，由市场解决问题、提供公共服务；后者又称社会国家理论，强调对社会经济强者的经济自由权积极限制，并对社会经济弱者的社会权予以保障，认为政府应该承担对公民的生存照顾的责任，使"每一个人都过上人一样的生活"。[1]从社会发展的不同阶段与行政管理模式相结合来看，一般来讲，农业社会基本对应于统治行政，工业社会基本对应于管理行政，而随着市场经济日益发达、逐步进入现代社会，管理行政也逐步向高级阶段发展，从而出现了所谓的公共行政，而服务行政则是公共行政发展的新阶段。不动产统一登记改革即是贯彻服务行政理念的产物，依法行政的新形势新要求特别是对服务行政的重视和强化，也给不动产登记审查带来了新课题和新任务。

2.2.1 服务行政与不动产统一登记的契合

法国著名法学家狄骥在其名著《宪法论》中以一章专门论述了作为现代公法基础的"公共服务"的概念及其意义，而

---

〔1〕　参见张书克："'服务行政'理论批判"，载《行政法学研究》2002年第2期。

"服务行政"一词更多被认为源于德国行政法学家厄斯特·福斯多夫的代表作《作为服务主体的行政》，经我国台湾地区学者陈新民通过《公法学札记》一书介绍，在大陆法学界引发广泛共鸣。厄斯特·福斯多夫认为，生存照顾乃是现代行政的任务，过去提倡的自由人权、个人主义、私法自治以及契约自由这些观念已经过时，人们不再依赖传统的基本人权，而是依赖新的人权、经济上的分享权，这个时代已由"自力负责"转变为"团体负责"，进而发展为"政治负责"。[1]在服务行政下，戴维·奥斯本与特德·盖布勒在《重塑政府》中提出，政府应实行一种把政策制定（掌舵）与服务社会（划桨）分开的体制，政府活动的目的是满足民众的需要而不是官僚政治的需要；公权力的控制关系日渐式微，代之而起的是一种日益生成的服务关系，行政主体是服务者，而行政管理客体是服务的接受者。[2]我国学界对此也进行了很多讨论，有的认为现代行政法的主要内容应该是服务与授益，重心是服务行政，理论基础是服务论；[3]有的认为公共行政与经济社会发展的冲突表现之一就是管制行政与服务行政的冲突，中国行政现代化的目标取向就在于经历市场化或亲市场的政府行政，使公共权力由国家权力的载体过渡为为公众提供服务的实体。[4]

构建服务型政府已经成为我国行政法治建设中重要的一环，

---

〔1〕 参见莫于川、郭庆珠："论现代服务行政与服务行政法——以我国服务行政法律体系建构为重点"，载《法学杂志》2007年第2期。

〔2〕 参见张康之、李传军："变革时代中的公共管理"，载《行政论坛》2010年第2期。

〔3〕 陈泉生："论现代行政法学的理论基础"，载《法制与社会发展》1995年第5期。

〔4〕 参见张成福："发展、问题与重建——论面向21世纪的中国行政科学"，载《政治学研究》1996年第1期。

特别是进入 21 世纪以来，自 2004 年 3 月国务院首次颁布《全面推进依法行政实施纲要》以来，全社会对服务型政府寄予了极大期许。现代政府的实质是服务型政府，服务行政的特征就是公共管理活动的服务性，服务本质上是一种态度、一种精神、一种理念而非一种工具、一种手段、一种教条，[1]进而体现出公民本位、社会本位、民主本位。我国的服务行政即政府秉持"以民为本"或者"坚持以人民为中心的发展思想"，将服务作为基本理念和核心价值目标，以追求社会公共利益的需求为出发点，以社会公众的意志为根本向度，从而确立起更加亲民和负责任的新型管理方式；并且从功能上看，政府是为公民和公共利益服务的组织，政府治理应当千方百计维护社会公众利益，公权力的行使仅仅是行政服务于社会的必要手段。

　　服务行政与不动产登记的契合，最根本是要解决不动产登记为谁服务、为什么服务、怎么服务的问题，其服务对象应当是不动产权利人乃至期待进入不动产交易的不特定的社会公众，服务的起源则在于不动产物权变动的现实需求，服务过程应当体现出对安全和效率等私法价值的尊崇以及对若干社会价值实现的兼顾。首先体现在不动产登记的目的上，服务行政可以减少登记行为实施过程的阻力，推动实现不动产资源的合理配置，从而使得不动产登记能从根本上做到服务于社会公共利益的最大化。不动产登记作为对不动产权利予以行政确认的行为，制度运行的根本宗旨在于为企业和群众提供产权保护服务。

　　国家推行不动产统一登记改革也是一直围绕如何更好地实现便民利民。分散登记时代给不动产权利人登记发证造成了诸多不便，也给不动产交易安全埋下了很多问题隐患，通过建立

---

　　〔1〕　参见江必新、刘新少："服务行政与自由法治之辩"，载《理论与改革》2011年第 1 期。

和实施不动产统一登记制度，有利于这些问题从制度层面得到有效解决。随着不动产登记"四统一"的全面实现，不动产登记在保护权利、保障交易、便民利民等方面的成效越发显著，一些地方的有益探索恰是佐证了更加便民利民的服务效果，增强了人民群众受惠于改革的获得感。一是，福建福州、湖南邵阳等 200 多个市、县从解决体制入手，将交易职责与登记职责整合，有效解决了部门衔接不畅的问题，群众办理不动产登记的环节大为减少，办事效率明显提升。二是，浙江、江苏等地注重在机制上解决衔接问题，提出了不动产登记"最多跑一次"的便民承诺，实施了"一窗受理、集成服务"改革。据初步统计，全国有 570 个县区实现交易、税务、登记"一窗受理、并行办理"；有 1041 个县区实现交易、登记"一窗受理"，让群众最多跑一次。三是，天津、济南等许多城市充分利用现代网络技术，推行网上、微信预约办事、同城通办等便民措施，全国已有 584 个县区实现"外网申请、内网审核"。四是，采取其他便民措施，有 2560 个县区采取"群众在、受理完"，有 1508 个县区周末调休正常受理业务，有 2055 个县区设置老人、孕妇、军人绿色通道，有 853 个县区设置了自助查询设备。[1]而在不动产登记中贯彻服务行政理念，彰显便民利民的服务效果，主要还是要靠不动产登记审查工作优化流程、简化环节、提升质量来真正实现。

2.2.2 不动产登记审查中公权力的谦抑性和社会公众的参与

不动产登记涉及公民切身利益，明确公权力之于不动产登

---

〔1〕 上述情况为国土资源部 2018 年 2 月 5 日召开的"不动产登记窗口作风问题专项整治工作"座谈会所反映。

记的意义及其边界十分重要。如果过于高估行政权的作用，而忽略背后所隐蔽的高成本与低效率等，则有可能导致行政权的异化与扩张，最终降低社会整体福利。在不动产登记审查中，为了防范行政权的扩张性，必须明确登记审查范围的大小、审查内容的多少以及具体的登记审查的方式和程度，切不可随意进行自由裁量，且必须始终关注不动产权利人即登记程序中申请人的权利诉求的实现。为此，登记审查权的行使应当做到有限、法治、民主、有效。一是有限，明确不动产登记的适用范围，保障登记审查范围不会无限扩张；二是法治，其实质是构建不动产登记服务行政，使登记审查自觉接受制度的约束；三是民主，意味着登记程序公开透明、避免出现信息不对称，并引导社会公众广泛参与、充分表达利益诉求；四是有效，将行政服务效率与服务质量高度统一，使得登记机构能以尽可能少的投入获得尽可能多的绩效，确保登记机构真正做到为社会服务。进而言之，不动产登记审查应当尽量保持"谦抑性"，服从审查范围适度、审查内容必要、审查方式得当等较为理性的规定或要求，使得登记机构在适当的程度上、以合法合理的方式介入公民涉及不动产的私权利保护，保障公民相关自由和权利的实现。

　　根据英国法的自然公正原则，如果一项权力的行使可能会使相关人员受到不利的影响，就需要赋予相关人员为自己辩护、维护自身权益的权利，及时而认真地听取所涉各方的意见；[1]这体现于现代社会，就主要是指在多方社会主体与政府共同协商当中的公民参与。服务行政理念也强调行政权力行使的公开性与透明性，并给予公民表达诉求、陈述意见的机会；从这个

------

〔1〕　Joshua Williams, *Principles of the Law of Personal Property*, Philadelphia: T. &J. W. Johnson, Law Booksellers, Publishers and Importers, 1848, p. 2610.

角度看，参与行政实质上是服务行政的一种表现形式。需注意的是，参与行政只是为公众参与行政活动提供一种路径，并不改变社会治理体系中政府的中心地位；[1]扩大公民参与社会治理活动的范围，着眼点还是在于实现行政行为的透明化，减少行政行为失误。

在不动产登记这一行政确认行为实施过程中，要注意宣传登记机构认真负责开展登记审查的正面形象，可通过鼓励公民、新闻媒介和其他社会力量实际体验等方式予以展现，以夯实不动产登记工作的民意支持基础、赢得较好的社会美誉度，就此乃外部参与。更重要的还是内部参与，让企业和群众在申请办理不动产登记业务过程之中，切实感受到便民利民、准确高效。比如，近年来国家推行权力下放、属地管理，注重发挥基层贴近群众靠前服务的优势，让群众少跑路、少花费、得实惠，转变方式便民办事；推进政务网上办理，责任上网监察，加强数据资源整合，打破信息"壁垒"，改"群众跑路"为"数据跑腿"，提高办事效率，方便群众办事。[2]应当看到，不动产登记审查实际操作中，可以运用参与行政理念发挥出重要作用。一是，不动产登记本身就是登记机构与申请人的互动过程，登记机构应当营造出公开、透明的办事环境，通过事前在登记机构官网上公布办理流程、现场提供办事指南，还可以开设语音咨询专线、提供人工和自动语音服务，让市民可以得到多方位、实时咨询服务，服务于申请人规范提交申请材料。二是，在登记审查过程中，发挥好询问等程序环节的作用，与申请人多进

---

〔1〕 参见张康之、李传军："变革时代中的公共管理"，载《行政论坛》2010年第2期。

〔2〕 参见吴鹏、曹宝於："两单一表三配套 协同推进放管服——安徽构建省市县乡四级政府权责清单体系"，载《决策》2015年第12期。

行沟通交流，让申请人参与其中，感受到申请登记就是接受行政服务的过程。三是，登记机构还应当重视事后行政服务对象评价意见的收集整理，接受来自群众各方面的意见建议，深化参与行政在登记行为过程的运用，让企业和群众更加满意。

2.2.3 不动产登记审查对"放管服"改革的因应

《物权法》2007 年施行以后，不动产登记由于法律的规定成为不动产物权变动的生效或对抗要件，不动产统一登记改革的大力推进更是使《物权法》的各项规定落到实处，不动产登记机构所履行的职责以登记审查为核心、以记载并公示为结果。换言之，不动产登记是登记机构基于申请人提交的申请材料而作出的第三方行为，只要申请人主体适格、提交的申请材料齐全且符合相关规定，登记机构必须予以受理、审查、登簿，登记机构并没什么实质性权力，也无太多行政机关自己的意思表示成分。随着我国法治政府建设、依法行政进程的深入，政府提供什么服务、如何提供服务十分关键；有学者指出，"厘定服务行政的法定义务、明确服务行政的运行规则、创建行政相对人的救济渠道分别属于实体法律制度、程序法律制度、救济法律制度的任务，三者共同搭建起服务行政的法制框架，能够使服务行政的实践在行政法的规范下理性发展并不断走向完善"。[1]特别是在当前"放管服"改革持续加速推进的形势下，不动产统一登记工作要因应这一形势，准确定位登记机构的角色，正确开展登记审查工作。

作者认为，就不动产登记审查而言，针对服务行政发展的

---

〔1〕　参见江必新："行政法学研究应如何回应服务型政府的实践"，载《现代法学》2009 年第 1 期。

新趋势，随着政府已逐步由管理者更多转向服务者，登记机构应该以保护合法权益、维护交易安全、体现公示公信为目标，坚持与时俱进、转变思路，轻管理、重服务，立足于塑造好敬业专业、客观中立的权威性第三方这一角色，主动克制强化行政管控、展示行政威权之类的冲动，一以贯之地保持谦抑性，守住不动产登记的"初心"。一方面，不动产登记审查要全面落实国务院"放管服"改革和优化营商环境的新形势新要求。将"放管服"改革的要求落实到不动产登记，就是要依法严格保护财产权，进一步降低制度性交易成本，持续激发市场活力和社会创造力。2018 年 1 月 3 日，国务院第 196 次常务会议部署进一步优化营商环境，要求以深化"放管服"改革为抓手，对不动产登记等事项大幅精简审批、压缩办理时间。不动产登记是其中的重要评价指标，要加大体制机制创新，全面清理并坚决砍掉没有法律法规依据的前置环节和程序，进一步优化流程，形成不动产登记标准化工作规程，切实便民利民，切实保护群众合法财产权，使不动产登记成为深化"放管服"改革、进一步优化营商环境的重要支撑。上述要求主要通过登记审查来实现，切不可借登记审查之名行行政确权之实，像分散登记时代一样给登记机构赋予过多的行政色彩，使之成为行政确权的附庸，或者让登记机构根据行政管理需要随意增加审查内容、承担不该有的行政管理和宏观调控等职责。

另一方面，不动产登记审查要更加注重坚持以人民为中心的发展思想。随着当前我国社会的主要矛盾已经转化为人民日益增长的美好生活需要和不平衡不充分的发展之间的矛盾，人民群众在民主、法治、公平、正义、安全、环境等方面的要求日益增长，特别是对合法财产权的有效保护要求越来越强烈，对政府提供优质高效服务的要求越来越强烈，对有尊严地接受各项社会服务和办理各类事项的要求越来越强烈。不动产登记固然是登记机构代表政府依法登记不动产权利归属和其他法定事项并通过公示使其具有对世效力的行政确认行为，也体现出国家行政权对不动产物权关系的合理介入，但要坚持以人民为中心的发展思想，更重要的是在登记审查过程中凸显服务意识，把老百姓的事当成自己的事，想群众所想、急群众所急、解群众所忧，综合采取有效举措，全面夯实工作基础，切实提质增效、便民利民，做到"门好进、脸好看、事好办"，满足人民群众对财产权高质高效保护的需求，决不能换个"马夹"把"门难进、脸难看、事难办"变成"门好进、脸好看、事难办"，更不能变"管卡压"为"推绕拖"。

2.3 不动产物权变动模式与不动产登记审查

如前所述，不动产物权变动或基于法律行为发生或基于法律行为以外的原因引起；在基于法律行为发生的不动产物权变动中，大陆法系的立法模式主要有意思主义和形式主义之分。意思主义是指当事人只要有了涉及不动产的债权意思表示，不动产物权变动即可成立，无须借助登记等其他要件，以《法国民法典》和《日本民法典》为典型代表。形式主义是指不动产物权变动除了当事人的意思表示之外，还必须具备登记形式方能完成，而根据意思表示为独立的物权行为还是债权行为，又可进一步分为以《德国民法典》和我国台湾地区"民法典"为代表的物权形式主义和以《瑞士民法典》和《奥地利民法典》为代表的债权形式主义。与此同时，世界各国和地区根据不动产物权变动立法并结合自身实际，呈现出契据登记制、权利登记制和托伦斯登记制三种模式；其中，后两者统称为产权登记模式，结合物权变动模式，可进一步称之为登记对抗主义和登记生效主义。但是，登记制度模式的分类和大陆法系与英美法系的区分没有必然联系，同为英美法系的英国采用产权登记制，而美国大多数州采用契据登记制；同为大陆法系的法国首创契据登记制，而德国则首创权利登记制。[1]当前我国正在推进不动产统一登记，厘清不同制度模式的特点及相互关系十分必要，既是为了改革需要而学习借鉴，更是为了厘清登记审查的发展方向。

2.3.1 三种典型的登记制度及其与物权变动模式的互动

契据登记制也称为法国登记制或登记对抗主义，以法国和日本为代表；是指依据买卖双方签订的契约，在当事人意思表示一致时就产生物权变动的效力；登记机构做到让登记簿供第三人查询了解即可，对当事人实体权利不起决定作用，登记并非对物权本身的证明，重在反映不动产交易的动态过程，即登记物权之现在状态及其变动。[2]从法律传统和思想渊源看，法国民法继受自罗马法，尤其受优士丁尼的《法学阶梯》的影响，与法国崇尚的自由主义相适应，"符合法国民法中不讲求行为形式以及民事行为不需要司法的或行政的事先授权的倾向"。[3]对动产和不动产不作严格区分，法律行为的成立基于当事人的意思表示。主要特点是：法律对登记无强制性规定；登记为物权变动对抗第三人之要件；进行形式审查；登记无公信力，登记

〔1〕 参见王达："对不动产登记的行政法思考"，载《行政法学研究》2007年第2期。
〔2〕 参见王洪亮："不动产物权登记立法研究"，载《法律科学（西北政法学院学报）》2000年第2期。
〔3〕 参见尹田：《法国物权法》，法律出版社1998年版，第197页。

簿不产生权利正当性推定的效果；登记簿采人的编成主义聚焦于登记审查这一问题，登记机构对于不动产物权变动没有实质性审查的权限，登记只为证明和公开当事人之间权利变动契据的存在，契据是否发生权利变动结果、当事人能否获得权利以及权利瑕疵等均不在审查范围。

　　权利登记制又称德国登记制、登记要件主义，以德国、瑞士为代表；是指不动产物权变动在当事人意思表示一致且经法定登记形式方生效力，登记以不动产权利的静态为主，再及于土地权利的变动情形。[1]从立法演进和思想传统来看，德国立法者侧重保护第三人利益，采纳物权行为理论，确立了物权变动的形式要件主义，着眼于对信用型契约的规制，"明显与《法国民法典》将特定物买卖作为规范的一般对象不同，是将种类物及未来物的买卖作为规范的一般对象"；[2]因而，将物权变动效力与运用公权力公示相结合。主要特点是：强制登记；实质审查；登记有公信力；登记簿采物的编成。也有学者认为德国实行的是形式审查，理由是在物权无因性理论下，德国仅审查物权变动行为本身，但不审查物权变动的原因即债权契约，这区别于实质审查既审查物权行为又审查债权行为；并且，即便是形式审查，由于其同样证明了登记权利与真实权利之间具有的高度盖然性，也产生公信力。[3]瑞士创造了债权形式主义立法模式，不承认独立的物权行为，而采取"有因主义"，即原因关系有效才能引发有效的物权变动。登记审查要件包括申请、

---

〔1〕　参见王轶：《物权变动论》，中国人民大学出版社 2001 年版，第 154~159 页。

〔2〕　参见朱岩编译：《德国新债法条文及官方解释》，法律出版社 2003 年版，第 59 页。

〔3〕　参见梅瑞琦："不动产登记公信力制度基础研究——兼论我国登记制度构建"，载《河南财经政法大学学报》2015 年第 4 期。

登记承诺以及有效的法律原因（即导致不动产物权变动的基础法律关系），审查的关键是确定原因关系是否履行了"公证"的必要形式；在公证人做了充分审查并做成公证书后，不动产登记只需要进行一次"窗口审查"，瑞士采取的这种审查方式解决了实质审查主义带来的种种弊端。[1]

托伦斯登记制，又称澳洲登记制或权利交付主义，系澳大利亚托伦斯爵士于 1858 年在南澳大利亚州所创，理论基础是地券交付主义，基本特点是首先由政府进行土地总清理，将土地按自然区域做成土地登记簿，然后将土地的权利人对号入座，[2]主要以澳大利亚、英国为代表。有学者将托伦斯登记制归纳为三项原则：一是镜像原则，登记簿应如实全面地反映土地上的真实权利状态；二是帷幕原则，即使土地上负担有其他受益性权益，买受人的权利也不受影响；三是保证原则，国家为登记簿上记载的产权提供担保，如果权利人因此而受损，由国家提供赔偿。[3]其特征主要表现为：非全面强制；实质审查且经公告方可登记；登记有公信力；交付产权证书确定权利；登记簿采人的编成；设置赔偿基金，登记官署负登记错误损害的赔偿责任。[4]

将上述三种典型的不动产登记制度模式与物权变动模式列表进行比较。

---

〔1〕 史尚宽：《物权法论》，中国政法大学出版社 2000 年版，第 27~28 页。

〔2〕 参见王达："对不动产登记的行政法思考"，载《行政法学研究》2007 年第 2 期。

〔3〕 张帅："不动产登记中的'镜像原则'：在理想与现实之间——从托伦斯登记制度看我国不动产登记效力模式改革"，载《研究生法学》2013 年第 6 期。

〔4〕 申小卉："不动产登记制度研究"，天津工业大学 2007 年硕士学位论文。

表 1：登记制度与物权变动模式比较表

登记制度	物权变动模式	物权变动构成	登记效力	公信力	是否强制	证书
契据登记制	意思主义	合意	对抗	无	自由	无
权利登记制	形式主义	债权（物权）合意+公示	生效	有	强制	无
托伦斯登记制	形式主义	债权合意+公示	生效	有	初始不强制	有

　　通过上表可以发现，契据登记制与权利登记制之间的差别泾渭分明，甚至有学者认为两者"根本不存在共同点"。[1]但是托伦斯登记制与权利登记制则具有较多共同点，一定意义上可以将其视为权利登记制的变化形式或升级版，共同点主要在于不动产物权变动以合意+公示为条件，以登记为生效要件，登记具有公信力，登记不动产物权静的状态等；但托伦斯登记制又有采任意登记制、交付产权证书、设置赔偿基金等特点，而权利登记制下一切土地权利及变动必须登记、登记系就当事人契约加以注记验证并不另发书状。[2]也有国外学者认为，与契据登记制相比，产权登记制，即权利登记制与托伦斯登记制的总称，其在实施过程具有一个重要的现象，即在极其重视私有制土地的地区是最不受欢迎的。[3]值得一提的是，托伦斯登记制颁布之初受到了利益集团的强烈抵制，因为它减少了人们对可替代性产权保证形式的需求。

---

〔1〕　Jean Howell，"Deeds Registration in England：A Complete Failure"，*The Cambridge Law Journal*，58（1999），p. 369.

〔2〕　参见石晓莉："进一步完善不动产登记制度"，载《四川师范大学学报（社会科学版）》2009 年第 5 期。

〔3〕　James Edward Hogg，"Registration of Title to Land"，*Yale Law Journal*，28（1918），p. 52.

托伦斯登记制的可贵之处在于不是利用国家强制力推行，它不强制不动产必须申请登记，即使当事人没有登记仍然可以获得承认和保护，给最初权利人留下了选择自由；换言之，它关注的是静态的不动产而非动态的交易行为。我们再将三种典型的不动产登记制度模式纳入相应的物权变动立法模式来考量，与意思主义的物权变动模式相对应的是契据登记制，与形式主义相对应的是权利登记制和托伦斯登记制；权利登记制将物权公示与物权变动紧密结合，契据登记制将公示与物权变动分开。因此，结合登记这一元素，大体上可以用登记对抗主义和登记生效主义来概括世界上主要的两种不动产物权变动立法模式；就是否公示而言，登记对抗主义一般作任意性规定，登记生效主义则一般作强制性要求。

2.3.2 登记对抗主义与登记生效主义的利弊分析及中国的选择

对比登记对抗主义和登记生效主义，可以发现各有利弊。一方面，登记对抗主义的优缺点。其优点主要在于，基于不动产物权变动的意思主义，充分体现了尊重意思自治的理念，物权交易生效与否完全取决于当事人的意思，限制了国家公权力对于不动产物权交易和个人意思自治的干预；因意思主义完全是建立在对当事人意思尊重的基础之上，物权变动成为债权行为的当然结果，并且不需要任何形式，所以使得物权变动交易更为方便、快捷，并可免去诸多繁琐程序。[1]而其缺点则在于：一是，对交易安全这一重要价值重视不够。就土地交易安全来说，其基本目标是实现房地产交易的经济性、高效率和所有权

---

〔1〕 参见谢在全：《民法物权论（修订五版）》（上册），中国政法大学出版社2011年版，第47页。

安全，促进不动产财产权益自由、简便地流转；二是，无从体现物权的排他性特征，由于不动产物权变动并不强制采取登记形式展现给公众，而是深藏于权利主体的"意思"之中，其他人无法识别，虽可借登记对抗效力来督促交易主体进行公示，但免不了一些人仍不予公示；三是，无法平衡交易当事人之间的利益；四是，双重买卖且均不公示时难以确定物权归宿。另一方面，登记生效主义的优缺点。其优点主要在于，在国家公权力的介入下，且原则采取实质审查，较好地保护了交易安全，能够克服登记对抗主义存在的上述缺点，使当事人之间的不动产物权变动关系向第三人公示，物权变动的时间也得以明确。但不容忽视的是，它也存在着部分缺点：一是，当交易双方已达一致但若因出卖方原因未完成登记时，不动产所有权仍属出卖方，买受方即使已经实际占有，其利益也无法得到有效保障；二是，以房产交易为例，难以有效解决房屋买卖合同签订到登记完成之间的时间差问题，不利于促进当事人诚实履约；三是，司法实践中，客观上存在不少因未及时完成登记而致使原来不动产交易买卖被宣告无效的情形，直接造成了现有财产秩序混乱。

总体来看，登记生效主义偏重于交易秩序和交易安全的维护，登记对抗主义注重尊重当事人的意思自治与短期交易的效率，虽然二者各有利弊，但在现代市场经济条件下，"两害相权取其轻"，登记生效主义通过确定不动产静的状态，能够更好地达到保护不动产交易动态安全、从而促进不动产长期交易效率的效果，因而显得更为科学、严谨，也更加符合现代法制的发展需求。值得一提的是，有国外学者在论述发展中国家是否应当采取登记生效主义时，认为将会产生很多积极的作用，比如促进交易安全、提高公信力等，但同时也认为，采取登记生效主义也存在弊端，比如，从花费来看，建立一套有效的登记生效制度，将会变得非常昂贵等。[1]换言之，考虑到登记制度的实施成本，这值得我国借鉴。

就中国而言，我们具有成文法的传统，民事立法大多继受大陆法系国家或地区的法律，《物权法》规定的不动产物权变动模式即充分吸收了不同物权变动模式的合理要素。虽然法学界对采何种不动产物权变动立法模式、是否承认物权行为理论等问题曾经聚讼纷纭，但最终颁布的《物权法》还是对《民法总则》和《合同法》[2]所确定的物权变动模式的基本取向"萧规曹随"，在基于法律行为而生的物权变动中，原则上在意思主义和形式主义之间选择了形式主义，在形式主义内部选择了债权形式主义。就《物权法》相关条文来看，"不动产物权变动非经登记不发生效力"是一般性规定，立法上也未采用"物权行为"概念，可以说基本上采取债权形式主义的立法模式；同时，由于规定土地承包经营权自合同生效时设立，承包经营权互换、转让的，非经登记不得对抗善意第三人，地役权的设立非经登记不得对抗善意第三人，又可认为我国针对部分不动产用益物权采取了意思主义的立法模式。此外，非基于法律行为而生的不动产物权变动，不待登记即发生法律效力。我国不动产物权变动模式，结合登记要素，可以被称为以登记生效主义为原则、登记对抗主义为例外，形成了中国特色的不动产登记制度。

2.3.3 登记对抗主义抑或登记生效主义：对登记审查的影响

登记对抗主义和登记生效主义之后在审查方面有重大区别。

---

〔1〕 Tim Hanstad, "Designing Land Registration Systems for Developing Countries", *Am. U. Intl L. Rev*, 13（1998），664.

〔2〕《中华人民共和国合同法》，以下简称《合同法》。

前者一般采取形式审查，基于当事人申请即可登记，如法国、日本的登记机构不审查物权变动的原因；后者一般需进行实质性审查，不动产物权变动只有经过审查并履行法定登记形式方能发生效力。但是，即使同属采登记生效主义的国家，比如德国和瑞士，在登记审查方面仍存在较大区别：依据《德国民法典》，登记机构审查的是双方当事人关于物权变动的意思表示是否真实，至于当事人做出关于物权变动的意思表示的原因——即以物权变动为内容的债权行为真实与否，登记官员不予过问；而依据《瑞士民法典》，登记机构需要审查双方当事人就发生债权债务关系所达成合意的真实性——即引起物权变动的原因关系。[1]总体来看，就实质审查而言，德国登记机构审查的"物权变动的原因"是物权行为，瑞士登记机构审查的"物权变动的原因"是债权行为，而托伦斯登记制下的实质审查还必须采用公告程序。需要指出的是，虽然在登记生效主义中，应当在不动产物权变动中实行全面的实质性审查，但是德国和瑞士都通过公证前置的方式，使得实质审查的责任得以有效分流，我国台湾地区则是通过"地政士"这一制度予以分担，从而登记机构实际承担的还是偏向于形式审查的责任。

与此同时，由于在登记审查这一关键问题上的重大差异，登记对抗主义和登记生效主义在登记有无公信力这一问题上也展现不同的情况。采取登记对抗主义的法国、日本一般不被认为赋予登记以公信力；在登记生效主义模式下，更为严格的登记审查制度为登记公信力提供了可行性的基础，德国、瑞士等国立法均承认登记公信力。当然，登记公信力的产生和被认可，主要还是取决于登记权利与真实权利之间是否具有高度的盖然

---

〔1〕 参见陈历幸："论不动产登记制度和不动产物权变动模式的关联与协调"，载《华东政法学院学报》2003 年第 2 期。

性，而该种高度盖然性的获得，在有了登记生效主义所提供的必要条件后，最终需要通过登记机构审查来补足充分条件。

2.4 不动产登记审查模式的选择

审查是不动产登记的核心，采取何种审查模式关系到登记公信力的强弱、登记效率的高低以及相关责任的具体承担。从字面上看，审查是指检查核对是否正确、妥当（多指计划、提案、著作、个人经历等）；[1]不动产登记审查即为登记机构及其工作人员检查核对登记申请及相关材料，进而判断申请事项能否予以登记。前文谈到不动产登记审查时已经涉及形式审查与实质审查，虽然说它们只是学理概念，内涵与外延都非常模糊，世界各国和地区民事立法一般也不对类似的纯粹民法学问题予以回应，往往留待法解释层面作进一步解读。但是，如果我们不能回避，就不要像鸵鸟一样把头埋进沙子里，还是借用其对审查模式作出判断，这既是体系化、逻辑化思考的需要，也是让立法指导实践的需要。

2.4.1 关于登记审查可资参考的境外经验

由于各国和地区往往具有不同的法制传统，所承担的不动产登记审查职责不尽相同，有的甚至差别很大。这里选取在不动产登记方面与我国大陆地区立法状况相对接近的德国、瑞士和我国台湾地区进行比较考察。

合法原则是德国不动产登记立法中最重要的一项基本原则。依据合法原则，登记机构应当履行"程序性不动产登记法"所

---

〔1〕 参见《现代汉语词典》，商务印书馆出版社 1997 年版，第 1125 页。

确定的审查义务，登记机构必须保证登记不违背法律、法规确定的程序要件；而在登记程序尤其是申请程序中，登记机构应对每一项登记申请的合法性（Rechtsmaessigkeit）加以审查，使登记申请满足法律规定的登记条件。具体来说，登记机构在受理当事人的登记申请后，应当审查以下事项：登记机构是否具有管辖权；被申请的权利有无登记能力，行为的同一性，当事人的权利能力、行为能力、处分权、代理权，当事人表示的内容和形式等；申请人是否享有登记申请权，是否有登记合意或者存在替代该合意的基础；是否有公证文书的证明，是否满足对其他文书的要求；等等。由于不动产登记程序在德国法上属于非讼程序，并不存在当事人就实体法上不动产物权归属和内容发生的争执或纠纷；因此，登记机构没有必要查明当事人之间的实体权利义务如何，更多地是扮演作为"登记簿看守人"（Hueter des Grund-buchs）的角色，让登记簿不会从外表看上去是错误的。依据德国《土地登记法》第 19 条确立的形式合意原则，登记机构没有对登记申请在实体法上合法与否加以审查的义务，也无须确保登记的结果不出现违反实体法的情形；更何况，如果要求登记机构审查合意的真实性与有效性，会增加登记机构负担，降低登记效率。

瑞士与德国一样，也将不动产登记程序视为非讼程序，登记机构只有在符合相关立法要求时才能办理登记。一方面，登记申请符合程序法上的要件，如登记机构对于登记享有管辖权，登记申请人具有权利能力与行为能力，代理人享有代理权等。另一方面，登记申请符合实体法上的要件，如登记申请权的有无，登记申请的方式以及登记申请的理由。由于登记程序属于非讼程序，并非所有的利害关系人参与该程序，且登记行为也具有终局效力，最终决定仍是法官通过判决作出的；因而，登记机构与民事法官的审查范围并不相同，登记机构在实施审查时无须适用所有的法律规定。总的来看，登记机构审查范围的大小取决于法律赋予的登记行为的效力，如果登记行为具有转让效力、推定效力或公信效力，则应当进行更广泛的审查；反之，如果不具有这些效力，登记机构审查范围就小。

在我国台湾地区，登记机构对当事人登记申请偏向于采取实质审查方式，既对有关登记申请程序以及申请时应具备之文件的真伪等做形式审查，还必须对权利主体和权利客体进行实质性的审查；其中，对权利主体的审查包括对申请人的权利能力、行为能力、意思能力的有无、意思表示的真假加以审查，对权利客体的审查则是指对登记的物、行为和事实的合法性进行审查。我国台湾地区"土地登记规则"第51条规定，"有左列各款情形之一者，登记机关应以书面叙明理由及法令依据，驳回登记之申请：一、不属受理登记机关管辖者。二、依法不应登记者。三、登记之权利人、义务人或其与申请登记之法律关系有关之权利关系人间有争执者。四、逾期未补正或未照补正事项完全补正者。申请人不服前项之驳回者，得依诉愿法规定提起诉愿。依第一项第三款驳回者，申请人并得诉请司法机关裁判。"由于第51条第2项中"依法不应登记"的范围非常广泛，因此，登记机构受理登记申请后应当实质性审查该登记事项是否符合法令（不限于成文法典和行政命令，还包括法理），不符合法令的，登记机构应当驳回申请。

2.4.2 我国形式审查和实质审查的争论及其区分标准

《物权法》出台前后以及不动产统一登记改革推进过程中，对于我国登记机构究竟采取何种审查模式，一直争论颇多。即使有了《物权法》第12条的规定，"登记机构应当履行下列职责：（一）查验申请人提供的权属证明和其他必要材料；（二）就有关登记事项询问申请人；（三）如实、及时登记有关事项；（四）法律、行政法规规定的其他职责。申请登记的不动产的有关情况需要进一步证明的，登记机构可以要求申请人补充材料，必要时可以实地查看"，也没能真正平息争论。概括起来，主要存在形式审查说、实质审查说、区分审查说、审查方式未定说、形式审查为主实质审查为辅说五种观点。

一是形式审查说。主张登记机构只需对登记申请进行形式审查。理由主要在于：第一，实质审查超出登记机构能力范围，对当事人据以进行登记的关于物权变动实质性权利义务法律关系进行审查并作出判断，"将违背意思自治原则，因为登记机关无权改变当事人依据自己的意愿建立的财产法律关系"。[1]第二，从法理出发看，登记行为更多的是一种公示效应、体现一种公信力，如果登记机构必须负担实质审查义务，其背后的法理就是要求登记机构保证登记簿记载的内容完全真实而非单纯地推定权利正确，这显然与登记的法理相违背。[2]第三，采用实质审查必将影响登记效率。如果要求进行实质性审查，登记所需的时间和法院审理一件不动产权属纠纷民事案件的时间差不多，将导致登记的成本加大，而且效率也过低，势必给市场经济的发展带来很大的负面影响。第四，在采取形式审查的情况下，如果出现登记错误，可以通过在法律上确立相应的制度弥补形式审查的缺陷，如更正登记、异议登记、公证制度、保险制度以及赔偿程序等。[3]

---

〔1〕　参见孙宪忠：《中国物权法总论（第三版）》，法律出版社 2014 年版，第 225~226 页。

〔2〕　参见朱岩："形式审查抑或实质审查——论不动产登记机关的审查义务"，载《法学杂志》2006 年第 6 期。

〔3〕　朱岩："形式审查抑或实质审查——论不动产登记机关的审查义务"，载《法学杂志》2006 年第 6 期。

二是实质审查说。主张为确保登记簿的真实性与准确性，不动产登记机构应当进行实质审查，而非单纯的形式审查。[1]理由主要在于：一方面，实质审查有利于贯彻物权的公示、公信原则，对于登记申请进行细致审查，可以最大程度确保登记的内容与实际的权利相一致，登记簿所展示的权利内容越真实、给当事人提供的信息越可靠，公示制度就越能发挥其应有的作用，因而实质审查是登记具有公示力与公信力的必要前提。[2]另一方面，我国经常发生错误登记、重复登记的情形，给当事人造成严重的损害，明确采取实质审查，可以加强登记工作人员的责任心，并明确登记机构对于哪些错误、疏漏应当承担责任。[3]随着《物权法》第12条规定的出台，基于审查材料、询问、实地查看等要求，不少论者坚定了登记机构采取的是实质审查的论断。[4]

三是区分审查说。认为考虑到要确保登记簿的真实性与准确性，登记机构不能完全采取形式审查主义，鉴于登记机构不

---

〔1〕 参见李昊等：《不动产登记程序的制度建构》，北京大学出版社2005年版，第275页。

〔2〕 参见崔建远、孙佑海、王宛生：《中国房地产法研究》，中国法制出版社1995年版，第266页。

〔3〕 王利明：《物权法研究（修订版）》（上册），中国人民大学出版社2007年版，第334页。

〔4〕 从审查的材料来看，该条规定了权属证明材料和表明不动产情况的材料及其他必要材料，涉及权利设立、变更、转让和消灭的原因关系，表明登记机构不仅要在形式上对这些材料进行审查，还要查验这些材料的真实性；其次，从登记机构可以询问申请人来看，说明登记审查要以确保登记的真实性为目的；第三，从登记机构还可以实地查看来看，实际上赋予了登记机构实质调查的职权，只有在实质审查的模式下，登记机构才有调查职权；第四，实质审查赋予登记机构更大审查权力的目的在于确保登记的准确性、减少错误，《物权法》第11条第2款规定了登记机构的赔偿责任，如果仅是形式审查，就不会出现因登记错误而需要赔偿的问题。参见最高人民法院物权法研究小组编著、黄松有主编：《〈中华人民共和国物权法〉条文理解与适用》，人民法院出版社2007年版，第80页。

能随意干预民事关系，也不应进行完全的实质审查，而应区分申请要件进行审查。登记机构承担实质审查职责的范围限于以下两个方面：对其有完整的产权产籍原始资料为依托、可以进行完全审查的登记申请文件，登记机构负有逐一与原始档案比对查实的实质审查义务；对当事人或其他部门不依托登记机构协助就无法认定真伪的申请文件，登记机构负有实质审查的职责，如对于不动产权属证书的真伪、申请材料是否与原始档案的记载一致等就负有实质审查义务。至于当事人的婚姻状况、夫妻财产约定、委托书或公证文书的真伪等，登记机构只负有形式审查义务。[1]

四是审查方式未定说。认为《物权法》并未对实质审查和形式审查作出界定，更未明确采取形式审查还是实质审查，第12条的目的也只是使登记机构在职权范围内充分履行职责，尽可能如实、准确、及时登记不动产物权有关事项，避免登记错误。"基于立法机关调研情况，法律还应在进一步总结实践经验的基础上作出更为具体的规定，《物权法》还不适合对登记机构究竟是进行实质审查还是形式审查作出规定。"[2]

五是形式审查为主实质审查为辅说。《物权法》第12条采取了一种折中的、兼有形式审查和实质审查特点的方法，没有采取完全的实质审查，也没有采取完全的形式审查，而是形式审查为主、实质审查为辅。[3]其中，偏于形式审查的法律依据

---

〔1〕　朱程："论不动产登记区分审查主义的法律构建"，载《中国房地产》2006年第9期。

〔2〕　参见全国人民代表大会常务委员会法制工作委员会编、胡康生主编：《中华人民共和国物权法释义》，法律出版社2007年版，第48页。

〔3〕　参见王利明：《物权法研究（修订版）》（上卷），中国人民大学出版社2007年版，第334、337页；朱岩、高圣平、陈鑫：《中国物权法评注》，北京大学出版社2007年版，第123页。

是《物权法》第 12 条第 1 款第（一）至（三）项；[1]偏于实质审查的依据是《物权法》第 12 条第 1 款第（四）项以及第 2 款的规定，如在申请登记的不动产的有关情况需要进一步证明的，登记机构可以要求申请人补充材料，必要时可以实地查看，而"实地查看"就是"实质审查"的一种表现，虽然实地查看只限于必要的时候即特殊的情况。[2]此外，《物权法》第 22 条规定不动产登记按件收费，也应理解为登记机构主要采取或倾向于采取形式审查；否则，若采实质审查，不同的登记事项会带来审查工作量的巨大差异，就不应按件收费了。

上述争论，虽然众说纷纭，但都围绕形式审查和实质审查而展开。

要就我国采取的登记审查模式给出较为合理的答案，首先需要做的就是厘清什么是形式审查、什么是实质审查，否则大家自说自话，讨论得是很热闹，但并不得要领。对于实质审查和形式审查究竟如何界定，实际上理论界也存有较大分歧：有的依据登记审查的范围界定，认为实质审查除审查登记申请手续、提交材料是否合法、齐备外，还应审查实体法上的权利义务关系是否一致、有效，而形式审查是指只审查当事人提交的登记申请材料是否符合法定的格式与要求，只要从表面上看这些材料是齐全的、符合法律要求的且相互不冲突，即便这些资料本身可能是虚假的，登记机关也尽到了审查义务；[3]有的依据登记机构的调查权限界定，认为实质审查中应当对登记内容

---

〔1〕 参见孙宪忠：《中国物权法总论（第三版）》，法律出版社 2014 年版，第 336 页。

〔2〕 参见王利明：《物权法研究（修订版）》（上卷），中国人民大学出版社 2007 年版，第 336 页。

〔3〕 参见王克稳："我国不动产登记中的行政法问题"，载《法学》2008 年第 1 期。

进行询问和调查，以确保登记内容的真实性，而形式审查中仅对反映相关法律事实的材料进行审查，至于所代表的法律关系本身是否真实、有效则不予审查；[1]还有的依据审查权限是否涉及不动产物权变动的原因。[2]

有论者对理论界就形式审查和实质审查的区分标准进行了系统性梳理，认为主要有三个层面的理解。一是，材料真实说。认为所谓实质审查并非是要审查登记材料背后的法律关系的效力，而是审查要申请人所提供材料的真实性；反之，形式审查就不需要审查材料的真实性。二是，法律关系说。认为实质审查和形式审查的区别的关键在于，登记机构是否审查登记材料的证明力和实体法律关系是否一致，至于登记材料的齐全和真实，则当然是登记审查的范围。三是，法律关系和材料真实兼具说。该说认为实质审查既要审查权利变动的原因与事实是否相符，又要审查申报材料的真实性，这种观点概括了法律关系说和材料真实说的要求。[3]例如，因房屋买卖导致的转移登记中，登记机构既要审查当事人提交的申请材料是否齐备、真实合法，也要审查买卖双方的意思表示是否真实、内容是否合法。

---

〔1〕　参见尹飞、李倩："论登记机构的审查职责——《房屋登记办法》研讨之二"，载《中国房地产》2008 年第 5 期。

〔2〕　有的认为，审查权限涉及不动产物权变动原因关系的是实质审查，反之就是形式审查；参见全国人民代表大会常务委员会法制工作委员会编、胡康生主编：《中华人民共和国物权法释义》，法律出版社 2007 年版，第 47 页。有的认为，实质审查不仅意味着审查当事人申请材料的真实性、合法性与完备性，还必须审查申请材料背后的法律关系是否存在以及有效与否；参见最高人民法院物权法研究小组编著、黄松有主编：《〈中华人民共和国物权法〉条文理解与适用》，人民法院出版社 2007 年版，第 79 页。

〔3〕　认为实质审查和形式审查二者主要区别在于，是否应当对登记申请人的真实身份、不动产的实际状况、作为物权变动依据的交易的真实性和合法性进行审查。参见王利明：《物权法研究（修订版）》（上卷），中国人民大学出版社 2007 年版，第 333 页。

就实质审查而言，上述三种观点所确定的审查标准，实际上对于登记机构的要求来说有较低、居中和较高的区别。[1]作者认为，无论是实质审查还是形式审查，都会涉及登记的原因或基础法律关系，但二者区分的关键在于是否审查引发登记的民事基础法律关系并对其效力作出判断，要判断民事基础法律关系有效性的为实质审查，反之则应当归为形式审查。

2.4.3 我国不动产登记审查模式的应然和实然

对实质审查和形式审查作一比较，各有其优缺点：前者有利于减少登记错误、提高登记公信力，但要求登记机构全面而详细地审查相关事项并保证登记内容的真实性和合法性，在目前不动产交易频繁的情况下，登记机构的审查任务将异常艰巨，势必影响到登记效率；后者最大的优点就是效率高，但缺点是公信力较弱。从法律责任上看，实质审查中登记机构负有更大的责任，在因其过错造成登记错误时，要对因此造成的损害承担相应的赔偿责任；而在形式审查中，由于仅是形式上的审查不能保证登记真实正确的问题，除登记人员故意或重大过失外，一般不存在损害赔偿责任。赞同实质审查的观点中，避免错误登记是重要理由；赞同形式审查的观点中，有没有能力做到是重要考量因素。审查模式总是基于特定国情和语境而形成，对它的讨论也需要从应然和实然两个层面展开。

从应然层面看，将我国的不动产物权变动立法模式与西方国家相比较，大体上相当于瑞士所采的债权形式主义，结合登记而言可谓是登记生效主义。虽然我国在部分不动产权利类型

---

〔1〕 王策："不动产登记机构过错之研究"，中国人民大学 2014 年博士学位论文。

上（如土地承包经营权、地役权等）采取了意思主义或登记对抗主义的模式，但土地承包经营权等之所以不采取登记生效主义，只是迁就于当时我国农村土地确权登记的实际状况，可谓是权宜之计或向现实妥协的产物，登记生效主义才是立法者真正属意的主流方向。与此相适应，审查模式选择上偏向于实质审查，登记机构拥有较大职权和责任，需调查核实的内容较多，对登记的真实性和准确性有着较高的要求，以降低登记错误率、保证登记公信力。考察我国《物权法》第 12 条的规定，不仅在形式上要对提交的材料进行审查，还要查验这些材料的真实合法性。我国步入统一登记时代以来，《暂行条例》和《实施细则》所确立的登记机构的职责主要在于对登记材料和申请登记内容一致性的审查，并得到《物权法司法解释（一）》的认同，《操作规范》更是从实际操作层面确立了貌似实质审查的模式，体现出对登记结果准确性和客观性的严格要求。

从实然层面看，实质审查所伴随的高成本、低效率的弊端不容忽视，昂贵的或者迟来的正义在一定程度上等于不正义。我国登记实践中，也存在诸多影响审查职责划定的现实因素；有学者指出，实质审查效率较低，对登记工作人员的素质要求很高，而且需要支付较高的费用，同时要对登记机构建立严格的责任，这些条件在我国还不具备。[1]一是登记人员问题。随着我国社会公众对不动产价值的不断重视，交易日渐频繁、市场日益活跃、权利变动频仍，不动产登记的工作量大幅增加，从事登记的专门人员则既在量上显得相对不足，且在质上尚未做到专业化、不具备像法官审理民事案件一样进行实质审查的业务水平和能力。二是审查难度问题。实践中，造假现象五花

----

〔1〕 王利明：《物权法研究（修订版）》（上卷），中国人民大学出版社 2007 年版，第 334~335 页。

八门，不仅申请书上签字造假、法律文书造假，甚至连"人"都造假，如为证明共有产权人同意处置该房产，找一个非常相像的人假冒"妻子"或"丈夫"等，从而给审查工作带来很多困难。目前登记机构在进行审查时，相关部门之间的信息还未能完全实现互通共享，本身也缺乏十分有效的甄别手段，要应对层出不穷的利用虚假材料骗取登记等难题，登记机构已是不堪重负。三是登记成本问题。暂不论登记机构不具有法院审查基础民事法律关系的司法界限，如果不动产登记采取严格的实质审查，势必会大幅增加登记成本，而这与目前我国正在大力推进减税降费、优化营商环境等的形势相违背。并且，由于登记收费政策和标准与地方财政预算密切相关，对于一些只能做到吃饭财政的地方，推行实质审查所增加的登记成本将难以承受，不动产登记工作也将难以持续进行。四是社会认知问题。我国正处于市场经济转型期，社会信用相对较低，实质审查有利于增强登记公信力，而基于我国国情，公众普遍认可政府登记权利的法律效力，登记机构审查似乎也应趋向于实质审查。

因此，登记机构必须充分利用现有条件，作出最大努力，最大限度实现登记簿记载的内容与真实的不动产权利相一致，这才是登记工作取得群众信任和实现事业长远发展的根本。[1]站在务实的角度看，我国登记实践的确存在大量问题，提高登记准确性、增强登记公信力确属登记制度运行的首要任务，但并不意味着必然要采取实质审查模式，较现实的做法是兼顾安全与效率价值，通过一系列措施使登记机构仅承担相当于或略高于形式审查的工作量。德国、瑞士以及我国台湾地区等采登记生效主义的国家和地区，往往通过将一定的责任分流或转嫁，

---

〔1〕 常鹏翱、肖攀："不动产登记审查"，载刘燕萍、张富刚主编：《不动产登记制度理论探究》，北京大学出版社 2016 年版，第 102~103 页。

最终导致登记机构事实上承担的审查职责相对较轻或者说采取了形式审查模式，这对我国有着重要的借鉴意义。

作者赞同以法律关系说为区分实质审查和形式审查的标准，正如有的论者的界定，"形式审查是指登记机构围绕登记材料的完整性、关联性、真实性和合法性进行审查，但不就登记基础法律关系进行审查的审查方式"。[1]就《物权法》第 12 条及相关规定看，我国不动产登记的审查模式虽然比较接近于实质审查，但毕竟还不是针对登记基础民事法律关系作出法律判断，因而我国不动产登记在审查模式选择上还是更加偏向于形式审查。一方面，不动产登记作为行政确认行为，需要及于作为登记基础的民事法律关系，即该基础民事法律关系是否实际存在，但无权对其合法与否作出价值层面的合法性判断（当然依据普通人的法律常识即可明显看出不合法的除外），并且事实上登记机构也没有明确的审查职责和足够的审查能力来实施这样的实质审查，所谓的询问、实地查看等是对登记真实性的要求和强调，而并非对作为登记基础的民事法律关系进行价值判断，从而不符合前述实质审查的标准和要求。另一方面，不动产登记若采取实质审查，需要登记机构有更强的审查能力，以目前我国登记人员队伍现状尚无法做到，且还将导致更高的交易成本和更低的效率，与当前"放管服"改革强调更高效率、更低成本的社会形势相违背。可以说，无论从学理还是从可行性的角度看，我国登记机构所采的审查模式实际上还是形式审查，但根据中国国情又对登记真实性有了更高的要求。当然，强调形式审查的模式可以减轻登记机构的负担和压力，但并非完全不及于基础民事法律关系，只是主要限定在形式审查内，而不作

---

[1]　参见王策："不动产登记机构过错之研究"，中国人民大学 2014 年博士学位论文。

出法律层面的价值判断，否则就是行政机关性质的登记机构对司法机关性质的人民法院的职能职责的"僭越"，因而不具有正当性。

2.4.4 构建三个层面的不动产登记审查体系

从比较法的角度看，虽然登记对抗主义与登记生效主义的区别明显，但是与此密切相关的登记审查模式并非截然不同。例如，法国采登记对抗主义和形式审查；德国采登记生效主义，本应接近于实质审查，但通过一系列的分离、替代和简约，最终登记机构主要审查登记同意和书面材料，基本等同于形式审查；瑞士亦采登记生效主义，原来也要对债权合同进行实质审查，但在引入法定公证制度后，使对合同的审查仅限于是否履行公证形式而不审查合同的具体内容，实际上也相当于形式审查。我国台湾地区的不动产交易一般先后签署私契和公契两份契约，前者为债权契约，后者为双方备齐证件后由代书所签的物权契约，登记机构只对公契进行审查，而债权契约被排除在审查的范围之外，审查负担得以大大减轻。可以说，当世界各国和地区通过采用法律规定的替代、简约和责任分流的方式之后，形式审查和实质审查这两种模式已经不再显得那么泾渭分明。

为了使不动产登记兼顾审查的准确与高效，其路径则不必完全依赖于登记机构的审查，因而就使得登记审查体系构建即成为必要。作者以为，围绕登记公信力可以从三个层面构建登记审查体系：一是微观的登记审查体系，仅指代登记机构的审查，包括收件受理阶段和审核登簿阶段的登记审查；二是中观的登记审查体系，以登记机构的审查为核心，辅之以政府部门间信息共享、登记代理和公证等前置审查来实现的登记审查；三是宏观的登记审查，在前述中观的登记审查的基础上，再加上法院从司法层面终局进行的最为深入和全面的审查。事实上，只要在微观或中观或宏观层面实行了一定程度的实质性审查，登记权利与真实权利之间的一致性就具有高度盖然性，则登记公信力基本上能够有效体现，因而并不必强求登记机构在微观层面实施实质性审查。社会实践中，登记错误特别是登记审查错误确实客观存在，但随着登记审查中科学技术手段的大量采用，并不是一个高概率的事件，而如果针对并非高概率发生的登记审查错误的情形，大张旗鼓地实施高成本的实质审查似乎也显得不那么理性。

况且，如果上述微观、中观两个层面采取了一定的实质性审查后，甚或极端地并未在微观和中观层面采取任何实质性审查措施，非基于登记机构过错而致登记簿记载仍与真实权利不一致的，当事人还可以根据《物权法司法解释（一）》第 2 条"当事人有证据证明不动产登记簿的记载与真实权利状态不符、其为该不动产物权的真实权利人，请求确认其享有物权的，应予支持"的规定，对其认为享有真实权利的不动产物权，申请法院提出确认权利归属的民事诉讼。在民事诉讼中，我们常说法律真实与客观真实之间存在辩证关系，通过不同层面登记审查体系的有效运行，特别是还有法院的终局性审查作保障，登记权利和真实权利之间的一致性应当能够实现，进而保证了不动产交易安全和秩序。比如针对继承登记这个不动产登记审查实践中颇为棘手的问题，有的学者指出，继承登记自身的复杂性决定了需要实质性审查，而《暂行条例》和《实施细则》将登记机构的职责细化为形式审查，使得继承登记法律难题由继承登记强制公证问题转变为继承登记公信力问题。[1]

---

〔1〕　参见杜志红："论继承登记公示催告制度"，载《法律科学（西北政法大学学报）》2017 年第 1 期。

第3章
不动产登记审查制度的基本架构

在不动产登记审查模式基本确定的情况下，一项具体的登记审查主要涉及谁来审查、据何审查、审查什么、怎样审查等问题，审查主体、审查标准、审查对象及审查程序共同成为不动产登记审查制度的基本架构。因此，研究构建我国的不动产登记审查制度，应当从审查主体之配备、审查标准之确立、审查对象之限定及审查程序之设置等方面着手。

3.1 不动产登记审查主体之配备

登记审查作为公权力的行使，需要通过特定的机构和人员来实现，此类机构就是不动产登记的审查主体，相关人员则是审查主体的组成部分。我国《物权法》第 10 条提出了统一登记机构的要求，但未予具体确定由哪个部门负责；直至《暂行条例》才进一步明确了机构和人员，其名称分别为不动产登记机构和不动产登记工作人员，并通过第 6 条在国家层面规定由国务院国土资源主管部门负责，地方层面则由县级以上地方人民政府确定一个部门负责。

3.1.1 比较法上的不动产登记机构和工作人员

世界各国和地区对于不动产登记机构的设置具有规律性特点：既有趋同性，基本上是统一的而非多个部门多头登记；又有差异性，在所掌握的公权力上出现一定分化，呈现出设置于司法机关、体现司法权和隶属于政府部门、体现行政权的区别。从机构具体类型看，司法机关类型的登记机构以德国为代表；行政机关类型的登记机构相对多样化，有的隶属于司法行政机关，有的则为类同于一般行政机关的专门机构；此外，还有以瑞士为代表的少数国家采取混合模式，在联邦层面负责不动产登记的是行政机关，而在州的层面不动产登记机构性质各异，有的是法院，有的是行政机关，还有的是公证处。[1] 与此同时，从事不动产登记的工作人员也呈现出高度专业化的特征。

其一，不动产登记机构具有司法机关性质，主要以德国为代表。德国《土地登记条例》第 1 条第 1 款规定，"不动产登记簿由地方法院（土地登记局）掌管。土地登记局对位于本区域内的地产有管辖权。"德国的法院体系为基层法院、州法院、州高级法院和联邦高级法院，登记机构为设置于基层法院的土地登记局，实行属地管辖，自主审查批准土地登记事宜、填写登记簿、办理与登记有关的公务，不受政府和上级法院的干预；如果一宗地产上有多个土地登记局，则由权利人自愿选择其中之一登记。[2] 负责不动产登记的人员包括登记簿法官、司法辅助官和文书官，但承担登记事务的主要是司法辅助官，由专门

---

〔1〕　参见程啸："论我国不动产登记机构的统一"，载《中国房地产》2011 年第 13 期。

〔2〕　参见楼建波主编：《域外不动产登记制度比较研究》，北京大学出版社 2009 年版，第 31~32 页。

的《司法辅助官法》规制。在德国的司法公务员职称系统中，法官为高级公务员，司法辅助官为副高级公务员，文书官为中级公务员（可以通过培训和考试晋升为司法辅助官）。

其二，不动产登记机构具有行政机关性质，英国、日本等不少国家和地区属此类型。英国主管土地登记的机构是土地登记局，接受内阁司法大臣领导，但登记工作不受各级政府部门的行政干预。[1]英国土地登记局是政府唯一从事土地权属的审查、确认、登记、发证以及办理过户换证的部门，有总局和分局之分，总局主要负责制定政策、协调有关部门之间的关系；局系统工作人员共计约2万人，所辖21个分局各自约有600名工作人员，其中测绘专业队伍2000多人，而大多数则为法律专业人士，各局都有多名律师，局总登记师、各处负责人必须由取得律师资格的人担任。[2]日本的不动产登记机构是各级法务局，具体为全国共有135个法务局、地方法务局、法务支局和派出所。其中法务局有8个，地方法务局有28个，剩下的都是法务支局和派出所。法务局、地方法务局是法务省的下设机关，这些机构除负责不动产登记外，还负责商业登记、户籍、国籍、提存、公证等事项；具体事务由登记官办理，属于国家公务员，须通过国家公务员考试方可担任，在法务局民事行政部内必须配备首席登记官2人（东京及大阪法务局是3人）以及次席登记官、总括表示登记专门官、电子认证管理官、登记信息系统管理官以及民事行政调查官各1人。[3]美国的不动产登记则由

〔1〕 Paul N. Balchin, Jeffrey L·Kieve, *urban Land Economics*, The Macmi llan Press Ltd, Second Edition, 1982, p.6, p.122.

〔2〕 参见楼建波主编：《域外不动产登记制度比较研究》，北京大学出版社2009年版，第41~42页。

〔3〕 参见程啸："论我国不动产登记机构的统一"，载《中国房地产》2011年第13期。

受制于内政部的联邦土地管理局负责。法国则由隶属于经济和财政部的抵押权登记机构负责。我国台湾地区的不动产登记机构是"内政部"的地政司，具体登记事务由地政事务所负责，各县市、台北市及高雄市均于辖区内分设地政事务所，经常办理登记业务。[1]

比较法考察发现，虽然一些国家选择了司法机关性质的登记机构，但其权力行使与法院的司法权有较大差别，行政机关性质的登记机构尽管存在司法行政部门和其他专门机构的分歧，但其行使的权力主要还是行政权。总体来看，更多的国家和地区还是认同登记机构行使的是行政权力；即使类似德国这样的登记机构具有司法性质，其行使的权力也至少不同于司法权力，否则关于不动产权属争议就无需法律再审理了。相应地，大多数国家的不动产登记官属于政府公务员，只有德国、奥地利等国是类似或层次略低于法官的司法辅助官；登记官的专业知识和业务水平一般都有较高要求，必须具备很高的法律素养，这在德国、奥地利体现得最为明显。总之，我国建立和实施不动产统一登记制度在登记机构"趋同性"上逐步做到了与国际接轨，而对于登记官较高的素质要求颇值我国借鉴。

3.1.2 登记机构从分散走向统一的中国选择

我国不动产登记由来已久，发于唐而兴于明的鱼鳞图就是为保护封建土地所有权而编制的土地簿册，其目的在于征派赋役赋税。新中国成立以后，不动产登记作为支撑经济社会发展的一项基础性制度，逐步涵盖了所有不动产；但由于种种原因，

---

[1] 参见向明："论我国不动产登记机关的合理选择"，载《甘肃社会科学》2010年第4期。

曾经长期处于"九龙治水"的局面，登记职能分散在国土、建设、农业、林业、海洋等不同的部门并由各部门自行登记，发放不同证书。分散登记的状态，带有浓厚的计划经济色彩，改革开放之初，不同部门各取所需、陆续建立的登记制度，与各自行政管理结合紧密，并成为其中一个环节，在当时确曾有利于强化行政管理，方便了行政管理的相关工作。随着社会主义市场经济体制的建立和发展，因应市场经济的现实需求，不动产登记更多地是要方便社会、方便群众而不是方便管理，分散登记恰恰与此背道而驰，逐渐暴露出弊端。一是不同部门登记的范围、标准等存在重叠、冲突，容易造成重复登记发证，出现部门推诿扯皮。二是房屋和土地的分离导致一些人将房屋和土地分别抵押，甚至一房两卖，影响不动产交易安全，加大金融风险。三是不同部门办理登记业务，不仅增加了管理成本、降低了管理效率，还增加了交易成本、影响交易安全。有学者批评，多重登记机关不仅极大地增加交易成本，不利于交易的快捷，而且人为地造成查询困难，有害于交易安全，易滋生各种纠纷。[1]

有鉴于此，我国理论界逐步就建立统一的不动产登记机构形成基本共识，[2]并呼吁尽快结束分散登记时代部门各自为政的混乱局面，《物权法》的颁布实施也对此予以了立法肯认。但对究竟选择哪一类登记机构负责不动产统一登记，在《暂行条例》出台之前，一度存在争议，主要有法院登记说、[3]行政机

---

〔1〕 参见程啸："论我国民法典中不动产登记制度的完善"，载《法学杂志》2004年第3期。

〔2〕 亦有极少数学者提出现状妥协说，认为建立统一的登记机关是一个必然的趋势，但由于各个行政机关之间基于自身利益产生的纠纷，对登记机关进行统一难度太大，故可在登记机关分散的现实基础上通过立法模式调整来解决目前的问题。参见王崇敏："我国不动产登记制度若干问题探讨"，载《中国法学》2003年第2期。

〔3〕 孙宪忠：《中国物权法总论》，法律出版社2003年版，第250页。

关登记说、[1]社会中介组织登记说。[2]以上三种观点从不同角度来看，各有其合理之处，但一个国家不动产登记机构的选择不能简单照搬特定模式，而过于理想化，必须基于现实国情的考虑，能够真正适应国情。事实上，有些国家基于本国国情，还经历了不动产登记机构从法院向行政机关的转化，比如瑞典就在 2008 年将不动产权利登记的职能由法院并入隶属于社会事务部的瑞典制图、地籍和土地登记局，萨尔瓦多于 1999 年取消了司法登记而将征税和登记机关整合，洪都拉斯、萨尔维亚和黑山等国家也进行了类似的改革。

应当看到，近现代以来，各个国家和地区主要是根据既有传统和实践需要来确定不动产登记机构，我国亦应如此。首先，由法院进行登记的做法与我国国情不符，以法院为登记机构的做法并非各国通行做法，我国也无此法律传统，赋予法院不动产登记的职能将在其审判机关定位外扩大其职权，这种改变的实现谈何容易。其次，由社会中介组织负责不动产登记，或可在一定程度上防止行政机关对私权的干预，但由于中介机构的民间性质、在当下中国也不具有足够的权威和美誉度，亦失去了国家信用对登记确认效力的"背书"，不利于发挥不动产登记的物权公示作用。最后，从我国法律传统和现实国情出发，在不动产统一登记改革推进中，选择行政机关性质的登记机构较为适宜。

我国《暂行条例》第 6 条对登记机构问题作出了明确规定，

---

〔1〕　王利明主编：《中国物权法草案建议稿及说明》，中国法制出版社 2001 年版，第 186~187 页。

〔2〕　张剑文："不动产登记机构的改革"，载《国家检察官学院学报》2007 年第 4 期。在这里，社会中介组织应作广义解释，既包括公证机构，还包括具有服务功能的中介机构。

"国务院国土资源主管部门负责指导、监督全国不动产登记工作。县级以上地方人民政府应当确定一个部门为本行政区域的不动产登记机构，负责不动产登记工作，并接受上级人民政府不动产登记主管部门的指导、监督。"由于《暂行条例》的规定来自《物权法》第10条的授权，可以视为与《物权法》具有同等法律效力，涉及不动产登记的相关法律内容与其不一致的，应当以《物权法》和《暂行条例》为准。[1]《暂行条例》从国家立法层面明确了登记机构的法律地位，规定了登记机构的具体设置，形成了各级各层面机构统一和上下对口的基本格局，针对曾经的认识分歧给出了最终结论。从学理层面看，我国作此立法决断的主要理由在于：一是从法律传统来看，我国长期以来形成了土地主管部门登记的传统；二是从基本法理上来看，土地与地上定着物、附着物的关系是皮与毛的关系，"皮之不存，毛将焉附"；三是从价值取向来看，主张法院登记者所依赖的登记机构要保持中立性和被动性的理由，设置行政机关性质的不动产登记机构也能予以有效保证；四是从实践操作上来看，以土地为基础设置登记机构更具包容性；此外，也体现了与世界上许多国家和地区由土地部门负责不动产登记的国际惯例相接轨的思路，即使像加拿大等设有住房管理部门的国家，住房管理部门也没有土地和房屋的登记职能。可以说，我国曾因法律规定不统一和不完备以及对部门行政利益的强调导致了不动产登记机构不统一，今天去除部门利益干扰，参照法律传统、基本法理、价值取向、实践操作等因素最终确定由国土资源主管部门负责不动产登记，是国家立法决策，亦属符合国情的

---

〔1〕 全国人大法工委和国务院法制办有关负责同志在2015年初与国土资源部共同召开的座谈会上即明确提出有关观点，并指出这也是出台《暂行条例》后而暂时不用修改与之相冲突的法律规定的原因。

选择。

3.1.3 登记机构和经办机构关系之厘清

3.1.3.1 登记机构由政府向部门的统一调整及问题剖析

在分散登记时代，各类不动产的登记机构五花八门、差别较大，主要分为两种：一种是以房屋所有权为代表的，由地方政府主管房屋的行政机关作为登记机构；一种是以土地权利为代表的，基本上是由县级以上地方人民政府作为登记机构，实际工作一般由当地国土资源主管部门办理。目前，不动产登记机构已经实现了统一，其性质为行政机关。根据《暂行条例》第6条和第7条规定，我国不动产登记机构分为两种类型：一种以属地登记为原则，即不动产所在地的登记机构，可以是县级人民政府不动产登记机构，也可以是直辖市、设区的市人民政府确定的本级不动产登记机构，从实践情况来看，各地参照国家层面的做法均确定国土资源主管部门为不动产登记机构；另一种是属地登记的例外情形，考虑到国务院确定的重点国有林区的森林、林木和林地，国务院批准项目用海、用岛以及中央国家机关使用的国有土地等不动产的特性，加以此前一直由国家层面负责登记，此类登记机构被确定为国土资源部。

与实施统一登记之前的分散登记时代相比较，土地权利等原来主要由地方人民政府登记（国土资源主管部门及相关部门代为登记），房屋等不动产权利原来由相应的行政主管部门登记，现在则统一由国土资源主管部门负责登记。这样带来的实际效果是，减少了县级以上人民政府这一名义上的环节，有助于更好地实现行政机关的登记职能，减轻地方政府及其领导者的负担，增强被确定为登记机构的行政机关及工作人员的责任心，提高登记的行政效率，也达到了更加便民利民的目的。从行政法的角度看，不动产登记机构的调整实际上属于行政授权的范畴，在《土地管理法》等相关法律没有修改的情况下，基于作为行政法规的《暂行条例》的明文规定的授权，根据不同的情况将不动产登记的权力分别授权给了国土资源部和地方相应行政部门；这一行政授权有法律、行政法规作为依据，被授权机构亦具备行政主体的资格，从而实现了不动产登记公权力在地方政府和行政部门之间的有效转移，相应的不动产登记的法律后果也随之由被确定为登记机构的行政部门承担。

需要特别指出的是，不动产登记机构由地方政府向行政机构统一调整后，当面临国有建设用地使用权设立这一具体问题时，就容易在法理层面引发对于登记机构正当性的质疑，必须重点关注并研究解决。由于出让和划拨是建设用地使用权设立的两种基本方式，[1]根据《土地管理法》第54条规定，其中以划拨方式取得国有建设用地属于例外情形，一般情况下则须以出让等有偿使用方式取得，从登记角度看，应当由权利取得者申请办理国有建设用地使用权首次登记。然而，按照《中华人民共和国城市房地产管理法》（以下简称《房地产管理法》）第15条第2款规定，土地使用权出让合同由市、县人民政府土地管理部门与土地使用者签订，实践中也基本如此操作，我们暂且搁置土地使用权出让合同究竟是行政合同还是民事合同的争论，[2]但在登记机构（实际上是当地国土资源局）进行登记审查时，就会出现自己审查自己签署的出让合同的情况，从而影响社会对于登记机构能否做到客观公正办理的直观判断，甚

---

〔1〕 参见温世扬：《物权法要义》，法律出版社2007年版，第181页。
〔2〕 参见高圣平：《中国土地法制的现代化——以土地管理法的修改为中心》，法律出版社2014年版，第159~161页。

至会引发登记公信力或权威性的信任危机。目前，对于办理国有建设用地使用权首次登记，虽然《操作规范》第 8.1.1 条通过规定"可以单独申请"技术性化解了在申请环节即可能出现的尴尬局面，但这毕竟欠缺法律法规层面的依据，并且即使在《暂行条例》和《实施细则》中作出规定，终究也还只是权宜之计，如果要从根本上解决此一困局，则需要站在立法论的角度对《房地产管理法》第 15 条第 2 款规定进行修改。考虑到无论出让还是划拨都是行使国有土地所有者的职责，根据《土地管理法》第 2 条规定，国家所有土地的使用权由国务院代表国家行使，市、县人民政府实际行使所有者职责尚缺乏足够法律依据，何能进一步将此权力下放给一个部门？因此，鉴于《房地产管理法》第 15 条第 2 款与《土地管理法》第 2 条明显存在法律冲突，建议将《房地产管理法》第 15 条第 2 款修改为"土地使用权出让合同由市、县人民政府与土地使用者签订"，既避免了两部法律之间的直接立法冲突，也解决了市、县人民政府行使国有土地所有者职责法律依据不足的问题，还可以从根本上解决不动产登记机构由地方政府向行政机构统一调整后可能面临的正当性危机。事实上，不仅出让应当如此，划拨亦应作如此处理，划拨决定书也应当由市、县人民政府作出，这是"正名"的现实需求所在。可能有人会认为，这样一来增加了工作环节或不符合当下简政放权的方向，其实大可不必担心，实际操作中可以通过由市、县政府制发"人民政府国有土地出让或国有土地划拨专用章"，授予当地国土资源主管部门保管使用，从而化解实践中的问题。

3.1.3.2　无处不在的经办机构及其与登记机构的责任划分

虽然我国现行立法对登记机构已经予以明确，但由于不动产登记工作量大、任务繁重，作为行政机关的登记机构在实践中往往难以满足社会日益增多的登记需求。这一问题由来已久，在分散登记时代，无论土地管理部门还是房产管理部门，具体承担登记事务性工作的多为登记中心、登记站、房产交易中心、产权监理处等在工作经费来源上或为全额拨款或为自筹自支的事业单位，[1]作者将其称之为经办机构；统一登记实施以后，这一问题并未能得到改观甚至还要继续维持，如市、县的国土资源局一般只有行政编制数十人、十数人或数人，负责登记行政职能的内设的不动产登记局（或科）往往只有几个人或一人（作为内设机构的不动产登记局并非法定登记机构，它所隶属的国土资源局才是登记机构），实践中就产生了登记机构和经办机构的区分，在职责履行上出现了"管办分离"。目前各地基本上是一个登记机构、一个登记中心（有的称为不动产登记中心，有的称为不动产登记服务中心，有的称为不动产登记交易中心）的组织架构，登记中心就是经办机构，在机构性质上一般为国土资源局直属的事业单位；[2]人手紧张的行政机构和人员众多的登记中心基本上是当前登记队伍的常态化表现，借用有的学者关于"依附性"[3]的提法，可以称之为经办机构对于登记机构的"依附性"。并且在很多地方，登记中心的行政级别高于国

---

〔1〕 有学者指出，囿于严格的编制限制，大多数登记工作都由行政机关下属的履行某些行政职能的事业单位，如"交易所""登记中心"等承担，遇到纠纷，连行政诉讼的主体资格都不具备；参见常昱、常宪亚：《不动产登记与物权法——以登记为中心》，中国社会科学出版社2009年版，第161页。

〔2〕 实践中也有例外情形，比如在江苏省常州市，其不动产登记机构为市国土资源局、经办机构为市政府直属的市不动产登记交易中心，管理体制上殊为不顺；又如在黑龙江省哈尔滨市，其不动产登记机构为市国土资源局、经办机构为市政府直属的市不动产登记交易中心，但登记中心主任由市国土资源局党组成员兼任，通过人的纽带解决了体制不顺的问题，但毕竟存在今后互相扯皮的管理隐患。

〔3〕 向明："论我国不动产登记机关的合理选择"，载《甘肃社会科学》2010年第4期。

土资源局内设的行政机构，比如某市国土资源局为正处级单位，其内设的不动产登记局或科为正科级，不动产登记中心则是副处级事业单位，在讲究行政层级制的当下中国，让正科级的内设行政机构来协调管理副处级的事业单位，或可谓"依附性"的异化；实际上，这样已经基本常态化的办事格局在实际操作中其难度可想而知，也给不动产登记管理带来了新的课题，必须要加以重视。

当前我国不动产登记机构和经办机构之间是行政委托关系。所谓行政委托，一般是指行政机关依法将部分行政职权委托给其他行政机关或社会组织行使，受托者以委托机关的名义进行行政管理活动，并由委托机关承担法律责任的制度，[1]它具有三个特点：一是受委托方主要是非国家行政机关的组织，本身不具有行政权；二是受委托方是以委托行政机关的名义行使职能，由委托行政机关承担责任，区别于法律法规的授权；三是能够委托行使的行政权是有限的，必须是法律法规没有明确排除委托的事项。在中国，由于行政编制普遍紧缺，只要行政事项范围不违背法律精神和相关立法目的，即可实施行政委托。分散登记时代的土地登记实质上也存在行政委托，县级人民政府是土地登记机关，所辖的国土资源局是受政府委托的经办机构，加盖的也是人民政府土地专用章。我国目前的现实状况是，市、县国土资源局是登记机构，所辖的登记中心是受其委托的经办机构；盖谁的公章即由谁负责，登记中心享有的是办理登记事务的权力，而责任则由相应的登记机构承担。之所以发生不动产登记这一行政委托，其目的是为企业和群众提供更加高效便民的服务，但在该行政委托中责任划分是明确的，不会发生登

---

[1] 关保英主编：《行政法与行政诉讼法（第二版）》，中国政法大学出版社2007 年版，第 158 页。

记机构职权及职责的转移，作为被委托组织的登记中心也不能因此而取得受托行政职权的行政主体资格。从行政法的角度看，由于登记机构才具有行政主体资格，而经办机构并无行政主体资格，这就使得实际办理登记的经办机构在行使权力、履行职责以及发生法律问题时的责任承担上都存在法理问题，特别是在发生行政诉讼和行政赔偿时要引起足够关注。

3.1.4 建立不动产登记官制度的思考和建议

3.1.4.1 现有不动产登记队伍存在的问题

不动产登记工作人员是我国不动产登记审查主体的重要组成部分，可以提供队伍支撑和人员保障，助推不动产登记法制化进程，体现登记审查的真实性、权威性。分散登记时代及至我国《物权法》颁布后出台的《土地登记办法》和《房屋登记办法》都对登记工作人员提出了明确要求，实践中也就土地登记持证上岗制度和房屋登记官制度进行了一定探索；但是我国不动产登记法律法规尚在健全完善之中，统一登记亦处于转型期，新颁布的《暂行条例》及《实施细则》对此并无系统规定，可谓之一大遗憾，而事实上登记队伍也确实存在诸多问题。一是，队伍参差不齐，人员素质不高。行政编制的登记机构工作人员为公务员，各方面综合素质相对高一些；而经办机构的工作人员则主要为事业编制，进入门槛偏低，相当一部分工作人员综合素质、学历相对偏低些；甚至还有较多编制外聘用的工作人员，知识水平和专业素质则有可能更为低下。二是，登记人员定位不准，缺乏专门的选用标准。我国不动产分散登记带有浓厚的行政管理色彩，登记人员在观念上和实践中一般被认为不过是政府工作人员中的一部分，与其他行政事业单位没有什么差别，导致登记人员的选任和考核缺乏专门的录用标准和专业的考评机制，往往带有较强的行政任命和主观评判色彩。三是，业务能力不强，服务水平不高。不动产登记职责机构整合过程中，登记人员来源各异，能力水平差异较大，而我国不动产登记种类繁多，专业性日益增强，登记人员的业务素养、业务能力可能跟不上形势发展，服务水平可能难以满足群众的登记需求、达到不动产统一登记的客观要求。四是，职业精神和责任心有待加强。不动产登记是登记机构代表国家行使行政确认权力的舞台，涉及当事人不动产权利保护和交易安全，而最重要的登记审查工作更是需要通过登记人员职业化的精神和高度的责任心来完成，但由于目前尚处于转型期，这方面的培养亟待加强。

3.1.4.2　研究建立差别化的不动产登记官制度

随着不动产统一登记改革的深入，加强登记人员制度建设显得特别迫切。首先，登记人员制度建设是推进统一登记改革的现实需求。不动产是个人、家庭或社会的主要财产之一，无论对于权利人还是利害关系人，都属利益攸关，而不动产登记本身，又具有较强的法律性和专业性，统一登记实施后又面临很多新任务、新要求，为确保不动产登记的准确性和权威性，必须把登记人员培养成"职业运动员"和专业选手。其次，登记人员制度建设是不动产登记队伍建设和管理的需要。通过加强登记人员管理，可以选拔一批懂不动产业务、精通相关法律法规的复合型人才进入登记队伍，确保登记人员在登记审查中做到口径统一，并切实实现队伍建设和管理的科学化、规范化。最后，登记人员制度建设是登记人员加强自我约束和实现自我激励的需要。既有助于登记人员明晰职权配置、划定职责界限，实现专业化、精英化的定位；也能促使登记人员珍惜登记职业，激励其负责从事登记审查，实现外部监督的内在化。

《暂行条例》第 11 条规定，"不动产登记工作人员应当具备与不动产登记工作相适应的专业知识和业务能力。不动产登记机构应当加强对不动产登记工作人员的管理和专业技术培训。"作者认为，可以将《暂行条例》中所指的不动产登记工作人员称之为不动产登记官，以增强从业人员的职业荣誉感。所谓不动产登记官，是指在登记机构和经办机构中负责登记事务并依法享有审查权限的专业人员，登记官制度是切实保障不动产登记审查人员的高素质、有效保证不动产登记审查质量的基础性制度。但并非所有的登记工作人员均需要被纳入不动产登记官制度中，可以考虑借鉴德国司法辅助官和文书官相区分的做法，采取差别化的管理办法，分门别类区别对待。一是，对于行政机关性质的登记机构内设的登记局（处、科、股）中的工作人员及主管领导，因其代表登记机构需要承担登记审查的行政责任，有必要将上述相关人员设定为不动产登记官。二是，对于登记经办机构中从事登记审查业务的工作人员，因其涉及登记核心业务，也有必要将其设定为不动产登记官。三是，对于登记经办机构中从事窗口接件、咨询解答、文档管理、数据分析等辅助性工作的人员，则暂时不必设定为不动产登记官，但也需从激励其工作积极性出发，为其提供职业上升通道，在他们具备特定条件和专业资格并经过法定程序时可以进入登记官序列。

3.1.4.3 推动和保障不动产登记官的专业化和职业化

我国不动产登记官制度建设的根本方向在于推动和保障其专业化和职业化。一方面，登记官的专业化。所谓专业化，是指记官应当具有从事登记工作的专门登记知识并达到系统、全面、精湛的程度。[1]登记官须经过严格系统的专门知识学习与业务技能训练，具备相应的业务能力，熟悉各类登记业务并能够在实践中熟练使用，由于登记官所涉及对象为登记机构和经办机构两类人员，这些知识应当包括不动产登记相关法律知识以及关于不动产测量测绘、权籍调查、信息平台、登记程序、审查方式等高级常识；唯其如此，才能保证登记审查的质量和权威性，并就申请登记事项或其他事项作出专业而准确的判断。另一方面，登记官的职业化。所谓职业化，是指要以从事登记核心业务为专门职业，中立而公正地办理登记事务，从而必须具有良好的职业道德和执业纪律。[2]由于登记机构中的登记官按照《中华人民共和国公务员法》（以下简称《公务员法》）管理，因而主要涉及经办机构的登记官，须要求其将从事登记业务作为专业性岗位，秉持中立公正的态度和相应的职业精神实施登记审查工作。一要基于事实、忠于法律。要基于登记申请及相关事实证明材料，忠于法律法规的各项规定要求；二要熟悉业务、规范服务。要熟悉不动产登记各项业务，切实提高登记审查的效率和质量，坚决杜绝不认真负责、不严格审查等情况的发生，尽量减少或不发生错误登记情况；三要提升素养、注重形象。应当要加强个人素质、道德修养和服务意识等方面的培养锻炼，切忌受门难进事难办、吃拿卡要等社会不良风气袭扰，做出不符合登记官员职务、身份的行为，以办理登记为条件向申请人索取财物或其他利益，影响社会公众对登记机构和登记行业的社会评价。

---

〔1〕 参见王崇敏："我国不动产登记制度若干问题探讨"，载《中国法学》2003年第 2 期。

〔2〕 王崇敏："我国不动产登记制度若干问题探讨"，载《中国法学》2003 年第 2 期。

为有效保障登记官的专业化和职业化，需要制定或明确相应的机制。一是不动产登机官的选拔机制。基于不动产登记官需要具备一定法律知识和不动产相关专业知识的素质要求，且要满足当前不动产登记实践紧迫的人员需求，在近期，对于已经具有房屋登记官资格和持有土地登记持证上岗证书的登记从业人员，以及通过国家法律职业资格考试的人员，可在组织相关业务培训后，直接授予不动产登记官资格；在远期，可以在推动暂行条例修改完善或上升为不动产登记法时，严把"入口"，先在法律法规层面明确登记官的法律定位、细化职责界定，并授权国土资源部制定部门规章规定登记官的选拔机制，其选拔要求可以略低于国家法律职业资格的要求，但要加入不动产相关知识掌握程度的要求，对不动产登记官的进入标准、选拔方式、评聘条件、晋升途径、级别设置等予以明确。二是不动产登记官的培养和考核机制。即对取得登记官资格的人员通过组织业务培训的方式培养其实际操作能力，只有经过培训并考核合格的，方可正式成为登记官。为此，国家层面的不动产登记主管部门机构应当制定专门的培养考核方案、设置专门课程、编印培训教材、推荐高水平的培训师资，再由省级不动产登记主管部门组织市、县不动产登记机构相关人员进行专门知识、业务技能和职业操守的系统培训，培训时间应当不少于1个月，完成上述培训后经考核合格可授予不动产登记官执业证。三是不动产登记官的从业保障和考评惩戒机制。考虑到登记官制度的出发点在于规范登记机构和经办机构中登记官的执业行为，在公法层面具有一定的规制色彩，因而，既要为登记官正当行为提供相应的职业保障措施，明确划定权责范围，规制不当为的范围界线，引导其在职责边界内自主履职，避免不当行为的发生；又要对不动产登记官实施有效考评，明确相应的惩治措施、问责制度，使登记官在发生不当行为、不遵守职业纪律时，受到相应的惩戒，违法犯罪的及时移送司法机关。

3.2 不动产登记审查标准之确立

我国《物权法》第 12 条主要规定登记机构的职责，《暂行条例》《实施细则》《操作规范》等亦着重从审查职责作出规定，并未提及审查模式；实际上，更重要的也是哪些情况应予登记或者不应登记，即审查职责之所在，既包括登记机构的职权，也涵盖了责任。然而，审查标准与不动产登记审查模式特别是登记机构的审查职责关联密切，理论关注、实践急需却也始终讨论不清。

3.2.1 基于审查职责的履职尽责、合理审慎的审查标准

根据《物权法》第 12 条的规定，从可以询问申请人来看，说明登记机构需要通过审查深入了解不动产物权的实际情况，以确保登记内容的真实性；从必要时可以实地查看不动产来看，事实上赋予了登记机构一定程度的调查职权。但是该规定回避了实质审查抑或形式审查的纷争，只要求登记机构合理审慎地履行审查职责，尽可能保证登记簿如实、及时记载不动产物权，避免登记错误。与此同时，在当下中国，不动产统一登记作为营商环境的重要考核内容，便民利民、提速增效的要求尤为突出，过度重视登记质量、纠结于登记真实性必然影响登记效率。

就不动产登记审查而言，要求登记机构保证不动产物权变动绝对真实，进而对基础民事法律关系进行审查是不现实的，特别是在我国目前行政管理体制和登记机构职权设置背景下更是不可能实现，但如果完全放任登记机构行为、只针对材料齐

备等进行简单审查，则不动产登记的准确性、权威性、公信力将无从保障，权利人的利益也就无法得到保障。因此，简单地把审查职责定位于实质审查或者形式审查都显得不够科学，更现实的则应在实现高效登记的同时保证登记结果与真实权利之间的高度盖然性。当前，迫切需要在现有的约束条件下、考虑客观现实问题，在登记的准确高效和登记机构审查能力之间进行协调、谋求达到一种平衡，确立依法合理且相对可行的不动产登记审查标准。

关于不动产登记的审查标准，结合《最高人民法院关于审理房屋登记案件若干问题的规定》和《最高人民法院办公厅对〈关于统一法律适用标准有关问题的函〉意见的复函》有关规定，[1]可以发现，我国通过《物权法》第 12 条以及司法解释的具体规定，基本确立了登记机构的审查标准，我们将其概括为"履职尽责、合理审慎"，履职尽责反映了登记机构行使公权力的范围及其限度，合理审慎则反映了对登记机构主客观两个层面的规范性要求，作者希望以此为审查标准的讨论给出一个初步结论。与此相适应，《国土资源部办公厅关于办理不动产登记类行政复议案件有关问题的通知（试行）》也规定，国土资源主管部门作为行政复议机关审理相关案件时，登记机构是否尽到审查责任，应当适用合理审慎的审查标准，并以此作为判定登记机构是否承担赔偿责任的标准。在涉及不动产登记的行政复议案件审查中，复议机关主要是看登记机构对申请材料的

---

〔1〕 前者第 12 条规定，"申请人提供虚假材料办理房屋登记，给原告造成损害，房屋登记机构未尽合理审慎职责的，应当根据其过错程度及其在损害发生中所起作用承担相应的赔偿责任"；第 13 条规定了登记机构工作人员与第三人恶意串通违法登记，侵犯原告合法权益的，房屋登记机构与第三人承担连带赔偿责任。后者则明确，"不动产登记机构应当在审查时尽到合理审慎的审查义务，并以此作为判定登记机构是否承担赔偿责任的标准"。

审查是否尽到了较高的注意义务、合理审慎的审查义务；如其不然，复议机关就可能对登记行为作出予以撤销或者确认违法的决定，登记机构由此承担相应的法律责任。

在"履职尽责、合理审慎"这一审查标准中，"履职尽责"相对比较宏观，"合理审慎"毕竟显得抽象，还需要对上述审查标准作进一步解析。所谓合理审慎，是指在登记机构的职责和能力范围内，根据其工作经验，对有关材料进行谨慎审查，最大程度地保证不动产登记的真实性。总体来看，登记机构在进行审查时应当负有"合理审慎义务"，即必须就登记申请人所提供的材料仔细加以审核，只有在满足书面材料无瑕疵的情况下才可以作出登记决定，如果当事人所提交的材料有瑕疵，如合同书上有更改的痕迹，缺少必要的证明材料，甚至合同履行期限本身尚未届满，登记机构当然能够发现并有权拒绝登记；在此情况下，登记机构承担过错责任，在违反谨慎注意义务的前提下承担相应民事责任。特别是对与登记机构职责密切相关的申请材料，如申请书、权属证书等的真实性和合法性必须谨慎注意并作出合理判断，至于基础民事法律关系只限于形式上的审查，对其实质的有效性问题归属私法途径解决。从这个角度看，民法理论中特别是侵权责任领域的"注意义务"理论显得极具理论说服力和现实指导性，"注意义务"可以分为三个层面：一是"普通人注意义务"。以一般人在通常情况下是否能够注意为标准，对于一般人难以注意的事项，如果行为人没有注意，不能认定行为人存在过失；一般人能够注意而没有注意，行为人即存在"重大过失"。二是"如同处理自己事务的注意义务"。该注意义务较普通人的注意义务要求要高，它要求行为人在行为过程中要尽到与处理自己的事务一样的注意义务。三是"专家注意义务"。该注意义务不考虑行为人的主观意识，而是以具有相当知识和经验的专业人士客观上尽到的注意程度为标准，因此是特定人依其特定职业要求所应承担的注意义务，其要求高于前两种注意义务。[1]

不动产登记涉及诸多法律关系，在实施形式审查的同时，也应当相应尽到上述三个层面的注意义务；需要指出的是，其中第三层次的专家注意义务类似于医生在提供医疗服务时的注意义务，直观来看已经涉及对作为登记基础民事法律关系的真实性审查，但由于登记机构并非要对其作出合法性判断，不能因此就认为已经进入或者属于实质审查范畴。以房产买卖合同为例，对于当事人意思表示是否真实、合同是否有效，涉及实体的民事法律关系，登记机构原则上不予审查；但是，登记机构还是有必要对合同内容的完整性做基本的审查和判断，合同成其为合同的必要条款如当事人条款、标的物条款、价金条款等内容必须存在且清楚，否则应要求申请人予以补正，房产买卖合同上签字的真伪可不予审查，而登记申请书上的签字则应予审查。可以说，在当前我国社会诚信体制建设尚不完善的情况下，明确登记机构采用履职尽责、合理审慎的审查标准并履行必要的注意义务十分重要；如果非要对我国的审查模式作出一个明确界定，以形式审查附以必要的注意义务来概括可能是相对合适的。

3.2.2 受理前后不同阶段审查程度的差异性

作者认为，我国不动产登记审查标准的采用必须围绕审查目的进行，即既要保障登记真实性、体现登记公信力；又要简

---

〔1〕 参见翟国徽："妥善把握登记审查标准和范围"，载《中国不动产》2016年第3期。

化流程、多措并举，优化服务、便民利民，体现对于登记效率
的追求。为此，需要分阶段确定不同阶段的审查程度，受理之
前以一般性的形式审查为主，受理之后的审查则应当更加关注
真实性问题，这种关注貌似偏于实质审查，但其本质正如有论
者所指出的，真实性审查是形式审查范畴内下一层次的要求，
事实上，登记机构没有能力对所有的申请材料审查真伪，也没
有必要对所有的申请资料识别真伪。[1]而应根据形式审查的需
要"区别审查"申请材料的真伪。受理前后不同阶段对于审查
的要求并不相同，审查程度也不尽相同，借助前文关于"注意
义务"这一概念，申言之，我国不动产登记在受理之前的审查
职责是纯粹形式审查，而在受理之后阶段的审查职责则由于突
出了真实性审查的内容，表现为"形式审查+注意义务"。

这从有关司法判决中已见端倪，比如南京铁路运输法院在
（2016）苏 8602 行初 666 号的一审行政判决中认定"从上述规
定来看，不动产登记的受理和受理后的查验审核系两个不同的
环节，两个环节的审查要求也不同。依据《暂行条例》第 17 条，
在受理环节，登记机构主要进行的是形式上的、表面性的审查，
主要包括是否属于本机构管辖、当事人提交的申请材料是否齐
全、符不符合法定形式，如属于市国土局登记职责范围，且申
请材料齐全、符合法定形式，行政机关就应当受理"。而上诉人
南京市国土局所主张"不动产登记机关在受理阶段进行审查，
并没有形式审查和实质审查的严格界限，其中对登记主体资格
的认定和申请登记种类的认定为实质审查，而非形式审查，所
以当事人提交的登记要件和申请的权利不一致，登记机关在受
理时均应审核，如登记要件或登记种类不符合，依法应当不予

---

[1] 王策："不动产登记机构过错之研究"，中国人民大学 2014 年博士学位论
文。

受理"的上诉理由并未得到二审法院支持。[1]

那么，登记机构是否做到履职尽责如何认定，以及相应的审查程度究竟怎样界定？需指出的是，所谓形式审查并非指登记审查流于形式，登记机构的审查是基于对不动产登记相关法律法规准确理解基础上的专业性判断。登记机构要按照"履职尽责、合理审慎"的审查标准，对权属来源材料的真实性、有效性、合法性等作出力所能及的有效甄别和专业判断，以达到维护交易安全、保护权利人合法权益的目的，《暂行条例》和《实施细则》也对工作人员的业务能力提出了具体细化的要求。同时，要严格遵照法定程序、登记要件履行登记职责，虽然《暂行条例》《实施细则》未直接提及审查程度，但对登记类型、登记程序、收件材料等作出了细化规定，特别是《操作规范》更是将受理流程、审核规则进一步具体化、客观化，只要登记机构严格依法依规操作，即应视为做到了履职尽责。

此外，登记机构在实施上述审查时要灵活运用相关规定，尽到必要的注意义务，特别是要准确把握注意义务的合理界限，注意义务过于严苛，则将导致登记机构的责任过重，注意义务过于宽松，则会影响登记准确性、可能对权利人造成损害。《物权法》第21条明确规定，"当事人提供虚假材料申请登记，给他人造成损害的，应当承担赔偿责任。因登记错误，给他人造成损害的，登记机构应当承担赔偿责任。登记机构赔偿后，可以向造成登记错误的人追偿。"该规定初看限定了登记机构的责任，但随后又加重了登记机构责任，而《暂行条例》第五章则明确要求依照《物权法》的规定承担赔偿责任。从登记错误的责任角度看，要看主观原因，但更重要的还是认定客观要素，

---

〔1〕 南京金大江酒店有限公司与南京市国土资源局行政登记二审行政判决书，(2017) 苏 01 行终 221 号。

则既能引导登记行为，又有利于最终责任认定。比如进行国有
土地上房屋所有权登记时，登记工作人员应对申请人的身份进
行核实，如果申请人提交的是原件，应仔细核对原件是否与本
人一致；如果提交的是复印件，则应要求其复印件上盖有公安
机关的核实章；如发现身份证有明显造假且为一般人均能识别，
则应中止审查，说明理由并记录在案。

3.2.3 登记审查中不同层面的注意义务

登记审查是否尽到注意义务，一般需要结合实际，根据不
同申请材料的可识别性以及登记机构的能力进行具体判定。注
意义务与审查职责相关联，关键是看登记机构是否已经尽到相
应的审查职责。

第一，与登记机构自身业务及实际履职关联密切的，登记
机构宜负有"专家注意义务"。由登记机构制作发放的材料，如
不动产登记簿、不动产权证书、不动产登记证明以及合法有效
的国有土地使用证、林权证、房屋所有权证等，登记机构当然
应当负有"专家注意义务"；这类材料登记机构作为制作方，具
有很高的识别经验和能力足以识别真伪，登记机构审查该类材
料时负有"专家注意义务"，即登记机构应承担高于普通人的谨
慎程度，以经验丰富的专家或专业机构的身份进行积极审查。
如对于伪造的不动产权证书，普通人可能无法查验真假，但对
于作为证书制作和管理部门的登记机构来讲，应该具有超出普
通人的识别能力和识别手段，如果登记机构没有积极发挥自身
识别能力优势，并以高度负责的态度穷尽利用有关识别手段，
则没有尽到应有的注意义务或合理审慎职责，应该承担相应赔
偿责任。与此相类似，由于不动产权籍调查是登记机构决定登
记与否的重要内容，与登记职责行使较为密切，并且登记机构

也有完整的产权产籍原始资料为依托，对于权籍调查最终成果的认定和使用，登记机构亦宜负有"专家注意义务"，即应当逐一与原始档案进行比对查实。

第二，与登记机构履职相关且登记机构具有审查便利的，[1]登记机构宜负有"如同处理自己事务的注意义务"。有些申请材料虽然不属于登记机构直接制作，但通过部门间信息共享等方式可以获得，与社会公众相比，登记机构审查核实显然具有相当的便利性，也能够进行相对准确的判断，登记机构应当如同为自己办理登记所持有的责任心一样，积极主动与相关部门进行对接，进而核实此类材料的真实性。随着全国不动产登记信息管理基础平台的建成运行并广泛应用，相关部门的信息和登记信息间的互通共享机制将会不断完善，对此类材料真实性的审查也将会变得更为便捷。实践中，一类是国家机关依法制作的其他文书、证明文件，包括：合法建造房屋的证明，如建设用地使用权证明、建设工程符合规划的证明等；有关机关出具的其他证明文件，如公安机关对房屋坐落的街道、门牌号或者名称加以核准的文书，系政府有关主管部门在法定职权内出具；法院、仲裁机构的法律文书；等等。上述证明文件、法律文书等，登记机构虽然只负有形式审查义务，无权对其合法性、合理性加以判断，但应当尽其所能判断其系针对申请登记的不动产出具，尽力保证主体、客体、内容与其他登记申请材料一致。另一类是有关机构出具的证明，主要包括不动产竣工证明、测绘报告、公证文书等。这些证明由有关中介机构出具，一般对相关事项具有较高的证明力，登记机构需在能力范围内对其是

---

〔1〕 如涉及房屋登记中的竣工验收证明、符合规划证明等，这类材料对于判断不动产的合法性十分必要；它们尽管不是登记机构直接制作，但具有获悉之便利条件，可予以审慎审查。

否符合法律法规及其真实性予以审查判断。

第三，登记机构履职需要涉及但不具有审查真伪的便利和优势的，登记机构宜负有"一般人的注意义务"。对于有些不属于登记机构制作的申请材料，如身份证、公证书、当事人的婚姻状况、夫妻财产约定、委托书或公证文书的真伪等，登记机构本身没有超出一般人的特殊经验和技能，不应要求其具备专业的鉴别能力，也不应让其承担超出常人的审查标准，登记机构只是负形式审查义务。[1]比如对于伪造身份证的识别，只要登记机构利用自身所有工作条件，对身份证明进行了认真核实、查验，即使仍没有成功识别出身份证明系伪造，也不应由其承担登记错误的赔偿责任。但是，如果根据普通人的经验应能辨认真伪而登记人员未能做到，如公证书的印章明显作假，身份证上的人明显与本人不符而仍予以确认的，则应视为没有尽到该义务。

需要特别说明的是，登记机构对于不动产权利来源证明文件的审查义务问题。权利来源即不动产权利变动原因，也就是导致不动产权利变动的民事法律关系，不动产权利来源证明文件主要包括合同、继承关系证明等。作者再次强调，登记机构无权对权利来源证明文件的有效性或者对导致物权变动的民事法律关系的合法性进行审查并作出判断。理由在于，一方面，如果登记机构有权审查并就登记基础民事法律关系的合法性加以判断，在不动产买卖或者设定他项权利的合同被宣告无效或

---

〔1〕 对身份证明、司法文书、公证文书等材料真伪的审查，不应以专家标准要求登记机构查验材料的真伪，只要登记机构依其职责范围和能力所及、以认真负责的态度对材料真伪进行了仔细核实即可；反之，如果一般的具有高度责任心的普通公民能够识别而登记机构没有成功识别，则不管登记人员主观状况如何，应推定登记机构及登记人员没有尽到相应注意义务或合理审慎职责，应承担相应赔偿责任。参见翟国徽："妥善把握登记审查标准和范围"，载《中国不动产》2016年第3期。

者被撤销的情况下，依据该合同完成的登记显然构成了错误登记；反言之，如果登记机构能够直接判断实体民事法律关系的效力，完成不动产登记即应保证合同合法有效，何必还要通过法院或仲裁机构等确认不动产物权归属和内容。另一方面，《合同法》第 127 条只授予了"工商行政管理部门和其他有关行政主管部门在各自的职权范围内，依照法律、行政法规的规定，对利用合同危害国家利益、社会公共利益的违法行为，负责监督处理"的权力，亦即只有在法院或者仲裁机构确认合同无效之后，行政机关方可监督处理，行政机关无权确认合同效力。此外，现行登记机构的人员构成也达不到《中华人民共和国法官法》（以下简称《法官法》）《中华人民共和国仲裁法》（以下简称《仲裁法》）对法官和仲裁员要求的业务水平，也无法胜任判断实体民事法律关系的要求。因此，登记机构并不能对作为登记基础的民事法律关系的合法性进行审查判断，对于涉及不动产物权变动的证明文件也只负有形式审查的义务，如作为物权变动依据的合同、遗嘱是否有效以及法院判决是否妥当等问题，不属于登记机构审查范围，登记机构只需在能力范围内认真负责地予以核对，判断其主体是否是登记申请人、客体和内容与登记申请书是否一致即可。

从我国司法实践来看，法院对登记机构就登记申请材料真伪采取的判断标准也主要是是否达到"能够辨识的程度"，并不苛求登记机构必须确保所有的登记申请材料的真实性，也不认为只要登记申请材料是虚假的，登记机构就必须承担登记错误的责任。如果在涉及不动产登记的具体案件中，登记机构尽到了应尽的合理注意义务，没有明显、重大的过错，其形成的结论性意见一般会认为登记行为合法。早在 2007 年，《北京市高级人民法院关于行政审判适用法律问题的解答（二）》中的第

1 条即规定，"登记机关在进行行政登记时，根据相关法律、法规及规定对申请人提交的证件、证明材料进行审查应理解为是否符合法律规定的要求进行审查（形式审查）。但考虑其作为行政登记的专门机构，在具体案件的司法审查中，可要求行政登记机关在形式审查时履行较高的必要合理注意义务。例如，申请人在登记机关预留有印章、签名的，登记机关应当就申请件与预留件进行比对，并对是否一致作出合理注意义务的判断。"据此可知，以北京市高级人民法院为代表的司法机关大多认为，登记机构采取的审查方式应为形式审查，但需承担合理注意义务。还需指出的是，对于登记机构注意义务的讨论十分重要，因为当出现登记错误特别是登记机构和申请人混合过错情形时，将直接牵涉到登记机构在登记赔偿案件中的责任认定，如果登记机构已经尽到相应的注意义务，则登记机构应予免责，如果登记机构未能尽到相应的注意义务甚至与申请人串通，则登记机构应当根据实际情况承担或基于过失或基于故意的赔偿责任。

3.3 不动产登记审查对象之限定

3.3.1 审查对象的基本构成

审查对象由"审查"和"对象"组合而成。从字面上看，审查是指检查核对是否正确、妥当（多指计划、提案、著作、个人经历等）；[1]对象是指"观察或思考的客体，也指行动的目标"。[2]所谓不动产登记的审查对象，其字面意思为，登记机

---

〔1〕《现代汉语词典》，商务印书馆出版社 1997 年版，第 1125 页。
〔2〕《辞海》（缩印本），上海辞书出版社 1989 年版，第 488 页；排除其中所指"恋爱的对方"的解释。

构在审查过程中进行检查核对时所涉及的对象性因素，简言之就是指不动产登记审查所指向的客体范围或具体内容，其直接对象当然为申请材料，但尚需从登记申请及申请材料中梳理出类型化要素。德国权威观点认为，登记机构围绕申请人登记能力、权利来源和物权变动合意等内容进行审查；[1]我国台湾地区有学者主张，登记机构的审查对象可以归结为"人、物、事、时"四个要素。根据我国台湾地区相关法规，对"人"的审查，是指对申请人的申请能力、身份、意思表示是否真实的审查；对"物"的审查，主要是对不动产登记簿标示部分相关事项的查明，是否与拟登记不动产一致；对"事"的审查，主要是审查登记的权利类型、不动产的权利现状以及登记原因文件；对"时"的审查，主要是因为不同时期的登记法令有所区别，要看所申请登记应当适用何时的法令。

从我国现行立法来看，按照法律权利的构成要素理论，权利由主体、客体和内容三部分构成，能够纳入不动产的物权也必须具备三个要素：人的要素，即权利主体特定、明确；物的要素，权利客体为特定物，在法律上可以特定化；事的要素，权利内容合法，主体对不动产的支配具有合法性。关于审查对象的规定，集中体现在《暂行条例》第16条第1款，即申请不动产登记一般应当提交的材料，包括：①登记申请书；②申请人、代理人身份证明材料、授权委托书；③相关的不动产权属来源证明材料、登记原因证明文件、不动产权属证书；④不动产界址、空间界限、面积等材料；⑤与他人利害关系的说明材料；⑥法律、行政法规以及本条例实施细则规定的其他材料。经进一步总结梳理，申请材料主要是证明不动产权利"人、物、事"三

---

〔1〕〔德〕鲍尔、施蒂尔纳：《德国物权法》（上），张双根译，法律出版社2004年版，第490页。

方面的情况，人、物相对明确，其中的"事"则主要是指引发登记的原因及相关证明文件。

考虑到登记审查需要对申请登记事项能否登簿记载作出判断，作者认为，不动产登记审查对象应当围绕"一中心，三要素，一其他"予以限定，所谓"一中心"是指以不动产登记簿为中心，登记簿既是登记审查的出发点，也是落脚点，要以登记簿记载事项为依据确定审查对象；所谓"三要素"是指，不动产物权登记的审查对象可以概括为不动产权利涉及的人、物、事等要素，其他法定事项的登记所涉及的方面大体可以参照适用，当然其具体表现不尽相同；所谓"一其他"是指，由于登记机构的登记行为属于国家公权力的行使，虽然登记审查主要围绕不动产物权确认展开，但也在特定情形下赋予其他诸如税费征缴、有关监管措施落实等予以把关的职能，可谓是登记制度本身的附带作用，但这种其他职能的行使应当是在法律法规中已经明确赋予的，而不是登记机构自身随意增设的，并且这种针对"其他"的情况并不是在所有登记类型中都有。总体来讲，结合审查对象的类型化，归纳起来登记机构在进行审查时要努力做到"三个一致"，即申请主体与真实权利人一致，主要是指各种申请材料中记载的主体以及不动产登记簿中记载的主体必须保持一致；申请客体与所涉不动产一致，是指各种申请材料均应指向同一、特定的不动产，且该不动产与不动产登记簿上之记载内容一致；申请事项与真实权利一致，既要求登记申请的事项与相关材料证明的事实互相一致，还要求登记事项与登记簿中已经记载的权利或者相关的事项之间不存在冲突。

此外，关于不动产登记审查对象的限定，在不同审查模式下会有所区别。如果采取实质审查，登记机构就应当拥有对基础民事法律关系主要是不动产债权关系的审查权限，从而作为不动产物权变动原因所依赖的基础民事法律关系无效或撤销的可能性大大降低，经审查予以登记的权利与真实权利之间的一致将具有高度盖然性。相应地，登记权利具有真实权利的外观，不动产登记具有较强的公信力，可以有效保障不动产交易安全。如果采取形式审查，登记机构则没有被赋予对基础民事法律关系的审查权限，基础民事法律关系无效或撤销的可能性会大大提高，登记权利与真实权利相脱节的现象相对更加容易发生。相应地，此种情形下若草率赋予登记以公信力，由于社会公众很难对登记的结果形成合理信赖，与登记名义人进行不动产交易的第三人就很难控制交易风险，其利益将难以得到有效保护。因此，一般情况下，经过实质审查的不动产登记具有较强的公信力，只经过形式审查的不动产登记则其登记公信力相对弱一些。换言之，实质审查不仅审查不动产物权变动行为，还审查作为该变动行为原因的基础民事法律关系；而形式审查则主要审查不动产物权变动行为，虽然及于其原因的基础民事法律关系，但并不是对其作出合法性判断。我国不动产登记在实然层面倾向于形式审查，但通过采用履职尽责、合理审慎的审查标准，并加重登记机构的注意义务，事实上增强了登记公信力，取得了类似实质审查的效果。

3.3.2 针对申请主体的审查

不动产登记审查对象中首先是针对申请主体的审查，可以称之为审查对象中人的要素，其关键是以适格的权利主体为依归。既要将申请人提交的身份证明材料与登记原因证明文件进行对比，在身份证明材料与申请人之间进行面貌对比，核对身份相貌特征；还要审查申请主体提供的身份证明材料是否合法、有效，若证件是外文，需要译成中文，有些还应按规定进行公证或认证，有条件的可以使用一定的科技手段进行识别。

一是，对身份证明材料是否符合形式要求进行审查。申请主体的身份证明材料应当符合形式要求，《操作规范》第1.8.4.1条已经作出明确规定。[1]其中，要求境外法人或其他组织在境内设立分支机构或代表机构主要是针对其购房而言，该规定的依据来源于建设部等六部委印发的《关于规范房地产市场外资准入和管理的意见》，住建部、外汇管理局印发《关于进一步规范境外机构和个人购房管理的通知》作了进一步规定，随后2015年住建部等六部委再次印发《关于调整房地产市场外资准入和管理有关政策的通知》规定可以购买符合实际需要的自用、自住商品房。至于境外法人或非法人组织能否作为抵押权人，应当依据金融监管部门、外汇管理部门等规定和程序，主要为《外债管理暂行办法》第22条规定和国家外汇管理局发布的《跨境担保外汇管理规定》有关规定以及《贷款通则》第21条规定。

二是，对身份证明材料的真实性、有效性进行审查。对于自然人而言，登记机构主要审查有关身份证明是否在有效期内。登记机构在受理申请时应当通过身份证识别器读取境内自然人身份信息，或者通过公安部的全国公民身份信息系统进行查询。对于法人或非法人组织而言，由于国家企业信用信息公示系统

---

〔1〕　申请人申请不动产登记，境内自然人提交居民身份证或军官证、士官证，身份证遗失的，应提交临时身份证。未成年人可以提交居民身份证或户口簿；香港、澳门特别行政区自然人提交香港、澳门特别行政区居民身份证、护照，或者来往内地通行证；台湾地区自然人提交台湾居民来往大陆通行证；华侨提交中华人民共和国护照和国外长期居留身份证件；外籍自然人提交中国政府主管机关签发的居留证件，或者其所在国护照；境内法人或其他组织应当提交营业执照或者组织机构代码证或者其他身份登记证明；香港特别行政区、澳门特别行政区、台湾地区的法人或其他组织提交其在境内设立分支机构或代表机构的批准文件和注册证明；境外法人或其他组织提交其在境内设立分支机构或代表机构的批准文件和注册证明。

已经于 2014 年 2 月上线运行，对于单位提供的营业执照，不动产登记工作人员可以通过上网查询或手机微信中的企业信用信息查询公众号来查询企业的相关信息。

三是，对申请人是否适格进行审查。登记机构主要查验登记申请书、各项证明材料的记载主体与申请人是否一致。目前，一些登记机构已经采用科技手段进行审查，比如引入人脸识别系统，对无法确定的申请人进行人脸识别比对，借助安装使用的摄像系统，给不适格的申请人造成心理威慑，既防止冒名顶替的出现，也及时保留现场证据；必要时，还应当对申请人进行询问，填写询问笔录，对申请主体是否有行为能力进行审查。当然，对于是否为适格申请人作出判断，不应苛求登记机构工作人员的目测能力，证件照与真人之间往往存在一定差异，通过目测的判断难免发生偏差。长远来看，要在制度保障和技术手段允许的情况下，引导乃至强制登记机构工作人员采用更加科学先进的辅助审查的技术手段，如果该采用而不采用则应当认定为未尽到审查职责。

3.3.3 针对申请客体的审查

不动产登记审查对象中很重要的是针对申请客体的审查，可以称之为审查对象中物的要素，其以查清不动产自然状况为目的。对于不动产物权的登记，其申请客体指的就是房屋、土地、草原、海域等不动产，对申请客体的审查就是要查明不动产是否符合特定物的要求。进入不动产登记实践中的不动产须满足不动产单元设定的要求，即为权属界线封闭且具有独立使用价值的空间，其形态可能多样化，概括起来有两种：没有房屋等建筑物、构筑物以及森林、林木定着物的，以土地、海域权属界线封闭的空间为不动产单元；有房屋等建筑物、构筑物以及森林、林木定着物的，以该房屋等建筑物、构筑物以及森林、林木定着物与土地、海域权属界线封闭的空间为不动产单元，其中房屋包括独立成幢、权属界线封闭的空间以及区分套、层、间等可以独立使用、权属界线封闭的空间。构成不动产单元的房屋则应具有构造上的独立性和利用上的独立性，[1]因此，申请人需要提交房地产调查或者测绘报告来明确房屋的界限，证明其构造上的独立性；需要提交建设工程符合规划的材料来说明房屋是合法的，并为划分幢、套、层、间等房屋单元提供依据；需要提交房屋已经竣工的材料。

　　物的要素一般通过不动产界址、空间界限、面积等材料来表达，也就是权籍调查表、宗地图、宗海图、房产分户图等不动产权籍调查成果。[2]应当说，不动产登记机构对于物的要素的审查具有较强的专业能力，也应当相应承担类似于"专家"

---

　　[1]《最高人民法院关于审理建筑物区分所有权纠纷案件具体应用法律若干问题的解释》第 2 条规定，建筑区划内符合下列条件的房屋，以及车位、摊位等特定空间，应当认定为物权法第六章所称的专有部分：（一）具有构造上的独立性，能够明确区分；（二）具有利用上的独立性，可以排他使用；（三）能够登记成为特定业主所有权的客体。规划上专属于特定房屋，且建设单位销售时已经根据规划列入该特定房屋买卖合同中的露台等，应当认定为物权法第六章所称专有部分的组成部分。本条第 1 款所称房屋，包括整栋建筑物。

　　[2]根据《国土资源部办公厅关于规范不动产权籍调查有关工作的通知》，为充分利用已有调查成果，不得违规增加申请人负担。对于前期行业管理中已经产生的测量成果（如房产测绘、勘测定界等），经不动产登记机构审核，符合不动产登记要求的，应当继续沿用，不再重复测量。申请不动产变更、转移等登记时，不动产界址界限未发生变化的，原则上应当继续沿用已有的权籍调查成果，不得要求申请人重复提交。实施不动产统一登记前，已经依法办理了土地登记和房屋登记，以及依法办理了房屋登记但未办理分户土地登记的城镇住宅、成套的商业办公用房等不动产申请办理转移、变更、抵押等登记时，经确认土地权属合法且不涉及界址界限变化的，不得要求权利人提交权籍调查成果，不得要求权利人委托调查单位开展权籍调查，不得要求权利人缴纳测绘费、配图费等额外费用。为满足不动产登记需要，对于需要补充开展权籍调查，完成房屋落幢落宗等相关工作的，不动产登记机构应当提请政府落实经费，统一组织实施。

的相对较重的注意义务。针对申请客体的审查，涉及较多的是不动产权籍调查问题。不动产登记"四统一"未包括权籍调查，《物权法》和《暂行条例》也未对权籍调查有明确说法，由于缺乏法律依据，推进难度大、进展缓慢，特别是近期登记实践中反映出的"中梗阻"问题，根本即是在于权籍调查的定位。作者认为，应当坚持权籍调查是服务和支撑不动产登记的基础的基本定位，首先要分清登记机构与申请人在不动产权利登记方面的权籍调查责任，登记机构须承担更加重要的责任，要为申请人做好权籍调查提供指导和服务。

不动产登记机构在具体实施审查时，原则上要承认已有的各类调查成果继续有效，可通过部门共享或其他方式获取的调查成果，不应要求权利人重复提交；对于前期因各部门管理不规范、不到位导致的调查成果不完整、部分信息缺失等遗留问题，只要不影响登记，可以暂时搁置，特别是对于不涉及界址变化的登记业务，不应要求权利人重新开展权籍调查，而要在不动产登记完善规范、数据整合等后续工作中逐步消化解决。比如，申请不动产首次登记时，申请人一般应提交权籍调查成果，政府组织开展的首次登记则应由登记机构完成权籍调查；申请不动产变更、转移等登记时，不动产界址、空间界限、面积等未发生变化的，已有权籍调查成果经审核确认，则不得要求申请人重复提交；申请人自行开展或委托开展权籍调查时，登记机构应当按规定提供相关资料，指导做好权籍调查，前期已经产生的成果符合登记要求的，应继续沿用。

一般情况下，登记机构对申请客体的审查，就转移登记、变更登记等非首次登记来说，只要与登记簿中不动产自然状况进行比对并予以询问，保证其一致性即可予以登记。然而，实践中会发生改建、扩建或灭失但权利人却未及时办理相应登记的情形，导致不动产权利继受人的权利受到影响。因此，根据《暂行条例》第 19 条规定，"属于下列情形之一的，不动产登记机构可以对申请登记的不动产进行实地查看：（一）房屋等建筑物、构筑物所有权首次登记；（二）在建建筑物抵押权登记；（三）因不动产灭失导致的注销登记；（四）不动产登记机构认为需要实地查看的其他情形。对可能存在权属争议，或者可能涉及他人利害关系的登记申请，不动产登记机构可以向申请人、利害关系人或者有关单位进行调查。"登记机构对已登记的不动产再申请办理后续转移、变更登记时，当出现上述特殊情形，除审查申请人提交的申请材料外，可根据需要进行现场查看，必要时还可以进行调查，确保申请登记的不动产的现实状况与申请材料一致。可以说，对申请客体的审查是以形式审查为主，但须尽"专家注意义务"。

3.3.4　针对"事"及"其他"的审查

不动产登记审查对象中极为关键的是针对特定事项的审查，可以称之为审查对象中"事"的要素，其以明确权利内容及限制为核心。首先要确认申请事项是否属于登记范围、具有登记能力，再审查申请的登记类型是否准确，最后查验登记申请书、与相关证明材料进行比对，并询问当事人是否为真实意思表示。对于申请登记的事项主要围绕登记申请展开，审查的直接指向包括登记申请书、登记原因证明文件、与他人利害关系的材料等申请材料。[1]登记申请书表明了当事人双方就不动产登记已

---

〔1〕　关于登记申请的规则主要涉及申请登记与强制登记（依职权登记）、共同申请与单方申请、亲自申请与代理申请（有的国家和地区还规定了代位申请）、提出申请与撤回申请、到场申请与非到场申请（网络申请、邮寄申请等）共五组关系，在我国现有不动产登记制度体系中，除了代位申请和非到场申请没有规定外，其他的申请形式都有明确的规定。

经达成合意，明确了登记类型和原因，并固定了当事人的意思表示内容。登记机构在审查合同等登记原因证明材料时，只需对合同文本的形式要件进行审查，并在权限范围内对合同作出判断，[1]即只对登记原因以及证明文件是否依法形成进行程序性审查，确认不明显违反法律、行政法规的规定，然后在法定的权限内作出是否登记的合理决定。与他人有利害关系的材料主要是说明利害关系的存在或者排除对利害关系人权利的影响，比如申请异议登记就需要提交与争议不动产权利存在利害关系的证明。不动产权属证书也是必要的申请材料，用以辅助登记机构开展审核，权属证书由登记机构印制和缮写，[2]登记机构需要对其形式的规范性、内容的真实性负责，这也是"专家注意义务"的体现。

同时，一些不动产物权变动涉及相关税收征收和出让金等费用缴纳，需要登记机构在审查中对这些税（费）征缴与否予以严格把关，可纳入审查对象中"其他"这一范畴。一般情况下，二手住房转移涉及的税费主要是增值税、个人所得税、契税、印花税、土地增值税、城市维护建设税、教育费附加等，与税（费）征缴等工作相衔接，实践中基本形成了不动产登记"先税后证"的固有模式。《财政部 国家税务总局关于支持农村集体产权制度改革有关税收政策的通知》规定自 2017 年 1 月 1

---

〔1〕 登记原因证明文件表征不动产物权变动的基础关系，合同效力审查是司法审查的范畴，不应纳入登记机构的审查范畴；参见物权登记案件法律适用问题调研课题组编写：《物权登记与司法审查及新司法解释解读》，人民出版社 2011 年版，第 75 页。

〔2〕 海口市市民从 2017 年 10 月起，在办理不动产权证时，领证同时可免费领取一张 eID（公安部公民网络身份识别系统签发的网络电子身份标识）不动产权卡。持卡人今后在不动产权查询、交易过程中，可直接通过该卡远程认证信息，简化工作流程，实现让"信息多跑路，个人少跑腿"。

日起，在农村集体产权制度改革中涉及的契税、印花税都免征，此种情况下，登记机构无需对相关税收是否征缴进行把关；而根据《中华人民共和国契税暂行条例》（以下简称《契税暂行条例》）第 11 条规定和《中华人民共和国土地增值税暂行条例》（以下简称《土地增值税暂行条例》）第 12 条规定以及《招标拍卖挂牌出让国有建设用地使用权规定》第 23 条规定，[1] 则需要登记机构对相关税收是否征缴进行严格把关，因为上述法规已经对能否办理登记作出了强制性规定。当然，客观来讲，房地产交易环节所引发的税收征缴问题，本与登记机构无关，税款缴纳与房屋的合法建造并无联系，完税证明不应成为登记申请的必要材料，征税行政管理职能应在法律关系上与登记制度相切割，这是因为纳税义务的产生是权利变动的法律后果而非其前提或根据；[2] 但是，登记机构可以代为征收相关交易税，或在登记程序中对相关情况予以审查把关，有的出于行政机关间工作协同的需要，有的出于维护国家利益、防止国有土地收益流失的需要，某种程度上也是便民利民的需要（群众不必为缴税跑几个部门，而只在一个窗口办理即可）。与此同时，申请办理登记本身也需要缴纳登记费，财政部和国家发改委先后联

---

〔1〕《契税暂行条例》第 11 条规定，纳税人应当持契税完税凭证和其他规定的文件材料，依法向土地管理部门、房产管理部门办理有关土地、房屋的权属变更登记手续。纳税人未出具契税完税凭证的，土地管理部门、房产管理部门不予办理有关土地、房屋的权属变更登记手续；《土地增值税暂行条例》第 12 条规定，纳税人未按照本条例缴纳土地增值税的，土地管理部门、房产管理部门不得办理有关的权属变更手续；《招标拍卖挂牌出让国有建设用地使用权规定》第 23 条规定，受让人依照国有建设用地使用权出让合同的约定付清全部土地出让价款后，方可申请办理土地登记，领取国有建设用地使用权证书。未按出让合同约定缴清全部土地出让价款的，不得发放国有建设用地使用权证书，也不得按出让价款缴纳比例分割发放国有建设用地使用权证书。

〔2〕参见谭启平、卓洁辉："论房屋所有权初始登记应提交材料的范围"，载《现代法学》2011 年第 3 期。

合印发了《关于不动产登记收费有关政策问题的通知》和《关于不动产登记收费标准等有关问题的通知》,[1]分别明确了不动产登记收费政策和收费标准,登记机构当然需要在办理登记时一并予以收取。

此外,应当看到,登记机构作为行政机关行使的是公权力,依据《暂行条例》第 22 条第(四)项"法律、行政法规规定不予登记的其他情形",登记机构可以针对特定情况说"不",既体现出其行使的是实实在在的公权力,也反映了法律、行政法规对其"履职尽责"的客观要求。当登记机构被法律和行政法规赋予更多的审查职责,登记机构并无什么选择权,而是"必须为",否则就是未尽职责;当然,需要注意的是,只有法律、行政法规的明确规定方可指使登记机构就特定情形不予登记,规章、规范性文件无权作此规定,上级行政机关也不可作此指示,这是为了防止公权力肆意干预私权利。

3. 4 不动产登记审查程序之设置

3. 4. 1 以审查为核心的不动产登记程序构建

为实现不动产登记安全和效率的价值追求,需要构建相应的登记程序并规范运行,以发挥不动产登记制度的主体功能和附带作用。一个完整的不动产登记程序,一般应当包括以下三大要素:

一是主体要素。法律程序应当有一定范围主体的参与,离开主体的参与,法律程序就失去了存在的必要而变得毫无意义;为保证法律程序的有效运行,主体往往需要具备相应的资格和

---

[1] 一般而言,住宅类不动产登记收费标准为每件 80 元,非住宅类不动产登记收费标准为每件 550 元。

能力。就登记程序而言，作为行政机关的登记机构和作为相对
人的申请人是不动产登记程序的基本主体，但由于登记程序属
于行政程序，两者在登记程序中的地位并不完全对等而是存在
一定的角色差异，前者是程序的主导方，后者是程序的主要参
与方；之所以说登记申请人是主要参与方，是因为在特定情形
下，与不动产登记相关的利害关系人也会参与进来，可谓之登
记程序的次要参与方。

二是行为要素。在法律程序运行中，主体之间往往通过一
定的行为进行互动，才能引致相应法律效果的发生。登记程序
的主要参与方即申请人通过申请登记这一行为作出力求达到特
定法律效果的"意思表示"，次要参与方即利害关系人则在登记
关涉自身权益时提出相应的主张；该程序的主导方即不动产登
记机构主要通过审查行为介入程序，通过审查决定对登记申请
是否受理，也是通过审查决定最终是否予以登簿。即使登记申
请在大多数情形下都是登记程序的启动原因，但只有登记审查
才真正主导登记程序的运行与进程，这也就是登记机构被称为
登记程序的主导方而不是登记申请人的原因所在。

三是效果要素。一个法律程序的设计与运行，总是以特定
结果亦即法律效果的出现为依归，效果因素可谓之法律程序的
关键要素，不动产登记亦是如此。不动产登记程序运行中实际
上包含着两个阶段的效果因素：在登记程序依申请启动后，登
记机构通过初步审查决定对该申请是否受理，决定受理则登记
程序继续运行、进入下一阶段程序，不予受理则程序终结，因
此受理与否是第一阶段的效果所在；受理之后，最终效果是登
记机构通过审查作出是否予以登记的决定，无论登记与否，该
登记程序都予以终结。

从不动产登记程序的上述三个要素来看，审查都是其中的

关键；审查这一公权力行使行为的存在，决定着登记机构在程序主体中居于主导地位，影响着登记程序的运行和进程，制约着相应的法律效果能否出现。可以说，审查在不动产登记中处于核心地位，贯穿登记程序的始终，发挥着极为重要的作用。在分散登记时代，各部门规定的各类不动产登记程序各不相同，有的为五个环节，有的为六个环节，有的为七个环节，随意性较大，一定程度上影响了乃至破坏了全国不动产登记法制的统一性；随着不动产统一登记的实施，依据《暂行条例》，国土资源部制定了《实施细则》和《操作规范》，将依申请的不动产登记的一般程序确定为申请、受理、审核、登簿、核发不动产权证书或者不动产登记证明，相较于以往各部门登记程序规定的自行其是，有了较大进步。但遗憾的是，对于登记程序的规定只是部门规章和规范性文件层面的规范，有待于将其上升至国家法律、行政法规层面，从而真正实现登记审查程序的统一；并且，目前这样的程序描述较多关注了不动产登记的外部特征，并未揭示出登记程序的内在逻辑。

从不动产登记作为一项行政行为来看，学理层面的登记程序的构建应当围绕公权力的行使来进行，这个公权力就是登记机构的审查权，主要包括：要求当事人补充提供材料；对不动产进行实地查看或调查；审查申请材料的真实性；等等。为此，以审查为核心的登记程序实际上只有两个：一是收件受理阶段的程序，主体要素是登记机构和登记申请人，行为要素是登记申请和审查（查验、询问等），效果要素是登记机构确定是否受理，登记申请只是该阶段程序的启动原因，并不能构成独立的程序，只能视为一个环节；二是审核登簿阶段的程序，主体要素是登记机构和登记申请人（特定情形下还有利害关系人），行为要素是审查（包括审核、查验、实地查看、调查等），效果要素是登记机构决定是否登簿、核发证书或者证明，审查贯穿该阶段程序始终，登簿、核发证书或证明只是审查行为的结果而已，亦不能构成独立的程序，而只能视为相应的环节。根据不同的登记类型，在登记业务办理中，一般需要经过两个审查关口：一是窗口审查，行使的是收件受理阶段的审查权；二是内业审查，行使的是审核登簿阶段的审查权。

为了规范登记审查，相关法律法规章规定了审查的具体权限：《物权法》规定了查验材料、询问申请人、实地查看（第12条）并要求不得有超出登记职责范围的其他行为（第13条），《暂行条例》还规定了利害关系调查（第19条），《实施细则》还规定了公告事项和公告程序（第17、18、23条）；既是登记机构职责所在，也构成了审查程序。应当指出的是，不动产登记审查程序的设置为全面、科学反映不动产登记过程，促进登记程序规范有序运行，进而为保证登记结果的真实性、高效性提供了重要的程序保障，并且，程序设置的科学与否直接关涉到登记效率的高低、申请人负担的轻重。但是，由于不动产登记程序不同阶段的效果要素存在较大差异，对权利人的影响也大相径庭，审查在各阶段登记程序中的行为表现并不相同，审查的范围和强度也不一样；因此，登记机构需要区分收件受理阶段和审核登簿两个阶段实施登记审查，明确相应的审查范围及其强度，这一理念将逐步体现在下文以及后续章节的具体论述中。

3.4.2 收件受理阶段的审查环节与结果设置及有关建议

在分阶段进行审查的理念指引下，先从收件受理阶段的审查环节和结果设置谈起。受理是指不动产登记机构依法查验申请主体、申请材料，询问登记事项、录入相关信息、出具受理结果等工作的过程；不动产登记程序中的受理，是对申请主体、申请材料等是否符合要求的初步查验。从登记程序运行来看，一般情况下申请对于启动登记审查具有重要意义；同时，划定了登记机构审查的基本边界，其真实性和准确性还决定着申请人期待的登记结果能否得以产生，从而也具有重要的实体意义。在收件受理阶段，登记机构进行的审查主要是形式上的、表面性的，针对是否属于本登记机构管辖、当事人提交的申请材料是否齐全、符不符合法定形式等进行审查；并且登记机构在受理阶段对登记申请进行一定程度的审查，可以提前过滤掉明显不符合法律规定的登记申请，一定程度上能够减轻后续审核阶段的负担，为保证登记簿的真实性与准确性奠定坚实的基础。

结合《操作规范》有关规定，收件受理阶段的程序有查验、询问、录入信息、出具受理结果等，主要包括以下七个环节：一是，查验登记范围。涉及登记管辖、登记能力、登记类型等，任何一项不符合相关规定，即不属于登记机构职责范围的登记申请，登记机构不得受理。当然，登记机构不能以不属于自己的职责范围就一推了之，简单粗暴地拒绝当事人的申请，而应当场书面告知申请人；二是，查验申请主体。比如，申请登记的不动产是单独所有权还是共有，如果是共有究竟是共同共有还是按份共有等，这涉及共同申请还是单方申请的问题；三是，查验身份证明；四是，查验申请材料形式；五是，查验书面申请材料；六是，申请材料确认；七是，询问。[1]这是《物权

---

[1] 应根据不同的申请登记事项询问申请人，申请登记的事项是否是申请人的真实意思表示，申请登记的不动产是否存在共有人，存在异议登记的、申请人是否知悉存在异议登记等情况，以及需要了解的其他与登记有关的内容；制作询问记录，由询问人、被询问人签名确认，并核对询问记录与申请人提交的申请登记材料、申请登记事项之间是否一致，对于因处分不动产申请登记且存在异议登记的、受让方应当签署已知悉存在异议登记并自行承担风险的书面承诺。

法》第 12 条施加给登记机构的职责，询问申请人是我国不动产登记实践中一直采取的行之有效的做法，在很大程度上可以避免虚假登记，防止无民事行为能力人或限制民事行为能力人申请登记。

关于收件受理阶段的登记管辖问题，还需要进一步说明。虽然《实施细则》第 3 条已经对《暂行条例》第 7 条进行了细化，但还需注意几种特殊情形：一是《国土资源部办公厅关于云南省近期不动产登记发证有关问题的复函》指出，如果开发区、新区和园区不是一级人民政府，其不动产登记应当由不动产所在地的县级以上人民政府不动产登记机构办理；开发区、新区和园区所涉跨的各县级以上人民政府不动产登记机构可以委托开发区、新区和园区的国土资源管理机构或者国土资源分局统一开展登记事务性工作，或者向开发区、新区和园区派出人员机构，合署办公，集中办理不动产登记事务性工作。二是《国土资源部办公厅关于办理不动产登记类行政复议案件有关问题的通知（试行）》要求，不动产登记职责整合后，当事人对其他登记部门的不动产登记行为不服，向国土资源主管部门提起行政复议的，国土资源主管部门应当负责办理，受理后，可以追加原登记部门为第三人参与行政复议程序；行政应诉过程中，可以建议人民法院追加原登记部门为第三人参与行政诉讼。三是《国务院法制办对广西壮族自治区法制办〈关于申请人对原县级以上人民政府核发不动产权利证书的行为申请行政复议应如何确定被申请人的请示〉的答复》明确，行政机关职权变更的，应当以继续行使其职权的行政机关为行政复议被申请人。

登记机构通过收件受理阶段的审查，其审查结果是指对于申请人递交的登记申请予以审查，以作出是否受理申请的决定。根据新颁布的《暂行条例》和《实施细则》有关规定，其审查结果为受理、不予受理、当场更正、补正材料。一是，符合条件的，登记机构予以受理，即时制作受理凭证，并交予申请人作为领取不动产权证书或不动产登记证明的凭证，受理凭证上记载的日期为登记申请受理日；可以当场更正的材料错误，在申请人当场更正后予以受理。二是，不符合受理条件的，应当当场书面告知不予受理的理由，向申请人出具不予受理告知书，并将申请材料退回申请人。三是，对于申请人提交的申请材料不齐全或者不符合法定形式的，应当当场书面告知申请人不予受理并一次性告知需要补正的全部内容。

需要指出的是，受理之所以作为不动产登记中的一个独立程序，是因为一旦登记机构受理了当事人的登记申请，将产生两方面的法律效果。一方面，登记机构将受到登记时限的限制。根据《暂行条例》第 20 条规定，不动产登记机构应当自受理登记申请之日起 30 个工作日内办结不动产登记手续，法律另有规定的除外。因此，登记机构必须在法律规定的期限内办结登记手续，也就是说，无论登记机构是否将登记事项记载于登记簿，都必须在规定的期限内给出明确的结论。另一方面，登记机构一旦受理了当事人的登记申请，就应当按照受理时间的先后完成同一不动产上多个不动产登记的申请。换言之，受理在先的登记申请尚未办理完毕的，不得办理受理在后的登记申请；《实施细则》第 67 条规定，同一不动产上设立多个抵押权的，不动产登记机构应当按照受理时间的先后顺序依次办理登记，并记载于不动产登记簿。从比较法的角度看，日本《不动产登记办法》第 48 条即有"登记官应当依据受件号数的顺序进行登记"的规定。考虑到登记申请受理时点的重要性，建议今后在修改完善《暂行条例》或将其上升为《不动产登记法》时，增加规定登记申请受理的法律效果等内容，如发生固定登记申请日、确定登记申请顺序等法律效果。

从完善收件受理阶段审查程序角度来看，登记管辖的审查基本上属于一目了然，并无太多争议。在登记申请人方面，需要加重申请方式即单方申请和共同申请的审查，履行更严格的注意义务。在对登记能力审查方面，需要面对新形势，逐步扩大不动产登记能力范围，以满足社会上更多的涉及不动产的登记需求，对于基本属于现行规定范畴的符合大原则下的小细节登记需求，可在技术层面通过登记簿中的"注记"这一功能解决，而不是轻易"说不"；对于在现有制度框架外的社会上出现的新情况新问题，也要深入思考，积极推动修改相关立法，对登记能力需求扩大化作出回应，逐步将相关事项纳入登记范畴。此外，由于依申请只是启动登记程序的一种方式，对于依嘱托和依职权启动登记程序的情形是否需要进行收件受理阶段的审查，《暂行条例》和《实施细则》均未明确。作者认为，无论是依嘱托还是依职权启动登记，其背后虽然体现的都是国家意志，但登记机构也不是对嘱托事项或所依职权事项在受理阶段就无需审查或者无所作为。比如，登记机构对于法院提出的查封登记要求，仍应在查看其是否提交人民法院工作人员的工作证、协助执行通知书等之后，方可允许其进入后续审核登簿登记阶段。

3.4.3　审核登簿阶段的审查环节与结果设置及有关建议

在不动产登记机构正式受理登记申请后，即进入到实质性的审核登簿阶段，与收件受理阶段主要关乎登记程序能否继续进行不同的是，该阶段的审查程序设置直接关系到实质性登记程序的进展、登记效率的高低以及实体登记结果的最终确定，因而其科学与否更为关键。审核登簿阶段的审查是指不动产登记机构受理申请人的申请后，根据申请登记事项，按照有关法律、行政法规对申请事项及申请材料做进一步审查，并决定是否予以登记的行为。在此阶段，登记机构既要审查登记申请人与其提交的身份证明材料、登记原因证明或权属来源文件以及相关证书上记载的主体是否一致，也要审查委托代理人身份材料以及授权委托书与申请主体是否一致；并对审查发现需要进一步补充材料的，要求申请人补全后再行审查。

我国登记实践中经常出现犯罪分子或不法行为人窃取他人身份证、房产证冒名处分他人房产而申请虚假登记的情形，登记机构应当充分利用信息共享机制或技术手段，审查申请人是否就是身份证明材料上记载的人，以防止登记错误，给他人合法权益造成损害。在 2013 年 1 月 1 日之前，我国的第一代居民身份证没有机读功能，加之身份证照片不是特别清晰，故常出现冒充他人欺诈登记机构进行虚假登记的问题。例如，A 将房屋出售给 B，二人签订了房屋买卖合同并申请转移登记。此时，登记机构应当审查 A 与其提交的身份证信息是否一致，A 是否是不动产登记簿与不动产权证书上记载的房屋所有权人，A 是否为房屋买卖合同的出卖人。B 是否与其提交的身份证信息一致，B 是否为房屋买卖合同的买受人。甲公司提交人民法院的生效判决和房屋拍卖成交确认书单方申请房屋所有权转移登记的，登记机构应当审查甲公司的企业法人营业执照与该判决中确认的权利人和成交确认书中的买受人是否一致。再如，当事人申请首次登记时，登记机构应当审查登记申请书、身份证明、土地权属证明、建设工程符合规划的证明中记载的主体之间是否一致，不能出现登记申请书中申请人是 A 公司，而土地权属证明上记载的国有建设用地使用权的主体为 B 公司的情形。在当事人委托他人代理申请登记时，登记机构应当重点审查委托代理人的身份证明与授权委托书上记载的主体是否一致。例如，A 委托 B 代为申请房屋所有权转移登记，那么，在申请书上记载的代理人应当是 B，授权委托书中的受托人也应当是 B，此外，身份证明材料如身份证上的信息也应当是 B 的。

结合《操作规范》有关规定，该阶段的审查主要包括书面材料审核、查阅不动产登记簿、实地查看、调查、公告、登簿、核发不动产权证书或者不动产登记证明等环节。其中，实地查看并非必须环节，需要特别说明。实践中，根据不同登记类型，法律、行政法规对登记机构审查义务的要求就不同，有些只要求进行书面审查即可，有些不仅要求书面审查，存在疑问的还应实地查看。《物权法》第 12 条第 2 款规定了"必要时可以实地查看"，但是没有规定哪些情况属于"必要时"，而《暂行条例》第 19 条第 1 款明确规定了实地查看的适用范围，其理由在于：首先，房屋等建筑物、构筑物所有权的首次登记意义重大，它意味着房屋等建筑物、构筑物进入到了国家的不动产登记制度体系，从单纯的、仅具有使用价值的资产变为既有使用价值又有交换价值的资本，该登记不仅要将不动产的自然状况详细准确地记载于不动产登记簿，还要将其上的最基本的物权——所有权记载于登记簿，一旦该登记出现错误，则此后的各种登记如转移登记、抵押登记、变更登记等均为错误；其次，在建建筑物抵押的客体是"以建设用地使用权及正在建造的全部或者部分房屋等在建建筑物"，抵押人正在建造的建造物究竟建造完毕了几层，如果不实地查看则很难明确，登记机构实地查看就可以有效防范欺诈登记；再次，因不动产灭失导致的注销登记，涉及对不动产权利的消灭，为了防止出现错误，避免给不动产权利人造成损害，登记机构有必要实地查看，从而确认不动产是否确实灭失；最后，《暂行条例》还授权登记机构在认为需要实地查看的时候就可以进行实地查看，作为兜底条款。

此外，需要关注调查和公告问题。其中，调查的适用范围是可能存在权属争议或者可能涉及他人利害关系的登记申请。而公告的适用范围主要包括：除涉及国家秘密外，政府组织的集体土地所有权登记，以及宅基地使用权及房屋所有权，集体建设用地使用权及建筑物、构筑物所有权，土地承包经营权等不动产权利的首次登记；登记机构依职权办理的登记的公告；不动产权证书或者不动产登记证明作废公告。《暂行条例》第19条第2款规定的主要目的是防止有争议或者可能影响利害关系人的登记申请被审核通过，并最终予以登记；但是，权属争议是否存在或者是否涉及他人利害关系，登记机构自身无法准确获悉，为此《实施细则》设计了公告程序，即对一些特别容易存在权属争议或者可能涉及他人利害关系的登记，增加了公告的程序，通过公告程序将争议或利害关系人暴露出来，从而进行相应的调查，防止出现错误登记与欺诈登记，确保登记的真实与准确。需要注意的是，对于农村不动产物权登记的公告，作出原则上应当在不动产所在地进行公告的规定的原因在于，农村属于熟人社会，人际关系密切，某人的不动产物权是否存在权属争议，四邻八方最为清楚，只有在不动产所在地进行公告才能真正确定登记的物权是否存在权属争议。

从审核登簿阶段的审查结果看，登记机构通过审核登簿阶段的审查，根据《暂行条例》和《实施细则》有关规定，针对是否符合登记条件，其审查结果分别为登记机构应当作出予以登记的决定，使用电子登记簿的以登簿完成之时为准，使用纸质登记簿的，应当以登簿完毕并签名（章）之时为准，按要求核发不动产权证书或登记证明；或作出不予登记的明确意见，并书面通知申请人。而不予登记的情形则具体包括：申请人未按照不动产登记机构要求进一步补充材料的；申请人、委托代理人身份证明材料以及授权委托书与申请人不一致的；申请登记的不动产不符合不动产单元设定条件的；申请登记的事项与权属来源材料或者登记原因文件不一致的；申请登记的事项与不动产登记簿的记载相冲突的；不动产存在权属争议的，但申请异议登记除外；未依法缴纳土地出让价款、土地租金、海域使用金或者相关税费的；申请登记的不动产权利超过规定期限的；不动产被依法查封期间，权利人处分该不动产申请登记的；未经预告登记权利人书面同意，当事人处分该不动产申请登记的；法律、行政法规规定的其他情形。

需要指出的是，《暂行条例》只规定了予以登记和不予登记这两种结果，作者建议，今后在修改完善《暂行条例》或上升为《不动产登记法》时，应当增加暂缓登记类型，因为暂缓登记对于保留申请时间顺序、维护申请人权益具有重要价值，且也是各国或地区的通行做法。关于公告程序问题，目前其依据主要来自于《实施细则》、法律位阶较低，从兼顾登记的准确和效率的角度出发考虑，可以在修改完善《暂行条例》或上升为《不动产登记法》时，将相关公告程序的规定纳入其中，使之成为某些事关重大、关系第三人利益的登记类型的必经程序。

此外，由于依嘱托和依职权登记事项直接进入实质登记阶段的审查程序，对于依嘱托和依职权登记事项的审查，只能从拟登记事项内容是否完备、是否符合法定形式的要求等方面进行审查，而不应对嘱托事项等是否合法和妥当进行审查，一般情况下直接予以登记，存在形式瑕疵的亦可暂不予登记。虽然依嘱托和依职权登记事项体现的往往是国家意志，但登记程序本身亦有其法定权威性，如果在此过程登记机构没有任何审查权限，则登记审查程序就是形同虚设了。

第4章
不动产登记审查的运行分析

不动产登记审查是个实践问题，构建制度最终要落脚于具体的登记业务运行。本章围绕登记能力确定、登记类型区分、登记原因识别，分析了登记审查的运行逻辑；并以登记生效主义、登记对抗主义下权利登记审查以及其他登记审查为观察点，体现出对于我国不动产登记实践的关照；还基于登记审查完整性的考量，专门针对登记资料查询和登记信息共享中的审查问题进行了讨论。此外，随着我国不动产统一登记改革的推进，交易监管和登记审查一体化逐渐成为一种趋势，这意味着审查职责的扩大化，登记审查的运行亦应随之作出一定调整，本章亦尝试研究之。[1]

---

〔1〕 本章第4.1节的写作受惠于同国土资源部不动产登记中心肖攀先生之交流切磋，亦蒙其帮助收集相关资料。近年来，国土资源部以及各地的不动产登记中心组织开展了一批颇有实践价值的课题研究，对登记审查的实践操作多有涉及，本章第4.2节的研究写作在一定程度上也受上述课题特别是北京市不动产登记中心《不动产登记机构审查责任标准研究》等研究成果的启发，促使作者不断深入思考。在此一并谨致谢意。

4.1 不动产登记审查的运行逻辑

不动产登记审查在运行逻辑上涵盖了登记能力、登记类型、登记原因三个核心要素，登记机构的审查即是围绕"登记能力+登记类型+登记原因"具体组合的活动过程，登记审查的目的也是为了就三者之间的有机整合作出专业判断并最终体现在不动产登记簿上。其中，登记能力确定可登记权利和事项的范围，是能否顺利启动审查的基础和前提；登记类型关乎物权变动的目的和指向，只有明确了具体的登记类型，方可有针对性地开展审查；登记原因是不动产物权和法定事项（即登记能力）得丧变更（即登记类型）的具体原因，其确定引发不动产登记物权变动的原因或基础民事法律关系，也是登记机构通过审查作出专业判断的依据所在。可以说，任何一项登记业务实质上都由"登记能力+登记类型+登记原因"等综合组成，登记能力具有较大拓展空间，登记类型相对固定，登记原因受不动产市场影响不断丰富，三者相结合体现出登记审查的运行逻辑之所在。只有确定了具体的登记能力、登记类型的登记原因，才能确定登记业务的种类，明确登记申请主体、应当提交的申请材料，进而由登记机构按照相应的审查程序和审查要求对登记所涉的人、物、事及其他等实施审查，并作出能否登簿的决定。

4.1.1 登记能力及其确定

不动产登记所针对的对象主要是不动产权利，哪些不动产权利具备登记能力、能够进入登记簿，哪些权利不具备登记能力、不能纳入登记簿，又有哪些与不动产权利密切相关的事项或者法律关系需要纳入登记簿，这是不动产登记审查运行的起点。可以说，合理确定登记能力的范围，是建立健全不动产登记制度的基础之基础；[1]如果一项权利或者事项没有登记能力，登记审查就无从谈起，也将变得毫无意义。所谓不动产登记能力，就是可以纳入登记簿的不动产权利及与其相关的事项的范围；依据《民法总则》第116条规定，物权的种类和内容，由法律规定。重申了物权法定原则，确定登记能力要有法律依据，即具有《物权法》或者全国人大及其常委会制定的其他法律的规定。因此，登记能力法定是依法登记的应有之义，不动产登记只是将法律规定和合同设定的物权通过记载到登记簿的方式确定下来，登记机构的审查要严格限定在法律、法规规定的范围，不能随意扩大自由裁量权。对于登记申请涉及的不动产权利，既不能想登就登、想不登就不登，也不能想登记这种权利就登记这种权利、想登记那种权利就登记那种权利；对于与不动产权利相关的事项是否纳入登记范畴，也应依据法律规定进行审查，比如保全债权请求权的预告登记和保全物权请求权的异议登记应当纳入登记，法院作出的查封裁定也应当纳入登记。

《暂行条例》涉及登记能力的有4条，第2条、第3条、第5条和第8条采取"列举+兜底"的方式，将登记能力范围限定在不动产权利和其他法定事项。可以说，《暂行条例》对登记能力的规定既坚持原则性、又坚持灵活性，既力争全面、又留有余地，基本能够实现全面记载不动产的自然状况、权属状况和其他事项，准确反映不动产权利的归属和内容。需要进一步明确的是对上述四个条文中抽象条款和兜底条款的解读，主要是《暂行条例》第5条中"法律规定需要登记的其他不动产权利"具体包括哪些。其中的"法律"只能指全国人大及其常委会制

---

〔1〕 常鹏翱："论可登记财产权的多元化"，载《现代法学》2016年第6期。

定的法律，经梳理应当还包括《物权法》第 123 条规定的探矿权、采矿权、取水权和使用水域、滩涂从事养殖、捕捞的权利，《森林法》第 3 条规定的森林、林木、林地的所有权或者使用权（也就是常说的林权），《土地管理法》第 43 条规定的集体建设用地使用权。需要指出的是，《物权法》第 9 条规定意味着国家自然资源所有权可以登记、也可以不登记，没有纳入不动产登记，主要是因为法律已经明确规定哪些自然资源属于国家所有，无需再通过不动产登记来达到公示的效果。但随着国家生态文明建设的深入推进，国土资源部等七部委制定《自然资源统一确权登记办法（试行）》，推动对水流、森林、山岭、草原、荒地、滩涂以及探明储量的矿产资源等自然资源的所有权进行登记，逐步划清全民所有和集体所有之间的边界、全民所有和不同层级政府行使所有权的边界、不同集体所有者的边界、不同类型自然资源的边界，究其本质，自然资源统一确权登记属于不动产登记的特殊范畴，应当具备登记能力。此外，根据《信托法》第 10 条规定，《实施细则》第 106 条规定则为不动产信托登记纳入不动产登记体系留下了制度空间。此外，不动产登记簿记载了不动产权证书和不动产登记证明的证号，补证、换证也是一种特殊的登记业务，对于补证换证情况也需要在登记簿上作出记载；如《天津市不动产登记条例》第 20 条第（五）项规定，不动产登记簿应当记载不动产权属证书或者不动产登记证明换发、补发等事项。

还应注意的是，登记能力范围的确定最终取决于登记的成本和登记的必要性，随着社会主义市场经济的发展和不动产登记技术的进步，涉及不动产权利的形式越来越多样，扩大登记能力范围的边际成本也将越来越低，登记能力扩大化将成为一个新趋势，以服务于国家治理体系和治理能力现代化的需要、加强产权保护和维护交易安全的需要、全面深化改革和全面依法治国的需要。当然，只有具有登记能力，才能登记，但具有登记能力，也不一定就能登记，一般只有申请登记才能进入登记审查。此外，不动产登记还规定了一并登记原则，如果房屋、林木等地上定着物的所有权等不与其所依附的土地权利一并登记，也无法进入登记审查程序，即房屋所有权、林木所有权不能单独登记。

4.1.2 登记类型及其区分

学理上常见的不动产登记类型主要包括：一是以登记对象为标准分为实体权利登记与程序权利登记，前者又分为主权利登记和他项权利登记，后者主要是顺位登记。[1]二是以登记内容为标准分为权利登记与表彰登记，前者是指对不动产权的发生、转移、消灭、保存和处分限制等进行的登记，后者是对不动产物理现状进行的登记，也称标示登记。[2]三是以登记效力为标准分为设权登记和宣示登记，前者也称形成登记、非经登记物权不生效力，后者也称保存登记、将已成立的物权变动昭示于人。[3]四是以登记目的为标准分为终局登记和预告登记，前者又称本登记，后者作为预备登记系为保护未来物权的请求权。五是以启动登记程序的方式为标准分为申请登记、嘱托登记和径为登记，申请登记是最主要的形式，嘱托登记是按照司法机关或者行政机关的嘱托而办理的登记，径为登记又称依职

---

〔1〕 孙宪忠：《中国物权法总论（第三版）》，法律出版社 2014 年版，第 330 页。

〔2〕 王轶：《物权变动论》，中国人民大学出版社 2001 年版，第 160 页。

〔3〕 雷秋玉：《我国台湾地区不动产登记制度研究》，法律出版社 2012 年版，第 133 页。

权登记，系指登记机构依据法律规定直接办理的登记、其适用
情形受严格限制。六是依据登记组织方式，分为总登记与日常
登记；总登记具有一定强制性，是登记机构在一定时间内对一
定范围的全部不动产权利的集中统一登记，日常登记是常态化
登记工作。七是依据物权变动过程，分为初始登记、变更登记、
更正登记和涂销登记；初始登记是指不动产权利第一次记入登
记簿，变更登记是指因权利主体、客体或者内容变更所进行的
登记，更正登记是指旨在改正登记簿错误的登记，涂销登记是
指因不动产权利消灭而进行的登记。在实行不动产统一登记的
国家和地区，一般都结合自身实际，按照一定标准和原则，形
成相对合理的登记类型体系，从而也基本划定了不动产登记审
查的作用范畴。首先，要考虑完整性，即能够基本囊括具有登
记能力的不动产权利和法定事项，尽量不使社会生活涉及不动
产的登记需求游离于外。其次，要考虑逻辑性，要遵循不动产
登记制度运行的基本规律和法理逻辑，在登记类型划分上体现
出所采标准的合理性，而不能导致登记选择上的模棱两可或无
所适从。最后，还要考虑务实性，登记类型的划分要综合多个
标准、因应需登记的法定事项多元化的状况，并在解释论层面
保持登记类型的适度开放，以尽量符合立法目的和实践需求，
体现出务实和灵活。

　　我国实施不动产统一登记改革以后，在吸收原有法律规定
和实践做法的基础上，《暂行条例》第 3 条用法规适用范围的表
述形式，规定了首次登记、变更登记、转移登记、注销登记、
更正登记、异议登记、预告登记、查封登记等 8 种登记类型。
其中，前 4 种属于权利登记的范畴；后 4 种指向的是法律规定
需要登记的其他法定事项，这 4 种法律规定的其他登记类型为
不动产登记制度适应实践需求留下了一定空间。上述涉及全

面、界定清晰的具体类型构成了涉及我国不动产登记业务各个阶段、各个层面、较为完备的登记类型体系。不同的登记类型，所对应的登记审查亦有一定差异：第一层次的是权利登记和其他事项登记的区别，一般来讲，对权利登记的审查强度应当重于对其他登记类型的审查，需要更加合理审慎，尽到更多的注意义务；第二层次是权利登记内部具体登记类型的划分，由于登记对于物权变动所起的作用和效果不同，登记生效主义相较于登记对抗主义，登记机构在登记审查中应当尽到更多的注意义务。

4.1.3 登记原因及其识别

任何登记行为都由当事人基于一定原因引致，由登记机构经审查合格后记载到登记簿为终结。登记原因是不动产权利（或法定事项）首次登记、转移登记、变更登记、注销登记、更正登记的具体原因，应当是买卖、赠与等法律行为，或者继承、法院裁判等非法律行为。从不动产登记过程来看，登记能力回答的是"有什么权利"的问题，登记类型回答的是"权利怎么变"，登记原因回答的是"权利从哪来"的问题。对发生争议的不动产物权归属的最终判断，不能唯登记论，而应基于对登记原因的审查。具体的登记原因须根据不同权利、不同登记类型具体确定：同一不动产权利申请的不同类型登记，登记原因往往不同；不同不动产权利申请的同一类型登记，登记原因则也可能相同。

登记原因的提出体现了不动产登记制度的进步，推动了登记向规范化、标准化方向发展。我国在分散登记时期，相较于"权利从哪来"，似乎更加关注"登记什么权利"，不动产登记的相关制度没有"登记原因"的表述；统一登记改革后，《暂行

条例》首次规定了"登记原因证明文件",用以统领不动产物权
变动的证明材料,奠定了"登记原因"的法定地位,登记簿也
专门设置了"登记原因"指标项。事实上这是国际通行做法,
德国在其登记簿中规定了"登记的基础",用以描述在何时、因
何事发生登记;《日本不动产登记法》第 35 条关于申请登记应
当提交的材料中,规定了"证明登记原因的书面文件";我国台
湾地区在"土地登记规则"第 34 条申请登记应提出的文件中也
规定了"登记原因证明文件"。应当看到,登记原因与登记原因
证明文件密切相关,登记原因反映登记的基础和缘由显现于内,
登记原因证明文件作为登记申请材料展现于外,二者相互配合、
相互印证,后者的范围与前者的内核基本一致。需要指出的是,
《暂行条例》第 16 条关于登记申请的材料中规定"相关的不动
产权属来源证明材料、登记原因证明文件、不动产权属证书",
实际上不动产权属来源证明材料应当包含于登记原因证明文件
之中,二者是竞合关系,并非并列关系。比如,出让取得一宗
土地,土地出让合同既是权属来源证明,也是登记原因证明,
若该块土地再次转让,土地转让合同就是登记原因证明,申请
登记时不需要再提交土地出让合同;因为前者的土地出让关系
已经在后者的土地转让关系中成了"历史",从而让法律关系更
加明晰,也避免重复提交材料,方便群众办理登记。[1]

　　结合不动产登记审查的制度运行来看,贯穿始终的一是以
权利为形态的经线(即登记能力线),二是以权利为变动过程的
纬线(即登记类型线),前者展现所有的静态物权形态,后者展
现所有物权形态的动态变化过程,经线和纬线的穿插恰好编织了

---

　　[1] 肖攀:"登记原因对于确认不动产物权至关重要",载《中国不动产》
2015 年第 9 期。

所有不动产物权的整个变动图像。[1]事实上，在《暂行条例》这部行政法规起草过程中，所确定的就是以登记类型为明线、以登记权利为暗线的思路，以便于用有限的条文基本涵盖整个制度内容；而在《实施细则》起草过程中，为了更加便于社会公众理解和登记机构工作人员操作，则确定以登记权利为明线、以登记类型为暗线的起草思路。可以发现，无论是《暂行条例》还是《实施细则》，登记原因都是串联各方、穿插经纬、打通明暗的"最大公约数"或关键要素，只有牵住了登记原因这个"牛鼻子"，把握启动登记程序的具体事由以及确定登记申请的基本要求，通过登记审查的有效运行，才能将"有什么权利""权利怎么变""权利从哪来"有机贯通，不动产物权的整个变动图像也才真正显得生动而丰富，方可使得每一项登记业务发挥出应有的行政确认的实际功用。

为了充分反映各类登记审查的具体运行，现将登记能力、登记类型和登记原因三者整合进一张表格，专门予以说明。

表 2：不动产登记审查运行逻辑示意表

登记能力	登记类型	登记原因
集体土地所有权、自然资源国家所有权	首次登记	总登记、第一次登记
	变更登记	名称变更、面积变更；自然资源类型、数量质量变更，管理主体调整
	转移登记	土地互换、土地调整
	注销登记	土地灭失、土地征收；自然资源灭失

---

〔1〕 参见于海涌：《不动产统一登记的立法研究——兼论〈不动产登记法〉草案的设计》，法律出版社 2016 年版，第 64~65 页。作者进行了形象的比喻。

续表

登记能力	登记类型	登记原因
国有建设用地使用权及房屋所有权、集体建设用地使用权及房屋所有权、宅基地使用权及房屋所有权	首次登记	土地出让（划拨、租赁），作价出资（入股），授权经营，土地储备，依法律文书办理，新建房屋；集体建设用地首次流转；宅基地分配
	变更登记	姓名（名称）变更，身份证明变更，土地坐落（面积、用途、权利期限或性质）变更，土地分割或合并，房屋共有性质（面积、坐落、用途等）变更，房屋分割或合并
	转移登记	土地转让（互换、赠与），出资（入股），法人（非法人组织）合并和分立，共有人变动（共有份额变化），土地、房屋分割或合并导致转移，继承（受遗赠），依法律文书转移，房屋（买卖、互换、赠与、拍卖），离婚析产；集体建设用地二次流转；宅基地集体内部流转、农户房屋继承与析产
	注销登记	土地灭失、放弃权利、收回土地、依法律文书注销、房屋灭失、房屋征收；集体土地征收
土地承包经营权、国有农用地使用权	首次登记	家庭承包、其他方式承包；土地划拨、国有土地租赁、作价出资（入股）、授权经营、依法律文书（行政决定）办理
	变更登记	姓名（名称）变更，土地坐落（面积、权利期限、用途）变更
	转移登记	承包地转让（互换、调整），继承析产，共有人变动，依法律文书转移；土地转让、出资（入股）
	注销登记	土地灭失、集体土地征收（转为建设用地）、收回承包地、放弃权利、依法律文书注销；国有土地收回

续表

登记能力	登记类型	登记原因
林权	首次登记	家庭承包、其他方式承包、划拨（拨用）
	变更登记	姓名（名称）变更、坐落变更、面积变更、权利期限变更、林种变更
	转移登记	转让、互换、继承、析产、共有人变动、依法律文书转移
	注销登记	林地（森林、林木）灭失，林地征转，放弃权利、依法律文书注销
海域使用权与建筑物、构筑物所有权	首次登记	海域审批、海域出让、建造建筑物、构筑物
	变更登记	姓名（名称）变更、身份证明变更、面积变更、用途变更、期限变更、共有性质变更
	转移登记	依法转让、继承（受遗赠）、出资（入股）、法人（非法人组织）合并、法人（非法人组织）分立、依法律文书转移
	注销登记	不动产灭失、放弃权利、围填海造地、依法律文书灭失
地役权	首次登记	合同设立
	变更登记	姓名（名称）变更、自然状况变化、内容变更
	转移登记	主权利转移、依法律文书转移
	注销登记	期限届满、混同、不动产灭失、合同解除、依生效法律文书消灭

续表

登记能力	登记类型	登记原因
不动产一般抵押权、不动产最高额抵押权	首次登记	金融借贷、民间借贷、其他借贷；借贷合同、交易合同、其他合同
	变更登记	姓名（名称）变更、担保范围变更、顺位变更、主债权数额变更、债务履行期限变更；最高债权额变更、债权期间变更、抵押方式变更
	转移登记	主债权转移；基础关系转移、部分债权转让
	注销登记	主债权消灭、抵押权实现、放弃抵押权；基础关系消灭
预告事项	首次登记	预购商品房、预购商品房抵押、不动产转让、不动产抵押
	变更登记	姓名（名称）变更、预告内容变更
	转移登记	继承（受遗赠）、依法律文书转移、主债权转移
	注销登记	债权消灭、放弃预告登记、预转现、本登记逾期
更正事项	更正登记	依申请更正、依职权更正
异议事项	首次登记	异议
	注销登记	更正登记、异议登记逾期、放弃异议登记
查封事项	首次登记	查封、预查封
	变更登记	查封续期
	注销登记	解除查封
补换证书	其他登记	补证、换证

需要补充说明的是，原本国家土地所有权可以不登记，但仍具有登记能力；对国家土地所有权中的自然资源国家所有权进行确权登记，系推进自然资源统一确权登记的新尝试。

4.2 不同类型不动产登记审查的具体分析

虽然从《实施细则》和《操作规范》来看，不同类型不动产登记的审查对象、审查程序及具体内容基本相似，但由于登记在不同登记事项中所起的作用或效果并不相同，各自的审查强度仍然有所区别。如前所述，不同类型的不动产登记在审查方面呈现一定差异，登记机构对不动产权利登记的审查强度应当重于对其他登记的审查；而在权利登记中，鉴于存在登记生效主义和登记对抗主义的差别，登记机构通过在审查时增设特定程序、尽到更多注意义务，增强了登记对抗主义下权利登记的公信力，努力做到"填平补齐"，使之更好地实现提升登记质量、提高登记效率的审查目的。

4.2.1 登记生效主义下权利登记的审查问题

登记生效主义下，登记既承担着公示不动产物权的角色，还作为不动产物权变动必备的生效要件。《暂行条例》第 5 条采用"列举+兜底"方式基本囊括《物权法》规定的具有登记能力的重要不动产物权，具体为集体土地所有权，房屋等建筑物、构筑物所有权，森林、林木所有权，耕地、林地、草地等土地承包经营权，建设用地使用权，宅基地使用权，海域使用权，地役权，抵押权，以及法律规定需要登记的其他不动产权利。《实施细则》第四章专门规定"不动产权利登记"，将关联的不动产（如地和房）及其权利有机融合，增强了具有不动产权利体系的科学性和协调性，体现出统一和融合。其中，除土地承包经营权和地役权被《物权法》明确规定采登记对抗主义外，其他不动产权利基本上被视为采登记生效主义，当然亦有认为依据《物权法》第155条规定，宅基地使用权采取的是登记对抗主义。[1]特从所有权、用益物权、担保物权中选取部分权利结合如登记类型作一定分析，希冀对指导登记审查操作有所裨益。

4.2.1.1 集体土地所有权首次登记的审查重点

我国集体土地所有权的形成，经历了农业合作化阶段、人民公社阶段、农民集体所有阶段，目的在于为农民提供基本生活保障、稳定社会秩序。集体土地的所有权的主体是农民集体，具体可分为乡（镇）农民集体、村农民集体和村民小组农民集体。客体则为农村集体土地，有其特定来源，主要包括：①根据1956年《高级农业生产合作社示范章程》转归合作社集体所有的私有土地；②1962年《人民公社六十条》第21条规定的生产队范围的土地；③宪法和法律规定的属于集体所有的土地；④善意占用其他集体闲置的土地达20年以上的，为占有者集体所有；⑤与国家或其他集体调换来的土地；⑥乡（镇）企事业单位已经占用的村农民集体所有的土地，属乡（镇）农民集体所有；⑦其他形式的集体土地。[2]尚未登记的集体土地所有权，可以申请首次登记，审查重点如下：

一是申请主体问题。根据现行法律规定，农村集体经济组织是集体土地所有权登记的申请主体，《民法总则》第96条确立了其法人地位，但此前相关法律没有明确界定，理论界也众说纷纭。有的认为是指由生活在一定地域以该地域范围内的土

---

〔1〕 参见冉克平：《物权法总论》，法律出版社2015年版，第301页。

〔2〕 参见向洪宜主编：《中国土地登记手册》，改革出版社1994年版，第16页。

地为基本生活保障的成员组成的集体；[1]有的认为并无确切的内涵和具体形态，强调的是一种生产资料归集体所有的产权状态；[2]有的认为应当将其界定为由原人民公社、生产大队、生产队建制经过改造、改组形成的提供各类服务的社区组织。[3]作者认为，农村集体经济组织具有共同特征，成员主要是村民，成员间以土地为纽带并行使相关权能；登记机构可据此判断是否具备申请登记的主体资格，如登记时出现乡镇人民政府作为主体，则应为申请主体不适格。

二是申请材料问题。登记机构在集体土地权属调查环节，应当尽到严格的审查职责和较重的注意义务。对于指界人，应当判断其是否为由该农民集体依法推举产生，经过农民集体决议确定的指界人，并由村委会出具证明；对于需要指界的土地，应当确认其土地上不存在影响土地所有权归属的因素。要针对土地权属来源材料是否齐全、有效进行重点审查，由于集体土地首次登记可以单方申请，申请材料应当包括村民委员会开具的证明、相邻村集体之间的权属界线协议书、人民政府的批准文件等，还要查明相关证明材料是否具备相应的证明效力。

三是权籍调查材料缺失或调查错误的处理问题。从实践来看，主要表现为：申请登记时，未进行或没有证据证明做了地籍调查，或者地籍调查机构不符合要求而致集体土地所有权登记结果无效；地籍调查时未尽到相关调查义务，比如未邀请相

---

[1] 参见韩松："农民集体所有权主体的明确性探析"，载《政法论坛》2011年第1期。

[2] 参见赵万一、张长健："农村集体经济组织法权关系的创新——以社区型股份合作制法人组织的构建为研究对象"，载《西南民族大学学报（人文社会科学版）》2012年第6期。

[3] 参见刘小红："农村集体经济组织法律地位的重构"，载《农村经济》2012年第7期。

邻权利人进行指界，从而导致权属界线的划分存在争议；在将集体土地所有权登簿前未依法公告，或公告后有异议未按程序处理；在权籍调查中利害关系人身份、签名造假，等等。这些问题易引发权属争议，进而导致行政复议或诉讼。

四是登记簿上权利主体记载和证书发放问题。登记实践中，虽然我国农村集体经济组织特别是村民小组很不健全，但其主体地位也应体现，可以考虑在登记簿所有者一栏填写村民小组农民集体的名称，有条件的地区可将权利证书直接发放到村民小组，对于组织机构不健全的，应当采取"组有村管"的形式，证书发放到村、由村委会代管。就村和乡镇集体土地所有权而言，实践中存在将权利主体直接登记为村民委员会和乡镇人民政府的情形，对于前者法院多数持默认态度，而对后者法院则多持否认态度，登记机构在审查登簿时应予注意。

4.2.1.2 国有建设用地使用权及房屋所有权转移登记的审查重点

国有建设用地使用权是依法在国家所有的土地上建造建筑物、构筑物及其附属设施并以保有其所有权为目的而占有、使用、收益土地的用益物权。不动产统一登记改革以后，我国采取了房地一体登记原则，国有建设用地使用权及房屋所有权登记业务占了当前不动产登记的绝大多数，其中转移登记更具有代表性。登记机构在审查此类登记时，除登记原因或适用情形外，其审查重点在于：

一是申请主体及申请材料。原则上应当由当事人双方共同申请，但如果是因继承或受遗赠等法律事实，以及因人民法院、仲裁委员会的生效法律文书等导致其权属发生移转的，申请人则可以单独申请。《实施细则》第 38 条明确规定了申请登记所应提交的材料，包括：不动产权属证书；买卖、互换、赠与合同；继承或受遗赠的材料；分割、合并协议；人民法院或者仲裁委员会生效的法律文书；有批准权的人民政府或者主管部门的批准文件；相关税费缴纳凭证；其他必要材料。其中，不动产买卖合同依法应当备案的，还须提交经备案的买卖合同。

二是避免常见错误发生。在此类登记纠纷案件中，造成登记错误的原因主要是登记机构未尽到合理审慎的审查义务，既有收件受理阶段审查不严导致的错误，也有审核登簿阶段审查不严导致的错误。前者主要包括：申请材料不全，申请材料不具备法定形式，应共同申请但未共同申请，假冒他人身份进行登记，共同申请中一方未到场，登记机构仍予受理；后者主要包括：申请主体不合格，材料主体和登记主体不一致，对存在争议的土地未进行处理即进行登记，证明材料不合格，权籍调查存在问题，原土地使用权和房屋所有权登记为不同的主体，登记机构未能发现同一建筑物两份附图不一致，未缴纳足额税款，建设用地使用权存在重合，申请材料不真实；等等。

三是有房证、无地证问题的处理。这主要是分散登记带来的历史遗留问题，有的主张房屋所有权人可单方申请国有建设用地使用权的转移登记，认为根据《物权法》第147条，原来的房屋所有权移转登记中房屋所有权事实上已经发生了转移，由于其房屋所有权是基于法律的规定而取得的，并不是基于法律行为的取得，因此其登记属《暂行条例》第14条第2款第（七）项的规定。[1] 作者认为，统一登记改革以后，相关法规政策逐步完善，登记机构审查时需慎重把握《暂行条例》第14条第2款第（七）项规定的可以单方申请的事由应为法律、行政法规的具体规定，而不能笼统认为所有非基于法律行为发生

〔1〕 参见刘守君编著：《不动产登记典型问题解析》，西南交通大学出版社2017年版，第106页。

的物权变动都可单方申请；《操作规范》并未规定拥有转让合同以及房屋所有权证书即可进行移转；从实际情况出发，如果在国有建设用地使用权相关批准手续尚有疑问的情况下，不经审查而直接办理相应的国有建设用地使用权转移登记，风险很大。

4.2.1.3 不动产抵押权登记的审查重点

不动产抵押权登记可以分为一般抵押权登记与最高额抵押权登记。我国抵押权客体的范围非常广泛，根据《物权法》第 9 条第 1 款、第 14 条以及第 187 条规定，以建筑物和其他土地附着物、建设用地使用权、"四荒"土地承包经营权等不动产抵押的，应当办理登记。也就是说，就不动产抵押而言，我国采取的是登记生效主义，只有当抵押权记载于登记簿时，抵押权方能设立。登记机构在进行不动产抵押权登记审查时，除登记原因或适用情形外，其审查重点在于：

一是抵押权登记申请材料。《物权法》第 11 条、《暂行条例》第 16 条以及《实施细则》第 9 条、第 66 条规定了当事人申请抵押权登记时应当提交的申请材料，包括：①登记申请书与申请人的身份证明，如果委托他人代为申请登记的，还应当提交代理人的身份证明材料以及授权委托书；②不动产权属证书；③主债权合同和抵押合同。其一，不动产权属证书。例如，以房屋抵押的，应当提交证明权利人享有房屋所有权和建设用地使用权的不动产权证书；以"四荒"土地承包经营权抵押的，应当提交证明权利人享有"四荒"土地承包经营权的不动产权证书。为了便民利民，不增加群众负担，根据《实施细则》第 105 条第 1 款规定，提交统一登记之前的各类权属证书亦可。其二，主债权合同和抵押合同。产生抵押权的抵押合同是从合同，从属于产生主债权的合同即主债权合同。根据《物权法》第 172

条第 1 款和《中华人民共和国担保法》（以下简称《担保法》）第 39 条、《物权法》第 185 条，当事人在申请抵押权登记时，应当提交主债权合同（最常见的是借款合同）和抵押合同。上述合同可以体现为两份不同的合同书，也可以同时存在于一份合同书上，如抵押借款合同书，其中既有借款合同这一主债权合同的约定，也有抵押条款的约定。

二是抵押财产。我国《物权法》从两方面对抵押财产的范围进行了规定，《物权法》第 180 条至第 183 条以"列举+概括"的方式明确了可以抵押的财产范围，《物权法》第 184 条通过"列举+概括"的方式明确了禁止抵押的财产范围。主要原因在于，我国法律中抵押财产的范围非常广泛，不同的财产抵押，登记机构不同，法律效力也不同，有必要逐一列举；我国实践尚未充分践行民事领域"法无禁止皆可为"的理念，如立法不从两方面明确，一些行政机关就可能以法律没有允许抵押为由或以法律没有明确规定不属于禁止抵押财产为由，对是否办理抵押登记自行其是。因此，登记机构在办理抵押权首次登记之时，要重点审查抵押的不动产是否属于法律、行政法规明确规定可以抵押或禁止抵押的不动产。

三是抵押权登记申请人。一些登记机构曾错误地认为抵押人只能是法人，《实施细则》第 66 条明确了"自然人、法人或者其他组织"可以依法设立抵押权。抵押权登记原则上应当共同申请，在抵押合同成立并生效后，如果抵押人拒绝履行共同申请义务的，债权人有权诉请法院或仲裁委员会判令抵押人履行协助登记义务；抵押人仍拒绝履行该义务的，则债权人有权持该生效的判决或裁决单方申请抵押权登记，或者申请法院强制执行。

四是同一不动产上多次抵押的问题。登记机构办理抵押权登记的先后顺序直接决定了抵押权顺位，即优先受偿的次序，登记审查的重点之一是多个抵押权顺位的确定方法问题。我国不动产抵押权以登记为生效要件，先申请的一般先登记，但为防止因违法行为导致后申请的先登记，《实施细则》第 67 条直接规定登记机构按照受理先后顺序办理抵押权登记。特殊的是，为尊重当事人意思自治，《实施细则》第 67 条还规定"当事人对抵押权顺位另有约定的，从其规定办理登记"，比如甲将同一套房屋抵押给乙、丙，三人协商将丙的抵押权登记为第一顺位，而乙的抵押权登记为第二顺位，登记机构就应当按照约定而非受理先后登记。

　　五是登记簿上担保范围的记载问题。目前登记簿在抵押权登记方面没有"担保范围"的记载，只有"被担保主债权数额（最高债权数额）"的记载，容易出现当事人约定的担保范围与登记簿记载不一致，甚至与法院生效判决确定的优先受偿范围不一致，当抵押权人实现抵押权时，究竟以何为准存在分歧。一般认为，即便登记簿上未予记载，也应以法律规定的担保范围为准，浙高法〔2013〕152 号即持此种观点；但近乎同期的 2013 年 12 月 18 日《江苏省高级人民法院关于执行疑难若干问题的解答》则持另一种意见，"抵押合同与抵押权登记簿、他项权证上记载的抵押权的担保范围应当一致。如果出现不一致，鉴于权证登记的公示效力，应以登记的内容确定具体数额。"作者认为，抵押权登记应考虑对后顺位抵押权人等善意第三人的保护，需区分不同类型分别解决。对以登记为生效要件的不动产抵押权，为保护善意第三人，其担保范围应以登记簿上记载的主债权为准，而不应当以抵押合同的约定为准；至于登记机构目前尚未登记抵押权担保范围的做法可通过完善制度加以解决,而不能否定登记簿的公示力与公信力。[1]对以登记为对抗要件的抵押权,可以抵押合同的记载为准,但当这些抵押权办理了登记且抵押合同的担保范围与登记簿记载不一致时,仍应以登记簿的记载为准。

4.2.2 登记对抗主义下权利登记的审查:以土地承包经营权为例

如前所述,《物权法》明确规定采登记对抗主义的主要为土地承包经营权和地役权,但地役权登记在我国登记实践中十分罕见,此处主要讨论实践中常见的土地承包经营权登记审查问题。1986年,我国《民法通则》第80条首次将土地承包经营权写进法律,但尚未将其明确为物权,更没有对登记作出明文规定。近年来,在实现城乡一体化发展过程中,很多农民虽拥有土地承包权但不直接经营,而是流转给他人,由此出现了农村土地承包权和经营权的分离问题,加上原来的集体土地所有权,逐渐形成"三权分置"。即使在统一登记改革后,仍然给了土地承包经营权登记五年的过渡期,目前主要由农业部门负责登记。

4.2.2.1 土地承包经营权首次登记和变更登记的审查问题

我国《物权法》规定土地承包经营权采登记对抗主义,有学者批评这会使土地承包经营权人的权利处于不稳定的状态,容易造成土地资源利用效率低,与实行土地承包经营权流转之提高土地利用效率目标不一致,也会产生更多的诉讼,增加诉讼成本,与法律"社会秩序稳定"和"利益保障"功能不相吻

---

[1]《最高人民法院关于适用〈中华人民共和国担保法〉若干问题的解释》第61条明确规定,"抵押物登记记载的内容与抵押合同约定的内容不一致的,以登记记载的内容为准。"

合。[1]但《物权法》既如此规定，就决定了登记机构在审查首次登记时须尽特定注意义务。由于土地承包经营权设立的基础是承包合同且对承包人具有身份性要求，申请人应当提交承包合同、承包方案、身份证明等申请材料，再由登记机构审查，《实施细则》第 17 条第 1 款第（二）项规定，"有下列情形之一的，不动产登记机构应当在登记事项记载于登记簿前进行公告，但涉及国家秘密的除外：（二）宅基地使用权及房屋所有权、集体建设用地使用权及建筑物、构筑物所有权，土地承包经营权等不动产权利的首次登记。"但有学者认为，若还要求登记机关进行公告有重复之嫌，因此应予以取消；其理由是，按照土地承包的程序，申请事项已经通过了本集体经济组织成员的村民会议 2/3 以上成员或村民代表同意，起到了公示的效果。[2]作者不赞同取消公告的观点，这是因为虽然土地承包经营权采登记对抗主义，登记与否与其生效并不直接相关，但毕竟发包方对于发包土地的自然状况的判断未必专业和精准，而一旦予以登记则是以国家权威赋予其以公信力，在登记审查中对其进行公告，反映了登记机构合理审慎的态度，对拟登记的权利尽"专家注意义务"；更为重要的是，登记机构通过此一举措，使原采登记对抗主义的不动产权利，产生与登记生效主义权利登记相类似的效果，很好地解决了权宜之计下采登记对抗主义的不动产权利的真实性和准确性的问题。

对于其他类型如"四荒"土地的承包经营权是否也采取登记对抗主义，学界存在较大争议。意思主义说认为，其设立和

〔1〕　参见丁关良、陆春明、蒋青："土地承包经营权转让登记制度的现实困境及对策"，载《上海财经大学学报》2011 年第 4 期。
〔2〕　参见程啸、尹飞、常鹏翱：《不动产登记暂行条例及其实施细则的理解与适用》，法律出版社 2016 年版，第 251 页。

转让均是如此，即从承包经营合同生效时发生效力；[1]登记生效主义说认为应按照一般用益物权的设立方式，采取合意加登记的设立模式，因为"四荒"地与一般承包地有区别，在其上设立的土地承包经营权采取竞价交易的方式；[2]折中说则认为，设立应采意思主义，转让则采登记要件主义。[3]作者赞成登记生效主义说，对于以其他方式设立的土地承包经营权的设立程序更为严格，但主体没有加以限制，应按照一般要式行为的设立标准采取登记生效主义；其他土地承包经营权的首次登记申请则由承包方单独提起申请，《实施细则》第48条第3款规定"以招标、拍卖、公开协商等方式承包农村土地的，由承包方持土地承包经营合同申请土地承包经营权首次登记"。由于其他土地承包经营权的取得需经过乡（镇）政府的批准，因此，申请人还应当提供包括乡（镇）政府的批准文书、承包合同等文件申请登记。

进行首次登记后，若权利人的姓名或名称、客体或内容等发生变化，则应当进行变更登记。《实施细则》第49条规定了具体适用情形，主要包括：主体信息变化，如权利人的姓名或名称等事项发生变化；客体变化，包括"承包土地的坐落、名称、面积发生变化""森林、林木的种类等发生变化"；权利内容变化，包括"承包期限依法变更""承包期限届满，土地承包经营权人按照国家有关规定继续承包""退耕还林、退耕还湖、退耕还草等导致土地用途改变"。在发生相关变更事由时，承包

---

〔1〕 房绍坤：《物权法用益物权编》，中国人民大学出版社2007年版，第80页。

〔2〕 参见王利明：《物权法研究（第三版）》（下卷），中国人民大学出版社2013年版，第828页。

〔3〕 尹飞：《物权法·用益物权》，中国法制出版社2005年版，第319页。

方可单方申请变更登记。应指出的是,根据《物权法》第 31 条规定的登记连续性原则,若申请变更登记则必须已进行首次登记;因此,在申请首次登记之前,土地承包经营权发生变更的,也不应申请变更登记。对此,登记机构在进行审查时,可以参照《实施细则》第 64 条第 3 款对地役权变更登记的规定,直接告知申请人申请首次登记。

4.2.2.2 土地承包经营权登记的申请主体问题

土地承包经营权登记申请主体的分歧,主要在于究竟是农户还是农民?根据《农村土地承包法》第 15 条,主流观点认为申请主体是指农户或农村承包经营户。有学者认为,家庭土地承包经营权以集体土地为基础,初始分配时对承包人的"身份"有特殊要求;即必须是本集体经济组织成员所组成的农户,并且,以"户"为单位的主体构造模式与土地承包经营权的制度价值、家庭与农业的特殊适应性及中国传统农业运行模式、经验等因素相符。[1]但是,将农户作为承包经营权的主体也受到批评,有学者根据《物权法》在第十一章规定土地承包经营权时没有再采取农户、农村承包经营户等概念,而是使用了"土地承包经营权人"一用语,认为表明了我国法治实践开始了从组织到个人身份——从"户"到"人"概念的变迁;[2]还有学者认为,土地承包经营权的权利主体是"本集体成员",且不一定受限于农村集体经济组织的成员,对权利主体个体性的强调应与以农户为单位的承包主体区分开来。[3]

---

〔1〕 参见朱广新:"论土地承包经营权的主体、期限和继承",载《吉林大学社会科学学报》2014 年第 4 期。

〔2〕 参见王利明:《物权法研究(第三版)》(下卷),中国人民大学出版社2013 年版,第 53 页。

〔3〕 程啸等:《不动产登记暂行条例及其实施细则的理解与适用》,法律出版社 2016 年版,第 238 页。

作者认为，在现行立法没有修改之前，土地承包经营权登记的申请主体仍应是农户而非作为集体成员的农民个人。理由在于，虽然《土地管理法》第 14 条规定由"本集体经济组织的成员"来承包经营农民集体所有的土地，但不能得出土地承包经营权人即是农民个人的结论，农户未尝不可以是"成员"，甚至这里的"成员"更应是指农户而非农民个人。因此，登记机构审查时，需要其提供材料证明自身为本集体组织的成员，且应以"户"的名义申请登记。实践中，对于农户资格的认定主要看其是否具有本集体所在地的常住户口，是否在本集体经济组织所在地长期生产生活，是否与农村集体组织成员形成权利义务关系；上述情况通常可以通过公安机关户籍资料、村委会出具证明等材料加以证明。

4.2.2.3 土地承包经营权继承登记的问题

司法实践中，基于农地具有较强的社会保障功能，往往对土地承包经营权的继承性持否定态度，《中华人民共和国最高人民法院公报》2009 年第 12 期刊载的"李维祥诉李格梅继承权纠纷案"即反映了这一立场。该案基本案情不再详述，南京市江宁区人民法院驳回了原告李维祥的全部诉讼请求，阐述法院观点如下：根据《中华人民共和国农村土地承包法》（以下简称《农村土地承包法》）第 15 条规定，家庭承包方式的农村土地承包经营权属于农户家庭，而不属于某一家庭成员的个人财产，因此不发生继承问题；除林地外的家庭承包，当承包农地的农户家庭中一人或几人死亡，承包经营仍以户为单位，由农户其他家庭成员继续经营，当该农户家庭的全部成员均死亡时，该土地承包经营权归于消灭，农地应收归农村集体经济组织另行分配；此外，对于林地承包和针对"四荒"地的以其他方式的承包，则可以继承。对该案的判决理由及结果，学界反对者居多，认为不宜再用《农村土地承包法》第 31 条和《继承法》第 4 条来完全否认土地承包经营权可继承的能力。[1]作者认为，土地承包经营权的权利人可以申请继承登记。随着我国经济社会发展，农地的保障功能逐渐淡化、经济功能日益凸显，在《物权法》明确将土地承包经营权归为用益物权的情况下，否认其财产性和流通性已不符合时代需求；让土地承包经营权同其他不动产物权一样可继承，既体现其财产权性质，也是土地承包经营权期限长久化的必然要求。虽然土地承包经营权的继承，或打破初始分配土地时相对均等的人地格局，使后续调整难以实施，但这终究属于技术问题，况且国家已经作出"长久不变"的承诺。

相应地，对于土地承包经营权的继承主体，其身份也不应进行特殊要求，如要求继承人必须是农业户口或集体经济组织成员。随着国务院《关于进一步推进户籍制度改革的意见》的实施，目前我国不少省份已经宣布正式取消农业户口、统一为居民户口，以户口类型作为继承权利限制已经没有意义。并且，要求继承人必须是本集体经济组织成员亦与《农村土地承包法》第 32 条"通过家庭承包取得的土地承包经营权可以依法采取转包、出租、互换、转让或者其他方式流转"存在冲突，该规定的流转对象已经不必是本集体经济组织或本集体组织成员。根据举重以明轻的法律原则，土地流转尚未对流转对象有身份要求，对继承人的身份作出限制更是没有必要；如果坚持认为只有本集体经济组织成员有权继承土地承包经营权，那么继承人完全可以通过转让的方式实现继承，这样一来，对继承人身份的

---

〔1〕　参见朱广新："论土地承包经营权的主体、期限和继承"，载《吉林大学社会科学学报》2014 年第 4 期。

要求也将失去意义。[1] 因此，继承人申请土地承包经营权移转登记的，登记机构不必审查继承人是否为农民或本集体经济组织成员的资格。

4.2.3 其他登记的审查：以预告登记和查封登记为例

《暂行条例》第 3 条用法规适用范围的表述形式规定了 8 种登记类型，《实施细则》通过第五章将更正登记、异议登记、预告登记、查封登记概括为"其他登记"，由于更正登记和异议登记将在后文论及，本节只讨论预告登记和查封登记。

4.2.3.1 预告登记的审查问题

各国立法政策对于预告登记有两种不同的做法：一是规定预告登记具有限制权利人处分权的效力；二是规定预告登记原则上不构成对登记权利人处分权的限制，但如果权利人处分该不动产有害于预告登记的权利人的，则该处分行为无效。从《物权法》第 20 条第 2 款规定看，我国采取了第一种立法模式，考虑到其对不动产自由处分严厉的限制效果，登记机构审查时应当尽到合理审慎的职责。并且，《实施细则》第 85 条第 1 款规定，有下列情形之一的，当事人可以按照约定申请不动产预告登记：（一）商品房等不动产预售的；（二）不动产买卖、抵押的；（三）以预购商品房设定抵押权的；（四）法律、行政法规规定的其他情形。对于预告登记的审查，着重点在其是否具备实体构成要件，既要审查是否存在符合要求的客体，还要对预告登记的约定给予特别注意。

第一，预告登记的效力取决于被担保的债权请求权的效力。

---

[1] 参见刘敏："土地承包经营权继承的解释论——兼评《最高人民法院公报》所载'李维祥诉李格梅继承权案'"，载《政治与法律》2014 年第 11 期。

只有被担保的债权请求权有效成立且亦然存在时，债权人才能申请预告登记；不过，债权请求权可以附条件或附始期，这并不妨碍债权请求权的预告登记。[1]预告登记不能单独转让，其因被担保的债权请求权的转让而转让，如果被担保的债权请求权因无效、被撤销、解除等原因而消灭时，预告登记将因此消灭。例如，就预售商品房的转让和预售商品房抵押权的转让而言，由于国务院对此明确加以禁止，所以预售商品房转让和预售商品房抵押权的转让不能办理预告登记。[2]对于被担保的债权请求权的效力，由于登记机构并非法院或仲裁机构，其无权也无能力审查债权请求权是否有效，故登记机构只需对合同表面上的真实性、有效性进行审查即可尽到合理谨慎的职责；而所谓合同表面上、形式上的真实性和有效性，例如该合同是否经双方当事人签字盖章，该合同条款上是否有涂改、涂抹等痕迹，以及该合同是否有明显的缺页漏页的问题等。

第二，申请登记的债权请求权必须是能够引起不动产上物权设立、转让、变更或消灭的债权请求权，且所涉物权变动须具有登记能力。[3]值得注意的是，只有法律和行政法规方可创设预告登记的登记能力。作为预告登记客体的请求权必须是基于当事人之间的协议而产生，根据《物权法》第 20 条第 1 款的规定，仅限于基于合同所产生的，而不包括单方法律行为（如遗赠）和法律的直接规定。

第三，为证明债权请求权的存在，申请人在申请预告登记时，应当提交《实施细则》第 86 条至第 88 条规定的申请材料。

---

〔1〕 参见崔建远：《物权法（第三版）》，中国人民大学出版社 2014 年版，第 65 页。

〔2〕 参见程啸：《不动产登记法研究》，法律出版社 2011 年版，第 537～538 页。

〔3〕 参见程啸：《不动产登记法研究》，法律出版社 2011 年版，第 538 页。

实践中曾发生办理完预告登记，已备案的商品房预售合同被房地产管理部门撤销，预告登记是否也应当撤销或者失效的争议。[1]作者认为，登记机构无法审查商品房预售合同的效力、房地产管理部门登记备案行为的合法性，更无法预见该商品房预售合同是否会被撤销登记备案，只要登记机构审慎地审查预售合同是否已备案，就已尽到审查职责；即使商品房预售合同登记备案嗣后被撤销，并不影响申请人的预告登记。

第四，预告登记的约定。根据《实施细则》第86条至第88条的规定，申请人申请预告登记的，应当提交当事人关于预告登记的约定；此种约定既包括是否申请预告登记，也包括申请何种预告登记等其他内容，既可以是单独的预告登记协议书，也可以是不动产物权协议书中约定预告登记的条款，还可以是债务人单方出具的预告登记同意书。如果当事人没有达成约定，除非法律规定强制预告登记，登记机构不予办理。根据《实施细则》第86条第2款的规定，对于双方已经约定但一方当事人违约的，登记机构在审查时应当差别化对待：如果申请预售商品房合同预告登记，预购人可以单方申请；如果申请其他不动产协议的预告登记，则应当共同申请。

第五，预售商品房预告登记后增加预告登记权利人的问题。比如，甲按揭购买商品房一套，支付首付款后，与房地产公司签订了商品房买卖合同，随后甲与公司共同申请办理了预购商品房及其抵押两项预告登记。在办理本登记之前，甲与乙结婚，甲欲增加乙为该房屋的共同购买人，登记机构能否将乙登记在

---

〔1〕 谢丽青、黄兆多与平阳县住房和城乡规划建设局行政登记纠纷案行政判决书，(2015) 浙温行终字第160号。

"权利人"一栏中?[1]预购商品房预告登记的对象实际上是债权请求权,如甲欲将乙作为共同权利人相当于让乙作为房地产买卖合同的共同买受人,根据《合同法》第 88 条的规定,增加其他共同权利人,应经过所有权人的同意。因其不属于单方申请的情形,登记机构再审查,应要求公司工作人员和甲、乙共同申请办理增加预告登记权利人;并且,如果该房屋已经办理了抵押权预告登记,甲欲增加乙为房屋的共同买受人的,还应要求抵押权人共同申请办理增加预告登记权利人。

第六,已办理预告登记的预购商品房再次转让如何办理登记的问题。法院在司法实践中根据转让合同的具体内容,可能将转让合同认定为预购商品房的转让,也有可能认定为"认购权的转让"。[2]登记机构在办理此类登记业务时,可能遇到预告登记的权利人和受让人共同申请,在原预告登记之上,申请办理新的预告登记;[3]或者预告登记的权利人、义务人和受让人共同申请变更登记,将预购登记的权利人变更为受让人。作者认为,前一情形下,登记机构须恪守"法无明文规定则不能为",不予受理;后一情形下,若原权利人、房地产公司及受让人协商一致,将预售合同的权利义务概括地从原权利人转让至受让人,并且注销原预售合同备案登记、办理新的备案登记,再申请变更的,登记机构应予办理。审查时着重看有无预售合同概括转让的协议、新受让人为合同当事人的已备案的预售合同、房地产公司和受让人之间关于预告登记的约定等必要材料。

---

〔1〕　刘守君:"预购商品房预告登记后也可以增加共同购买人",载《中国房地产》2012 年第 21 期。

〔2〕　赖彩明、张素球合同纠纷二审民事判决书,(2016) 粤 02 民终 1947 号。

〔3〕　参见王德响:"预告登记上能否再设立预告登记",载《中国房地产》2009 年第 7 期。

4.2.3.2 查封登记的审查问题

查封登记系为贯彻查封效力，防止已被查封的不动产被登记名义人再行处分，以致妨害执行或财产保全的效果而进行的一种限制性登记；[1]《最高人民法院、国土资源部、建设部关于依法规范人民法院执行和国土资源房地产管理部门协助执行若干问题的通知》和《最高人民法院关于人民法院民事执行中查封、扣押、冻结财产的规定（2008 调整）》，以及《暂行条例》第 3 条和《实施细则》第 90～93 条对此均有涉及。根据嘱托主体不同，可以将查封登记分为人民法院嘱托查封（包括作为财产保全手段与强制执行程序的查封）和人民检察院、公安机关、国家安全机关、税务机关、中国证券监督管理委员会及其派出机构等其他机关嘱托的查封，后者参照人民法院办理查封登记。以人民法院查封登记为视角，登记机构着重审查如下几个方面：

第一，被查封的不动产是已登记的不动产，并属被执行人或被采取财产保全措施人所有。该不动产须已记载于登记簿，例如被执行人购买的房屋已经办理了转移登记，登记簿上记载的房屋所有人为被执行人；登记机构要查看登记簿以确定被查封的不动产是否已登记，如未登记，则应建议法院进行预查封登记或采取其他查封办法。而判断不动产是否属于被执行人或被采取财产保全措施人所有，原则上以登记簿为准，按照《最高人民法院、国土资源部、建设部关于依法规范人民法院执行和国土资源房地产管理部门协助执行若干问题的通知》第 5 条第 1 款规定，登记机构要审查人民法院出具的协助执行通知书上的被执行人与被查封不动产的登记名义人的姓名、证件号

---

〔1〕 程啸、尹飞、常鹏翱：《不动产登记暂行条例及其实施细则的理解与适用》（第二版），法律出版社 2017 年版，第 543 页。

（身份证号）是否一致；审查人民法院出具的协助执行通知书上的被查封的不动产信息与登记名义人所有的不动产信息是否一致。

第二，人民法院应出具协助执行通知书。协助执行通知书是法院对登记机构的嘱托文件，尽管《实施细则》规定人民法院仅需提供协助执行通知书而无需提供民事裁定书，但考虑最高人民法院发布的"协助执行通知书样式"中提到的附件即"附：（××××）××字第××号（生效法律文书）×份"；因此，登记机构在办理查封登记时，协助执行通知书和民事裁定书都在审查范围内。

第三，收到查封登记协助执行通知书时，登记机构正在办理该不动产其他登记的处理问题。在"杨俊敏与上海市房地产登记处行政其他纠纷案"中，[1]法院认为"被告不对生效法律文书和协助执行通知书进行实体审查，应当及时办理查封登记"，作者赞同上述判决的观点，即登记机构应当立即中止办理相关处分登记，而按照嘱托机关的要求办理查封登记。

第四，查封登记失效后登记机构可否注销登记。实践中曾出现某法院查封一处不动产，期限届满后，法院并未续封也未解除查封。《操作规范》对注销查封登记的适用范围只是列举了两种情况：一是查封机关解除查封的，登记机构办理注销查封登记；二是不动产查封、预查封期限届满，查封机关未嘱托解除查封、解除预查封或续封的，查封登记失效。那么，在查封登记失效后，登记机构可否办理注销登记？根据《实施细则》第2条及第92条规定，在查封期限届满后，查封机关没有续封也没有解封的，登记机构没有被赋予在登记失效之后进行注销登记的权力，仅能消极地认定查封登记失效、解除控制，但是

---

〔1〕 参见上海市长宁区人民法院（2014）长行初字第41号行政判决书。

不能主动办理注销登记。[1]根据《最高人民法院、国土资源部、建设部关于依法规范人民法院执行和国土资源房地产管理部门协助执行若干问题的通知》第3条第2款规定，国土资源、房地产管理部门认为人民法院查封、预查封或者处理的土地、房屋权属错误的，可以向人民法院提出审查建议，但不应当停止办理协助执行事项。如果查封机关在查封不动产的协助执行通知书中有明确的、具体的查封期限的，按照该查封期限解除相应的控制；如果查封机关的协助执行通知书没有具体期限的，则应当向查封机关提出审查建议。

4.3 不动产登记资料查询中的审查问题

不动产登记制度的实施，使各地登记机构在确认和保护权利人不动产相关权利的过程中，掌握和积累了大量由国家公信力作保障、以登记簿为核心的登记资料，对于经济社会发展意义重大。从某种程度上看，登记过程实际上就是不动产信息的收集、整理的过程，而统一登记改革的推进，意味着可以最大限度地提供统一系统完整、相对真实准确的不动产登记信息，也催生了社会公众和相关部门对这些登记资料利用的需求。不动产登记资料查询属于登记信息应用范畴，既有助于保障不动产交易安全、减少产权纠纷，也有利于提升政府数字化管理水平、为各项相关决策提供精准信息。相应地，登记机构有必要对登记资料的查询申请进行审查，从而在保护相关权利人合法权益的基础上，促进登记信息的合理而有限度的应用，在公权力行使和私权利保护之间寻求一种平衡。

---

〔1〕 金绍达："查封登记失效后登记机构可否注销查封登记"，载《中国房地产》2017年第4期。

4.3.1 不动产登记资料查询概述及与政府信息公开的区别

不动产登记资料查询作为物权法中一项具有特殊地位的法律制度，是物权公示原则的直接体现或曰具体化。所谓不动产登记资料查询，是指当事人可以向登记机构申请查阅、复制不动产登记资料，登记机构依法依规提供相应登记材料的过程。我国《物权法》第 18 条规定，"权利人、利害关系人可以申请查询、复制登记资料，登记机构应当提供"，为我国不动产登记资料查询制度提供了法律依据，明确了查询不动产登记资料的权利，也限定了不动产登记资料的查询主体是权利人、利害关系人。其法律层面的作用，主要表现为两方面：

一方面，不动产登记资料查询是发挥物权公示作用的重要途径，并可对不动产交易风险给予有效警示。不动产登记簿上的记载事项是不动产物权变动的具体表现，依据《物权法》第 16 条、第 17 条的规定，这些记载事项在法律层面十分关键，构成信任其物权归属与内容的根据所在。若要实现不动产登记簿此种法律作用，必须通过一定方式将登记簿记载事项示之以人、公之于众，登记资料查询制度正是提供了这样的可能性。该制度的出现落实了物权公示原则，促进了公示效果的发挥；从立法目的上的"使人知"转化为司法实务上"人可知"，以更有效达到"权归其属"的效果。[1] 与此同时，不动产登记簿所记载的物权归属与内容，不仅标明了不动产属何人所有，还标识了不动产物权的权利边界以及受限制的状态，可使相对人全面了解该不动产上的物权变动状况，警示可能存在的交易风险，

---

[1] 参见潘志学、姜仲波："论不动产登记查询主体及范围"，载游劝荣主编：《物权法与社会发展比较研究》，人民法院出版社 2009 年版。

从而基于意思自治合理选择是否进行交易。根据物权公示原则，赋予利害关系人对于登记资料的查询权，使其了解交易客体上是否存在权利瑕疵或权利负担至为重要；而在其中，针对异议登记情况的查询，在风险警示方面的作用尤为突出，异议登记其目的在于通过表明登记簿记载的权利可能有瑕疵从而给相对人以风险警示，进而有助于实现物权法保护交易安全的价值目标。

另一方面，不动产登记资料查询可以降低登记机构风险，并在程序法意义上为当事人丰富取证渠道、克服举证困难提供便利。我国《物权法》赋予了登记机构特定审查职责，规定了相应的赔偿责任，使登记机构承担着较大的审查责任和履职风险，降低登记风险的主要路径在于，发现登记错误并及时予以更正。由于登记资料查询制度的实施，赋予了相关当事人查询权，为尽可能发现登记错误提供了方便，也有利于及时提醒相关当事人申请更正登记，从而可以有效降低登记机构的审查风险。[1]与此同时，要解决不动产物权纠纷，进行有效举证是必要前提，如果当事人需要将不动产登记资料作为相关证据材料，则可以基于登记资料查询制度予以自主查询，而无需司法机关出面调查取证，从而减少了当事人的取证时间，节省了司法机关相应资源，缩短了诉讼周期，提升了司法效率。

在不动产登记资料查询制度实施过程中，为保证其正当性，应当遵循特定的法律原则。一是，利益相关原则。即不动产登记资料的公示公开，应当考虑到在权利人隐私利益的保护和相关人查询权的行使之间进行平衡。首先，登记信息不能对没有正当利益者公开；并且，即使允许查询，通常其查询范围也不

---

〔1〕 参见向明："论我国不动产登记簿查询的制度缺漏"，载《怀化学院学报》2008年第12期。

是无限制的公开，比如，当申请查询人不涉及原因行为的法律效力时，则不应允许其查询包括不动产买卖价格、担保条件等交易信息，因其一般与他人利益无关。

二是，正当程序原则。即立法应当规定不动产登记簿查询的流程，明确登记机构以及申请查询人在登记资料查询过程中具体的权力、责任以及权利、义务，保证正当利益人合法行使查询权。比如，应规定查询的申请条件和程序，登记机构审查处理查询申请的程序，查询者需要遵循的限制条件和程序以及处理查询结果的程序。

三是，方便查询原则。即登记机构应当设置便利措施，为申请查询者提供方便，以及时记录、复印相关登记资料。特别是在登记资料日益实现信息化的今天，依靠人工调阅登记资料已经难以满足公众查询需求，登记机构应该充分利用现代科技手段和互联网技术，推动实现登记簿图文及信息的远程查询。

四是，法律救济原则。即当登记机构拒绝申请人的依法查询请求时，申请查询人可以向登记机构的上级机关申请行政复议或者向法院提起行政诉讼；当登记权利人认为登记机构允许他人查询的决定不合法时，也可以提起行政复议或者行政诉讼。

需要特别指出的是，社会上对于不动产登记资料查询一度存在模糊认识，如否定不动产登记资料查询制度的独立性，认为登记资料虽然不是登记机构应当主动公开的信息，但《中华人民共和国政府信息公开条例》（以下简称《政府信息公开条例》）所确立的公开原则应适用于不动产登记信息的公开。[1]实践中更是出现将其与政府信息公开特别是依申请的信息公开相混淆的情况，甚至在不动产统一登记改革推行以后，不少司

---

〔1〕 参见高圣平："政府信息公开视角下的不动产登记查询规则"，载《法学》2015 第 1 期。

法机关也曾做出不够准确的判断。[1]客观地讲，不动产登记资料查询具有独特性，在本质上与政府信息公开存在四方面本质差别。其一，制度设计的初衷不同，前者是为了平衡保护财产权与隐私权之间的关系，体现出对于特定主体的信息服务；后者是为了保护公民的知情权、监督权等，以促进行政机关依法行政为目的，以公开为原则、不公开为例外，且申请主要针对不特定的主体。其二，参与程序的主体不同，前者的申请人主要限于权利人及特定的利害关系人，并需经登记机构审查决定是否可查询；后者申请人的范围非常广，基本上没有特殊限制，有关机构在提供信息时审查的尺度较松。其三，实际操作的方式不同，前者一般要求在登记机构的办公场所现场查询，且往往表现为提供不动产登记资料让申请人自行查询，具有一定被动性；而在后者，既可以现场递交书面申请也可以邮寄书面申请，有关机构根据申请人所要求的内容、形式提供申请公开的书面材料即可，具有某种意义上的主动性。其四，提供错误信息的法律后果不同，前者中的申请人在查询后，如发现登记错误可能会产生更正登记、异议登记等登记行为；后者在有关机构提供的信息出现错误时，申请人可以要求重新提供。

正是由于不动产登记资料查询的上述特性，为化解理论界和实务界存在的争议和分歧，国务院办公厅政府信息与政务公

---

[1] 针对涉及登记资料查询的案件，比如，北京市大兴区人民法院（2015）大行初字第130号行政判决认为：现行法律、法规及规范性文件均未对房屋登记资料信息公开方式作出特别规定，故孙龙祥有权依据《政府信息公开条例》的规定提出涉案房屋登记资料的信息公开申请。又如，广西壮族自治区玉林市中级人民法院（2015）玉中行终字第70号行政判决认为：北流市国土局对上诉人是否负有公开相关信息的职责义务，应适用《政府信息公开条例》的有关规定来判定，并非优先适用《土地登记资料查询办法》的规定来判定；《土地登记资料查询办法》的规定只有在与《政府信息公开条例》的规定不相抵触冲突时才可适用。

开办公室经征求国务院法制办公室、最高人民法院的意见，2016年10月18日在给国土资源部的复函（国办公开办函〔2016〕206号）中明确，不动产登记资料查询"属于特定行政管理领域的业务查询事项"，其法律依据、办理程序、法律后果等与《政府信息公开条例》所调整的政府信息公开行为存在根本性差别；当事人依据《政府信息公开条例》申请这类业务查询的，应告知其依据相应的法律法规规定办理。最高人民法院同年10月在给国土资源部的《最高人民法院办公厅对〈关于统一法律适用标准有关问题的函〉意见的复函》中再次明确，申请人通过信息公开的方式要求获取不动产登记资料，因涉及特定的不动产信息，应当按照《物权法》第18条和《暂行条例》的规定办理。上述两个文件的出台，厘清了不动产登记资料查询与政府信息公开之间的关系，表明了在行政和司法层面已经就不动产登记资料查询不适用《政府信息公开条例》形成了基本共识。虽然依据《政府信息公开条例》第2条，政府信息被界定为行政机关在履行职责过程中制作或者获取的以一定形式记录、保存的信息，不动产登记资料究其实质，仍应属于政府信息的范畴；但是登记资料的公开只是有限的公开，无论是申请人还是登记机构都不得以《政府信息公开条例》为依据，违背《物权法》第18条，随意查询、复制或准许他人查询、复制登记资料。[1]

4.3.2 境外立法经验和我国登记资料查询制度探索

关于不动产登记资料查询，有关国家和地区的立法存在差异，主要表现为：登记资料的范围不同，有的仅指不动产登记簿，有的还包括不动产登记申请资料；对查询主体的限定不同，

---

〔1〕 程啸：《不动产登记法研究》，法律出版社2011年版，第241页。

有的仅限于权利人而不包括利害关系人，有的利害关系人范围因情况不同而有所差异；不同主体可查询的登记资料范围根据实际情形还各有特色。具体来讲，德国基于对权利人隐私权保护的考量，认为没有必要将登记信息对社会公众开放，立法上采取了限制公开模式。德国《土地登记条例》第 12 条第 1 款规定，"任何证明具有合法利益的人都有权查阅土地登记簿。这也同样适用于土地登记簿中用于补充登记所涉及的文本以及尚未完成的登记申请。"〔1〕德国将有权申请查询登记资料的主体限定为"具有合法利益的人"，虽然此"合法利益"并不必然是法律上、经济上或亲属关系上的利益，甚至可能是一般公众的利益，但是通过此一限定，已经大大限缩了查询主体范围。较为极端的是，俄罗斯、意大利、韩国、新西兰、爱尔兰等国家采取了全面公开的立法模式，对提起查询的主体和可以查询的内容都不作限制。比如，根据俄罗斯《不动产登记法》第 7 条规定，进行登记的机关有义务向提交了身份证明和书面申请的任何人提供权利的统一国家登记簿中所包括的任何关于不动产的标的的资料，如果拒绝提供所询问的信息，当事人可以向法院提起诉讼。〔2〕可见俄罗斯并没有限定查询不动产登记簿主体的范围，任何人均有权查询不动产登记簿的内容，甚至明确规定了查询遭到拒绝后的司法救济途径。《意大利民法典》第 2673 条中也规定"不动产登记簿的保管人，应当向任何索要登记和注明的复印件或者未进行登记的证明的人提供证明"，〔3〕对于查

---

〔1〕 转引自黄莹、吴鹏："论不动产登记的查询主体"，载《法学评论》2009年第 3 期。

〔2〕 鄢一美：《俄罗斯当代民法研究》，中国政法大学出版社 2006 年版，第713 页。

〔3〕 《意大利民法典》，费安玲、丁玫译，中国政法大学出版社 1997 年版，第267 页。

询主体不作任何限制。

　　还有一些国家和地区，立法上采取的是分类公开或分类查询模式。比如，《瑞士民法典》第 970 条规定，"（1）任何人均有权获悉，在不动产登记簿上登记为不动产所有权人的为何人。（2）经初步证据证明为有利害关系者，有权请求查阅不动产登记簿或请求就此制作内容摘要。"[1]瑞士对登记簿中不动产所有权人内容的查询主体未作限定，但对登记簿中除所有权人内容之外的其他信息的查询，则限定为有相应证据证明的利害关系人。又如，作为日本民法典附则的《不动产登记法》第 21 条规定，"（一）任何人都可以缴纳手续费，而请求交付登记簿的誊本、节本或地图及建筑物所在图的全部或一部的副本。并且，以有利害关系部分为限，可以请求阅览登记簿及其附属文件或地图、建筑物所在图。关于登记事项无变更、某事项未登记、登记簿誊本或节本的记载事项无变更的证明，亦同。（二）于手续费之外另缴纳邮费者，可以请求送付登记簿的誊本或节本、地图或建筑物所在图的全部或一部的副本及前款规定的证明书。"[2]可见，日本虽然对于查询登记簿基本内容的主体未作限制，但对于查询登记簿附属文件或地图建筑物所在图的主体，则限定为只能是不动产的利害关系人，而排除了其他人查询的权利。我国澳门特别行政区也采取类似模式，《物业登记法典》第 99 条规定，"（一）任何人得请求就登记行为及存盘文件发出证明，以及获得以口头或书面方式提供之有关该等行为及文件内容之信息；（二）但仅登记局之公务员方得按利害关系人所述翻查簿册及文件。"虽然任何人都可获悉登记行为内容，但无权查询簿

---

　　〔1〕《瑞士民法典》，殷生根、王燕译，中国政法大学出版社 1999 年版，第 267 页。

　　〔2〕《日本民法典》，王书江译，中国法制出版社 2000 年版，第 214 页。

册及文件，利害关系人也不能亲自翻查，只有登记机关工作人员可依利害关系人申请翻查登记簿册及文件。

我国不动产统一登记改革施行之前，不同部门对其所主管的不动产的登记资料查询已经有了相关规定，实践中最常见的土地和房屋登记资料查询的规定，与我国《物权法》第 18 条的精神相对较为接近，主要借鉴的是德国限制公开的立法模式。我国 2008 年出台的《土地登记办法》第 72 条专门作出规定，并辅之以《土地登记资料公开查询办法》，将查询主体的范围界定为土地权利人和利害关系人，后者还对查询主体中的利害关系人作了具体规定；对于土地登记资料查询的主体采取了分类公开模式与限制公开模式相结合的方式，即对土地登记结果，任何人均可以查询，但对原始登记资料，除相关国家机关与土地登记代理机构外，只有权利人和取得权利人授权的人才有权查询，利害关系人的查阅权并没有法律依据和保障。根据当时我国《房屋权属登记信息查询暂行办法》有关规定，房屋权属登记资料的查询主体、范围与《物权法》第 18 条的规定基本一致，采取分类公开查询的办法，任何人都可以查询房屋权属登记机关对房屋权利的记载信息，但查询"与该房屋权利有关的原始登记凭证"的民事主体则特定化为"房屋权利人、其委托人、房屋继承人、受赠人和受遗赠人"，或可谓"利害关系人"的范围为房屋继承人、受赠人和受遗赠人，但"利害关系人"的范围仍有过窄之嫌，如房屋抵押权人等如果没有对原因资料的查询权，则有可能会损及其相关利益。

其他关于登记资料查询的规定差异较大，不少与我国《物权法》第 18 条精神背道而驰。根据当时我国《农村土地承包经营权证管理办法》第 10 条规定，农村土地承包方是查询主体，其他主体没有查阅权限，从而导致农村土地承包经营权的登记资料实质可以不公开，这与物权公示原则不相符合，无法实现物权公示效果，更无法对不动产交易安全提供有效保障。根据当时我国《林木和林地权属登记管理办法》有关规定，林木和林地权属登记资料都采取公开查询模式，对于查询主体没有作特殊限制，任何人都有权查阅登记资料，这一做法不利于当事人隐私的保护，也造成了行政资源的浪费。根据当时我国《海域使用权登记办法》有关规定，对于海域使用权登记册，任何人均可以查询；但对于海域使用权原始登记资料，其实质的查询主体仅有权利人，不包含其他权利人（他项权利人只有在权利人同意的基础上才能进行），这与《物权法》的规定不相符合。而对于草原所有权和使用权、渔业权、探矿权及采矿权等登记资料的查询，我国法律法规没有作出相应规定，实践中如何操作也由各主管部门自行决定，并无统一规定。

　　统一登记改革推行以后，《暂行条例》延续了《物权法》第 18 条规定的精神，在"第四章登记信息共享与保护"中主要通过第 27 条、第 28 条规定了不动产登记资料查询制度；随后，《实施细则》"第六章不动产登记资料的查询、保护和利用"又直接以 7 个条文作了进一步规定，辅之以《操作规范》的具体化。虽然从学理角度看，呼吁解决查询主体限制的声音不断发出，如有的认为"我国《物权法》第 18 条的规定是有严重缺陷的，应当将其修正为查询主体不加限制"，[1] 有的认为"从世界范围内的立法经验、立法理由、当前实践来看，将不动产登记簿的查询主体仅限于权利人和利害关系人实为不妥"；[2] 但考虑到当下中国私权保护意识还不太强、行政成本居高不下的实

---

　　[1]　黄莹、吴鹏："论不动产登记的查询主体"，载《法学评论》2009 年第 3 期。
　　[2]　金曼："不动产登记资料的查询主体研究"，载《河南财经政法大学学报》2016 年第 4 期。

际状况，恐怕不能忽视登记信息安全而轻易将查询主体扩大化，因而立法层面并未改弦更张。2018 年 3 月，《不动产登记资料查询暂行办法》（国土资源部令第 80 号，以下简称《查询办法》）正式公布施行，共七章 34 个条文，体现出对《物权法》第 18 条和《暂行条例》立法思路的一以贯之，规定了不动产登记资料查询的主体、程序、要件以及登记资料保护等重要措施；解决了现有规定不够系统、相关规定不够明确以及原来各类登记资料查询办法与《物权法》《暂行条例》不一致的问题，规范了不动产登记资料查询，统一登记语境下的登记资料查询制度最终尘埃落定。总体来看，《查询办法》将《物权法》和《暂行条例》规定的权利人、利害关系人予以细化，使登记资料的法定查询主体以及可以参照执行的查询主体更为明确；强调了分类查询，对不同的查询主体设置不同的查询权限，保障权利人享受最大的查询权限、利害关系人在特定范围内进行查询；界定了实践中比较模糊的利害关系人的概念，对利害关系人进行了区分和细化，回答了"什么人可以查"和"查到什么程度"等问题。

此外，值得关注的是，《查询办法》第 31 条规定，"有关国家机关查询复制不动产登记资料以及国家机关之间共享不动产登记信息的具体办法另行规定"，表明其主要规范的是登记资料查询的社会服务这一领域，彰显了登记资料查询制度的私法属性。换言之，将公法层面所涉及的有关国家机关查询复制登记资料和国家机关之间共享登记信息排除在外，不是凡涉及不动产登记资料查询都由《查询办法》规范和调整，也说明对登记资料查询采取的是狭义界定，保持了该制度着重作用于私权领域的专注，进一步体现出不动产登记为私权保护服务的倾向。应当看到，目前对于不动产登记信息的部门间共享尚未出台具体规定，只有《暂行条例》第 24 条和第 25 条规定了不动产登记有关信息与不动产交易主管部门实时互通共享、与相关部门进行信息交换共享，《实施细则》第 96 条和第 97 条作了些原则性规定，还应寄望于将来建立部门间登记信息共享机制来解决。由于不动产登记信息共享涉及住建、农业、税务、金融、公安、国家安全、人民法院、人民检察院、纪委监察委、组织部等诸多部门，不同部门对登记信息的共享与查询需求各异，不能采取"一刀切"按照最大共享权限范围进行信息共享，而需要切实细化并分类明确各部门共享权限范围，从源头上预防公权力机关自身造成登记信息外泄风险，从而为包括隐私权在内的私权保护构筑起信息安全屏障。为便于集中讨论，下文就登记资料查询中审查的论述，将不涉及有关国家机关的查询。

4.3.3 不动产登记资料查询的审查重点及相关考量

当事人提出登记资料查询申请后，按照《暂行条例》《实施细则》《操作规范》以及《查询办法》规定，登记机构需严格履行审查职责，按照法定查询程序，认真审查登记资料查询所涉的各类申请材料，着重审查两方面：

一方面，申请查询主体是否为权利人、利害关系人并提交相应的证明材料。首先，关于权利人。根据《查询办法》第 14 条规定，不动产登记簿上记载的权利人当然可以申请查询，自无疑问。较为可喜的是，《暂行办法》对权利人的范畴作了扩大化解释，依据《继承法》第 2 条和《物权法》第 29 条的规定，《暂行办法》第 17 条规定继承人、受遗赠人因继承和受遗赠取得不动产权利的，其查询权利视为等同于权利人；依据《中华人民共和国公司法》（以下简称《公司法》）、《中华人民共和国破产法》（以下简称《破产法》）、《民法总则》等法律法规的规定，清算组、破产管理人、财产代管人、监护人等均有代表权利人的法律地位，《暂行办法》第 18 条规定上述依法有权管理和处分不动产权利的主体，参照权利人查询的规则来行使查询权，申请查询相关不动产的登记资料。其次，关于利害关系人。《暂行办法》第 19 条首次明确了利害关系人的范围，一是因买卖、互换、赠与、租赁、抵押不动产构成利害关系的，如签订了相关书面合同；二是因不动产存在民事纠纷且已经提起诉讼、仲裁而构成利害关系的，如已进入相关法律程序；三是法律法规规定的其他情形，系兜底条款。《暂行办法》第 21 条还创设了一个类似"准利害关系人"的概念，将有买卖、租赁、抵押不动产意向或者拟就不动产提起诉讼或者仲裁等但又不能提供利害关系证明材料的人纳入这一范畴，有效解决了潜在的交易主体或纠纷当事人的登记资料查询途径问题，以尽可能减少损失和避免纠纷，但对此类主体的查询范围相对作了限缩。最后，不动产权利人、利害关系人的委托律师或者其他代理人。上述主体的具体查询权限实际上来自于委托授权以及当事人的法律地位，即其为权利人或利害关系人。鉴于《律师法》规定了律师的调查权，《暂行办法》规定律师受"准利害关系人"委托，可以比委托人查询更多的不动产登记信息，以满足办理相关案件的需求。此外，如果律师持法院调查令来查询登记资料，则具有等同于行使法院的查询权，而不能视为受权利人、利害关系人的委托查询。如果利害关系人经过权利人的同意或权利人的授权来查询登记资料，其查询权则不再限于利害关系人的查询权，因为究其本质，此类查询权系权利人权利的衍生，实质上相当于权利人行使查询权。

另一方面，申请查询内容是否属于相应的登记资料查询范围，申请查询的方式是否合适。《物权法》实施后，理论界的主流观点认为，不动产登记资料是指所有与登记相关的文件资料，不仅包括不动产登记簿记载的内容，而且包括作为档案留存的登记资料，如当事人的登记申请表、不动产物权变动的原因事件。[1] 为贯彻《物权法》和《暂行条例》的相关规章体现的上述认识，根据《实施细则》第 94 条和《查询办法》第 2 条规定，不动产登记资料包括不动产登记结果和不动产登记原始资料两大类，前者主要指由登记机构依据法定程序和标准制作的用以记录不动产标示及其上物权变动状况并实际管理的不动产登记簿，其中又包括很多记载事项；后者则包括不动产登记申请书、申请人身份材料、不动产权属来源、登记原因、不动产权籍调查成果等材料以及不动产登记机构审核材料。理论上讲，登记资料能否被查询首先取决于这些资料是否具有保密性，如是否涉及国家秘密、商业秘密和个人隐私；对于不需要进行特殊法律保护的信息，方可在人力、物力许可的范围内允许查阅，如果存在需要法律特殊保护的内容，则要严格控制知悉范围。根据我国实际情况，《物权法》第 18 条规定权利人、利害关系人可以查询复制登记资料，但没有明确规定可查询的登记材料的具体范围，《实施细则》和《查询办法》以及《操作规范》弥补了这一法律空白。首先，就权利人而言，原则上可以查询、复制其全部的不动产登记资料；并且，根据《查询办法》第 15 条，除法律法规另有规定外，权利人可以申请以权利人的姓名或者名称、公民身份号码或者统一社会信用代码等特定主体身份信息以及不动产具体坐落位置信息、不动产权属证书号、不动产单元号等索引信息查询登记资料。其次，就利害关系人而言，以查询不动产自然状况、权利人及其不动产查封、抵押、

---

[1]　参见王利明：《物权法研究（第三版）》（上卷），中国人民大学出版社 2013 年版，第 336 页。

预告登记、异议登记等状况等登记结果为原则，以能够查询登
记原始资料为例外；但是，当利害关系人或准利害关系人委托
律师查询时，借助于律师的调查权，查询范围相应扩大，可以
查询"申请验证所提供的被查询不动产权利主体名称与登记簿
的记载是否一致，不动产的共有形式，要求办理查封登记或者
限制处分机关的名称"等内容。最后，关于查询方式的采用。
登记资料的查询方式，通俗来讲主要包括"以房查人"和"以
人查房"两种，从法理上看，"以房查人"是私法领域的查询
权，通过提供特定不动产的坐落位置或证书单元号等索引信息
申请查询，体现出保护权利人隐私权的价值取向；"以人查房"
一般属于公法领域的查询权，由公安机关、司法机关、纪委监
察委等公权力机关基于特殊需要针对某些特殊主体的不动产进
行查询。当然，《查询办法》第 15 条赋予了权利人"以人查房"
的权利，看似有违基本法理，这主要考虑的还是便民利民，因
为在逻辑上不存在权利人自己侵犯自己隐私权之虞；但是，将
《查询办法》第 24 条和第 15 条进行比较可见，并未赋予利害关
系人可以申请以姓名或者名称、公民身份号码或者统一社会信
用代码等特定主体身份信息查询登记资料的权利，防范了"以
人查房"滥用问题，保障了权利人的隐私权等合法权益。

此外，《查询办法》这一部门规章的出台，切实体现出国家
特别是不动产登记机构对于保障信息安全、实现方便查询的重
视和努力。既规定了登记资料的安全保护措施，明确了"怎样
防范个人信息泄露"问题以及违法泄露登记信息的法律责任，
通过采取多种方式努力保障登记信息安全；又提出登记机构要
加强不动产登记信息化建设，以不动产登记信息管理基础平台
为基础、运用互联网技术等为查询人提供便利，第 16 条明确作
出规定，"不动产登记机构可以设置自助查询终端，为不动产权

利人提供不动产登记结果查询服务。自助查询终端应当具备验证相关身份证明以及出具查询结果证明的功能。"实践也表明，国家和地方通过加快登记数据整合、网络硬件设备更新换代、优化网络安全设计、推广应用具有身份核验功能的自助查询机等措施，建成运行不动产登记信息管理基础平台，深入探索"互联网+"服务模式下的数据安全保护，加强登记信息隐私保护，防控登记数据流失和被窃，做好不动产登记资料查询的数据、技术和安全保障。

总的来看，《查询办法》的立法进步性明显，可操作性比较强，但也有美中不足之处，即缺少查询收费的规定，容易出现过度查询的情况，类似于《政府信息公开条例》出台后，所引发的政府信息公开申请井喷式爆发的困局。[1]当事人正常申请登记资料查询既是保护自身权益的需要，也是国家建立和实施不动产登记资料查询制度的目的所在，毫无疑问应当予以支持。但是，任何一项制度的实施是有成本的，如果一部分群体过度使用，势必降低该制度实施的效率，而此一后果却要由所有当事人承担，或者其靡费的成本要让全体纳税人"买单"，也有违公平公正的法律原则。具体来讲，登记资料查询制度的实施，需要登记机构（也是登记资料的管理机关）投入相当的人力、物力、财力等资源来满足当事人行使查询权的需求，如果查询效率低下，会对当事人诉求实现、不动产交易效率等产生不良影响，因此有必要提高登记资料查询效率，在合理范围内收取一定查询费用。查询收费的作用在于，适当通过经济手段的调节，阻止当事人由于免费查询所带来的有可能滥用查询权的情

---

〔1〕　正常的政府信息公开申请确实有利于保障公民知情权、监督权，促进政府依法行政；但那种反常态的、大量重复的、带有纠缠性质的信息公开申请，挤占了正常申请获得及时回复的空间，实际上造成了行政和司法资源的巨大浪费。

况发生，如果那种不是基于保护自身权益需要的申请查询频频发生，实际会影响登记机构向真正有需要的当事人提供查询服务的效率，也将造成行政资源的浪费。当然，对于登记资料查询进行收费应当控制在社会公众普遍可以接受的基本成本的范围内，切不可将查询费用当作登记机构日常运行的经费来源，否则即违背查询收费之初衷。

还需指出的是，对于实践中仍以信息公开方式申请公开不动产登记资料的，鉴于国办公开办函〔2016〕206号和法办函〔2016〕631号已经作了明确规定，登记机构应当回复申请人不属于政府信息公开范围，并告知可按照《物权法》《暂行条例》及《实施细则》《查询办法》规定的方式和程序申请查询不动产登记资料。目前看来，此一做法已经为司法机关广泛接受，普遍认可不动产登记资料查询制度旨在平衡个人隐私与公众知情权，根据《最高人民法院关于审理政府信息公开行政案件若干问题的规定》第2条第（四）项之规定，以信息公开方式申请公开不动产登记资料，属于当事人对特定案卷资料的查询，既然国家从法律、法规、规章等层面对登记资料查询作出了专门规定，行政机关答复其按照登记资料查询程序获取即可，而不应再通过申请政府信息公开的方式获取。值得讨论的是，登记机构针对权利人或利害关系人依据《政府信息公开条例》提起书面申请的答复行为是否还适用《政府信息公开条例》，作者认为，此类答复系针对申请人的信息公开申请事项所作，该答复行为作出的程序、形式、期限仍然应当适用《政府信息公开条例》相关规定。

4.4 对不动产登记审查和交易监管一体化的思考

我国推行不动产统一登记改革以后，各地工作进展顺利，在保护权利、保障交易、便民利民等方面的成效彰显，但登记审查运行实践中也出现房屋交易监管与登记审查不衔接的问题，甚至一些地方被指在交易与登记环节存在"中梗阻"，因而也让不动产交易监管和登记审查一体化问题重新浮出水面。当然，就不动产登记审查运行而言，交易监管和登记审查一体化某种程度上意味着审查职责和审查对象的扩大化，需要进一步深入讨论。

4.4.1　房屋交易监管与登记审查的"分分合合"及存在的问题

我国自20世纪90年代逐步推进住宅商品化改革以后，房屋交易监管与登记审查经历了从分离到融合再到分离的沿革。在住宅商品化改革的起步阶段，各地大多成立了房地产交易所，依据原建设部《城市房地产转让管理规定》，[1]对房屋价格、买卖合同等进行严格管理，先由交易机构审批，再到产权监理机构办理登记。随后，原建设部印发了《简化房地产交易与房屋权属登记程序的指导意见》，推行房地产交易与房屋权属管理一体化，在全国层面开启了房屋交易监管与登记审查相融合的先河；并于2002年11月印发《房地产交易与权属登记规范化管理考核标准》，直接将"房地产交易与权属登记管理实现一体化"作为规范化的考核标准；为贯彻落实《物权法》而于2008年颁布实施的《房屋登记办法》，也将交易审查的内容融合到房屋登记中。

---

〔1〕　其第7条明确房地产转让的程序为：当事人签订书面转让合同后向房地产管理部门提出申请→房地产管理部门审查并作出是否受理申请的书面答复→房地产管理部门核实申报的成交价格（现场查勘和评估）→当事人缴纳税费→房地产管理部门核发过户单。

颇为吊诡的是，当国家大力推行统一登记改革，在国土资源部与住房城乡建设部两部门联合印发《关于做好不动产统一登记与房屋交易管理衔接的指导意见》，明确要求从确保业务衔接顺畅、实现信息互通共享、做好资料移交与共用、加强服务窗口建设等方面做好不动产统一登记与房屋交易管理有序衔接之后，住房城乡建设部反而单方印发了《房屋交易与产权管理工作导则》，提出强化房屋交易与产权管理，即对房屋转让、抵押、租赁等交易活动以及房屋面积、产权档案等的管理，[1]从而再次造成交易监管和登记审查相分离的迹象。在房屋交易监管与登记审查从分离走向融合的过程中，我们看到的是行政机关为了便民利民、高效服务而作出的努力；从融合再到分离的这一变化，且不论一个部门单方解释联合发文的合法性，让我们感受更多的是不动产统一登记改革所遭遇的部门掣肘，而罔顾工作自身逻辑及便民高效与否。申言之，住建部门原本着力推行的交易登记一体化，将最初的重交易审批转向重登记确认，逐渐淡化了对房屋交易环节的行政管制色彩，符合社会主义市场经济发展规律；但在统一登记改革后，却因房屋登记职责被整合，把已经放出去的交易备案、交易审核等干预市场交易行为的行政手段重新拾回，可谓与作为法治经济的市场经济规律"南辕北辙"。特别是在中央深化"放管服"改革的大背景下，也与《国务院办公厅关于简化优化公共服务流程方便基层群众办事创业的通知》有关改革方向相违背，和"坚决砍掉各类无

---

〔1〕 具体包括：楼盘表管理；新建商品房销售管理，包含商品房预售许可、商品房项目现售备案、购房资格审核与房源核验、商品房预售合同网签备案、商品房预售资金监管等；存量房转让管理，包含购房资格审核与房源核验、存量房转让合同网签、存量房交易资金监管等；房屋抵押管理；房屋租赁管理；房屋面积管理；房屋交易与产权档案管理；房屋交易与产权管理信息平台建设；房屋交易与产权服务窗口建设；政策性住房产权与上市交易管理；其他房屋交易与产权管理工作。

谓的证明和繁琐的手续；凡没有法律法规依据的证明和盖章环节，原则上一律取消"的具体要求严重不符。

　　事实上，我国房屋交易监管与不动产登记审查的工作主要由地方政府相关部门负责。从机构设置来看，大致有三种模式：第一种是交易监管与登记完全融合在一起合并设置或合署办公；第二种是交易监管的部分职能与登记融合在一个部门，部分职能分开设置；第三种是交易监管与登记完全分开设置。[1] 目前，在推行交易监管和登记审查一体化的地方，交易监管环节不再单设，登记机构依申请办理登记时一并审查交易监管事项；企业和群众申请办理不动产转移登记一般只需"申请—受理—审核—登簿发证"等环节，往往几个工作日即可完成，体现出了便民和高效。与此不同的是，当房屋交易监管与登记审查分别行使时，有的地方在交易监管中采取流程简化的方式只做简单的核查、备案即可，而不少地方则在交易监管中设置"交易申请—房源核验—合同网签—交易审核—发放确认单或告知书"等前置环节。从实践看，一些地方在推进统一登记改革中，只是简单地将住房城乡建设等部门的登记职责整合给国土部门，而保留原本与登记职责密切相关的交易监管职责，实际运行后发现严重不便民，比如河南郑州等地房屋交易监管与登记审查一度完全割裂运行、工作衔接无序，前来办事的企业和群众意见很大，也在社会上造成不好的影响；为此，一些地方如湖北荆州等地，又下决心推进交易监管和登记审查一体化的"二次改革"。

　　交易监管和登记审查分别运行，特别是当相关部门各自为政时，实践中将会出现三大突出的问题。一是购房者将重复提

――――――――――

　　〔1〕　成琳："不动产登记与房屋交易管理"，载《中国房地产》2015 年第 31 期。

交申请材料，多次往返两部门办理手续。一旦交易监管部门按
登记流程进行合同备案、交易确认，则需要当事人提供申请登
记所需的材料，而登记机构依法登记仍需收取上述申请材料，
势必造成当事人往返于两部门重复提交申请材料。二是信息系
统互不关联或衔接不畅，容易引发市场风险、影响交易秩序。
登记信息和合同备案信息关系密切，一旦两个信息系统不关联，
可能造成诸如已售房屋被开发商抵押或被法院查封、已抵押房
屋被开发商销售等交易风险。三是交易监管和登记审查的工作
量大大增加，耗费过多行政资源。一旦相关信息无法共享或者
衔接不畅，原本可通过系统直接获取的信息都要重新人工录入，
原本可自动检核的内容要人工查询，在房管部门和登记机构人
员紧缺的情况下，工作效率低下就将成为必然。

4.4.2 房屋交易登记的关系及登记审查与交易监管一体化的可行性

房屋交易主要包括房屋买卖、赠与、抵押等，属于平等市
场主体的当事人之间意思自治的民事行为。在房地产市场中，
由于房地产开发企业、中介企业相对于购房人而言具有优势地
位，需要一个相对超脱中立的机构介入其中，监督房地产市场
运行，创造机会均等、运转规范的市场环境；并且，通过对房
屋交易行为的监管，可实现有效规制，如商品房是否取得预售
许可、预售合同是否备案、商品房销售面积和价格是否符合有
关规定，买卖的房屋是否是经济适用住房、房改房、解困房、
廉租房等政策性房屋，政策性房屋是否可以上市或者是否符合
上市条件，抵押的房屋是否为法律禁止抵押的房地产，等等。
因此，房屋交易监管产生于房地产市场不够规范和国家加强房
地产调控的背景下，是对房屋交易及相关事项的监督管理，旨

在通过提高管理效率，改善管理部门与行政相对人的关系，保障交易安全高效有序运行；[1] 其本质属于一项行政管理行为，也曾经发挥了一定积极作用。而不动产登记在一定程度上是政府提供的一项公共服务，旨在维护权利人合法权益、保障交易安全、降低交易成本，是登记机构经依法审查进而对不动产物权予以公示的行政确认行为。

就房屋交易与不动产登记之间的关系而言，前者是权利设定环节，后者是权利确认环节，二者相辅相成、密切相关；作为权利人取得不动产权利的两个重要环节，也互为前提、互为依据。一方面，一项合法有效的登记往往建立在交易行为的合法性这一前提之上。不动产登记是对房屋交易结果的公示，未经登记，物权不能生效，交易行为无法产生对世效力；如果交易不合法，则登记的效力也会受到影响。另一方面，合法有效的交易也必须以真实准确的登记信息为基础。不管是商品房还是二手房的买卖，其均应以不动产登记簿记载的相关信息为依据；如果不事先查询登记簿，可能面临很大的交易风险，如无权处分、出售已查封不动产等。正是因为二者之间是完成整个物权公示的不可分割的环节，交易监管和登记审查需要加强协调配合，促进当事人的不动产权利得到更为及时有效的保护。

还应看到，当前推进不动产登记审查与交易监管一体化较为可行。一是，不动产登记与交易监管一体化优势明显。将交易监管职责整合到登记机构中，既符合中央全面深化改革的总体精神和"放管服"改革的基本要求，又可以有效避免业务脱节、衔接不畅等问题；更重要的是可以进一步方便企业和群众，将交易监管的有关要求包含在登记收件材料中，登记机构在审

---

〔1〕　参见崔文强："破除错误观念 建立类型化的交易管理系统"，载《中国房地产》2017 年第 1 期。

查时可一并予以把关，企业群众只要一次性交件或补充材料即可，必然更加方便快捷。二是，交易监管与登记审查曾经融合的多年实践奠定了一体化的基础。始于 21 世纪初的房地产交易管理与房屋权属一体化工作，不少地方设立统一对外的办事窗口，实行一个窗口收件、一个窗口发证、"一条龙"办公，统一收费、规范服务，避免重复收取材料、重复进行审查，成效明显、方便快捷，也积累了大量实践经验。[1] 三是，现有法律法规为实现不动产登记审查与交易监管一体化提供了制度支撑。《暂行条例》第 24 条规定了登记信息与相关部门审批信息、交易信息实时互通共享，《实施细则》第 96 条规定了信息共享的基本路径；国土资源部与住房城乡建设部在联合印发国土资发〔2015〕90 号文件后，又于 2017 年联合下发了《关于房屋交易与不动产登记衔接有关问题的通知》，显系两部门已经达成一定共识，更是为登记审查与建议监管一体化提供了相应的制度支撑。

从当前实践来看，虽然我国在国家层面仍然保持不动产登记审查和交易监管职责分设，以优化、协同、高效为特征的 2018 年《国务院机构改革方案》对此也未涉及；但是，一些地方特别是市县已经进行了登记审查和交易监管一体化的积极探索，从全国来看，比例大概在 10% 左右。比如，浙江、江苏采取"一窗受理、集成服务"，实现不动产登记、交易和税收最多跑一次，登记、交易、税收三部门协同配合并出台一次性提交材料的清单，登记窗口一并受理，后台登记、交易、税收加强衔接，优化了办事程序；盐城等 200 多个市县直接将交易职责

---

[1] 参见季峰、徐松红、陈诗梦："不动产登记与交易监管衔接研究"，载《江苏省法学会房地产法学研究会 2017 年学术年会暨不动产统一登记立法理论与实务论坛论文集》。

与登记职责整合，有效解决了部门衔接不畅的问题，办事环节大为减少，效率明显提升；天津、重庆、青岛、厦门、深圳等城市房屋管理部门与国土资源部门机构合并，办理登记高效安全，群众反映良好；济南市不动产登记信息系统与交易监管系统数据实时互通共享，推行"减证便民"，不互设前置条件，不动产登记和市场调控均有效运行。不动产登记审查和交易监管职责一体化还有了"第一个吃螃蟹"的省，2018 年 2 月 23 日下发的《吉林省人民政府关于印发全面推进"只跑一次"改革实施方案的通知》在配套措施"19. 深入推进全省不动产登记'只跑一次'工作"中，明确提出"全面推进房屋登记、税务、不动产登记部门自身改革，促进体制机制创新，将房屋交易职能整合到不动产登记机构，实现房屋交易、缴税、不动产登记一窗受理、同时办理，使办事环节明显减少。""星星之火，可以燎原"，不动产登记审查和交易监管一体化这一改革思路，有望逐渐成为当前我国不动产统一登记深化改革的一个趋势。

4.4.3 推动不动产登记审查与交易监管一体化的具体路径

作者认为，推动不动产登记审查和交易监管一体化，基于中国的现实国情，最彻底也是最根本的方式在于类似吉林省的做法整体推进相关职责机构一体化，应当允许有条件的地方先行先试。

一是，登记机构应当整合微观层面、服务企业和群众、与登记密切相关的交易监管职责，而将宏观层面、房地产市场监管等行政管理职责与登记审查职责合理区分开来，有效保证登记审查与交易监管职责一体化。诸如商品房合同备案、楼盘表的建立、房地产转让与抵押管理、房屋预测成果的审核、涉及建筑物区分所有权预售方案的备案等工作，应当统一交由登记机构在审查时一并进行，形成权责清晰、互通共享、协作配合、运转有序的工作体制。而诸如商品房开发主体的准入或房地产开发企业资质管理、商品房预售许可条件的设定、把关以及预售许可证的发放、对房地产开发企业违法违规行为查处、规范房地产中介机构经营行为等工作仍依法继续由住建部门承担。

二是，住建部门加强市场监管和房地产调控所需要的各类数据信息，通过与登记机构实时互通共享获取，无需自行收集，也不应在登记前增设交易审核备案环节，以免造成行政资源浪费和群众办事不方便。

三是，登记机构在审查登记申请时，对于微观层面的房屋交易监管所需要提交的各类材料，在收件受理阶段一窗受理，需要尽到特殊注意义务的，在审核登簿阶段一并审查把关，以提升办事效率，节约行政资源，树立了政府部门优质高效服务的良好形象。当然，此种情形会对不动产登记审查的制度构建及其运行产生一定影响，随着登记机构审查职责的加强，必然意味着审查对象的扩大、审查流程的优化，审查标准及具体程序亦应适当微调，以适应新形势新要求。

对于暂时不具备整体推进不动产登记审查和交易监管职责机构一体化条件、职责机构仍然处于分离状态的地方，也应加强不动产登记审查与房屋交易监管的衔接，明确衔接环节、衔接内容与具体措施，以达到便民利民、快捷高效的效果。

第一，在衔接环节方面，具体包括：房屋所有权首次登记与商品房预售审批的关联点在于登记机构的审查建立在交易管理部门核定的商品房楼盘信息和预销售许可证基础上，在建建筑物抵押首次登记与商品房预售审批的关联点在于登记机构审查可基于交易管理平台上已建立的在建楼盘表信息；新建商品房转移登记与商品房买卖合同网上备案的关联点在于交易管理部门的合同网上备案信息是登记审查的基础，二手房转移登记与存量房买卖合同备案的关联点在于登记簿相关信息是交易管理部门能否网签的依据；新建商品房转移预告登记与商品房买卖合同网上备案的关联点在于网上备案的商品房买卖合同是登记审查的基础，二手房转移预告登记与存量房买卖网签备案的关联点在于已登记信息是交易管理部门能否网签的依据；等等。

第二，在衔接内容方面，具体包括：房屋预测成果信息，房地产开发企业申请预售须委托测绘机构提供相关房屋面积等预测成果信息，并用于登记机构办理预购商品房预告登记、预购商品房抵押预告登记、在建工程抵押登记等，其中房屋预测成果是登记审查的核心内容；楼盘表信息，其贯穿于预售许可、预告登记、在建工程抵押登记、首次登记、转移登记等各项业务中，并随着楼盘变化适时调整，可有效防止同一房屋不同坐落带来重复登记的风险；登记簿记载的相关信息，如是否被法院查封、是否办理预告登记、是否办理抵押登记等，均为交易合同能否得到依法履行以及防范交易风险的前提。

第三，在具体措施方面，主要通过下列途径实现：交易管理部门与登记机构的信息系统应当实时共享；交易监管与登记审查应当建立起紧密的工作联系机制，在资料利用、申请材料收取、特殊问题处理等问题上要长期合作，常态化磋商；进一步优化改造服务流程，一般情况下可由登记窗口统一收件、相关材料一次提交、部门并行办理，实现"一个窗口进出"；在费用收取上实行"一次性"收费，然后分不同主体按协商比例划转各自账户。

第5章
不动产登记审查体系的健全完善

    不动产登记审查不仅指登记机构对于登记申请进行审查的孤立过程，还牵涉到诸多相关配套制度，有的来自行政体系内部，有的来自行政体系之外。如前所述，为兼顾不动产登记的准确与高效，实际上存在着微观、中观和宏观这三个层面的登记审查体系，并不完全依赖于登记机构在微观层面进行登记审查。向前拓展至中观层面，可以通过不动产登记代理和公证等前置性审查，来帮助登记机构实行更为有效的审查，这可以谓之从正面推动登记权利与真实权利相一致。在行政体系内部，亦存在对于登记机构审查的校正或救济机制，则可以认为当出现登记权利和真实权利不一致时，予以解决并恢复至一致状态的措施。向后延伸至宏观层面，还可以借助法院的力量，从司法层面进行终局的深入而全面的审查。通过上述拓展延伸，可以进一步完善不动产登记审查体系，并促进其有效运行，从而有助于从事前、事中、事后多方面推动实现登记权利和真实权利之间的一致性，进而为不动产交易秩序和交易安全提供有力保证。

5.1 不动产登记代理对登记机构审查的减压：从规范登记申请着手

5.1.1 不动产登记代理的他山之石和我国的制度探索

不动产登记代理是适应市场经济发展、克服私主体局限性，正确处理政府和市场关系、实现大政府向小政府转变，满足登记申请个性化和登记实践需求而建立起来的一项制度，在不少国家和地区已经成为惯例。日本有"司法代书"制度，司法代书师是国家民事法务中的专业行业人员，在其从事的业务中，代办登记手续是最为主要的；司法代书师积极配合律师、税务师、土地房屋调查师、行政代书师、宅地房屋交易主持人等行业，为国民提供准确、可靠的不动产交易和登记服务，为国家依法实施不动产管理、维护不动产交易安全提供了重要保证。

我国台湾地区 1981 年制定了"土地登记专业代理人管理办法"，后来将其定名为"地政士"，提升其法律地位，由"地政士法"规范，施行于与土地登记相关的代理事务，并通过不同层级的法律和条例构建起登记代理制度体系。"土地法"第 37-1 条规定，土地登记之申请，得出具委托书，委托代理人为之；"土地登记规则"第 36 条规定"由代理人申请者，代理人并应在登记申请书内签名或盖章"，第 37 条规定"土地登记之申请，委托代理人为之者，应附具委托书，代理人并应亲自到场，登记机关应核对其身份"。

我国在分散登记时代也进行了登记代理的制度探索，以国土资源主管部门为代表，在地方试点并取得成效的基础上，建立了土地登记代理人制度。原人事部和国土资源部 2002 年联合印发了《土地登记代理人职业资格制度暂行规定》和《土地登记代理人职业资格考试实施办法》等规范性文件，2008 年实施的《土地登记办法》明确提出了建立自我举证制度，为推进土地登记代理制度提供了依据、奠定了基础。然而，随着不动产统一登记持续推进以及行政审批制度改革的深入，《国务院关于取消和调整一批行政审批项目等事项的决定》发布，土地登记代理人的职业资格行政许可属于明令取消的行政审批项目之一，随后人力资源社会保障部办公厅、国土资源部办公厅《关于做好取消土地登记代理人职业资格后续工作的通知》将其调整为水平评价类职业资格；2015 年，人力资源社会保障部、国土资源部发布的《关于印发〈土地登记代理专业人员职业资格制度暂行规定〉和〈土地登记代理人职业资格考试实施办法〉的通知》，不再对土地登记代理人实行执业准入控制，不得将取得职业资格证书与从事相关职业强制性挂钩，也不得将职业资格管理与特定继续教育和培训硬性挂钩。因此，原本仅依靠一些规章和规范性文件开展业务就显得"先天不足"的土地登记代理人行业受到更多掣肘，面临更大挑战，重新研究构建不动产登记代理制度已是迫在眉睫。

5.1.2 统一登记背景下建立不动产登记代理制度的现实意义

建立不动产登记代理制度基于统一登记改革的实际需要，有助于提升登记申请专业化水平，保障登记机构审查的质量和效率，更好地保护权利人合法权益。所谓不动产登记代理，就是登记代理机构和人员受不动产权利人的委托，为其代理申请登记、领取权证、权属指界、查询资料、验收测量成果等相关工作。申请人通过有偿服务的方式委托代理机构，享受到权籍调查、代办登记申请等专业化服务，登记机构也可以集中精力做好后续审查和相关监管工作。更为重要的是，不动产登记代理制度实质上在登记机构和登记代理机构之间建立起登记审查责任的风险分配机制，由登记代理机构为登记申请的规范性、真实性、准确性"背书"，相应减轻了登记机构的注意义务，加重了登记代理机构的审慎代理的责任；某种程度上看，作为行政机关的登记机构和代表申请人的登记代理机构在审查责任风险分配上有着一种"此消彼长"的关系，并且登记代理机构作为法人机构有能力也有义务承担这样的风险，正如它可以从登记代理业务中获得相应收益。

一是，有助于权利人高效规范提出登记申请。随着不动产市场的发展，权利人的登记需求越发迫切，而登记程序也对申请人有了更高要求，一般权利人很难在短时间内掌握要领；而专业性的登记代理机构，则可以帮助权利人代办相关手续，提高登记申请专业化水平，既节省了申请人的精力和时间，也为保证登记质量奠定了基础。此外，登记代理人还可以将权利人与登记机构之间、权利人之间以及权利人与代理人之间需解决的问题及时反馈给登记机构，以便登记机构及时做出应对、更好地提供服务，促进不动产登记制度的完善。

二是，有助于提升登记机构的审查效率和质量。从专业性不动产登记代理存在意义的角度看，该制度意味着不动产登记审查风险在登记程序主导方和参与方之间的重新分配，可以适度降低登记机构在登记审查中的注意义务，从而达到为登记机构审查减压的效果。登记代理制度的引入，可以将登记机构需要审查而应由申请人提供的一部分前期工作分离出来，交由具备一定资格的中介代理机构负责，因其向登记机构提交的登记申请文件全面、规范，从而减少了登记机构的工作量，间接地加快了登记的速度，提高了工作效率。[1]并且，由于登记代理机构是独立承担民事责任的法人实体，受申请人的委托提供有偿的中介服务，只有该机构及其人员业务娴熟、代理敬业、服务良好，才能赢得申请人及登记机构的信任；因此，登记代理机构就必须努力促使登记机构认可其提交的登记申请并按时保质办理登记，从而保证了登记质量。

三是，有助于及时回应登记实践需求、有效保护权利人合法权益。从我国不动产登记实践看，登记申请需要权利人自我举证，大量的权属佐证非一般的申请人所能承担而需要通过专业的权籍调查获得，专业性的登记代理机构的存在则可以解决申请人无暇或无力参与登记的问题。登记代理人其角色类似于律师、会计师等职业服务者，既节省委托人成本，也减少登记机构工作量；当遇到涉及登记的疑难问题时作用更为突出，高效的登记代理服务，能够让权利人的申请更容易获得登记机构的确认，从而达到保护权利人合法权益的目的。

四是，有助于持续推进不动产权籍资料的更新和维护。各部门经过多年的分散登记实践，积累了大量极具价值的登记数据资料，这些数据资料需要不断加以实时更新、及时维护。登记代理制度的实施，可以形成数据资料成果应用与更新维护之间的良性循环机制，登记机构把不动产权籍资料提供给代理机构使用，代理机构予以实时更新，登记代理机构减少了前期工作量和资金投入，登记机构减少了后期更新维护成本。

当然，不动产登记代理制度的建立和运行固然有诸多益处，但也可能因其会增加登记申请人的经济负担而受到一定程度的诟病；作者认为，只要国家不强制性推行不动产登记代理制度

---

〔1〕 李世钢、武宏章："推行土地登记代理制的意义"，载《国土资源导刊》2007年第4期。

即可，国家通过支持建立健全登记代理制度，培育登记代理市场并引导其在不动产交易中发挥出积极作用，让登记申请人在获得专业可靠、高效便捷的产权保护服务方面多一个选择，并通过规范登记代理收费、适度减轻登记申请人的可能产生的经济负担，以"薄利多销"的方式繁荣不动产登记代理市场、创造出更多的登记代理业务，从而使登记机构和申请人及代理机构各方出现"多赢"的局面——登记机构减轻了审查压力、登记申请人以较低的成本享受了优质的登记代理服务、登记代理机构获得了源源不断的收益。

5.1.3 健全我国不动产登记代理制度的思路和措施

不动产登记制度建设是个系统工程，主体制度无疑是重中之重，如前所述，登记机构和登记工作人员是登记程序的主导方，其法制化已达成共识，《暂行条例》《实施细则》有不同程度的涉及，将来出台专门的行政法规或部门规章亦属可期；与登记机构相对的申请人是登记程序的主要参与方，而不动产登记代理制度则是为帮助申请人而设计，属于申请人自我举证的延伸，虽然对于申请人和登记代理人之间的关系，可由《民法总则》和《合同法》有关代理的规范进行调整，但毕竟难以涉及登记代理的方方面面，亟须专门的不动产登记代理制度加以规范。作者认为，鉴于登记代理与权利人的利益密切相关，不动产登记代理制度的构建必须从支撑登记审查出发，保障申请人尽快实现所期待的行政确认效果。

一是，明确不动产登记代理的制度内涵，赋予法定地位。不动产登记代理作为一种专业性中介服务，属于委托代理范畴，其代理权基于申请人的委托行为和委托人与代理机构的委托合同产生。鉴于不动产登记事关不动产交易秩序和交易安全维护甚至涉及国家金融安全，为确保登记质量，就必须对不动产登记代理从法律法规层面进行规范，明确规定相关专业性技术性工作必须由国家认定的社会中介机构完成，实现登记申请自我举证并承担相应法律责任，从而确立登记代理的法律地位，培育登记代理市场，有效引导登记代理业务开展。

二是，建立登记代理机构人员资质和资格认证制度，健全行业自律规范。要对登记机构、登记申请人、登记代理机构三者之间的关系进行规范，登记机构承担审查、登簿、核发证书证明等工作，登记申请人自主选择登记代理机构并对申请事项负有自我举证义务，登记代理机构为配合申请人自我举证承担相应的专业性技术性工作，建立互相约束、互相促进的机制。要对行业管理部门提出明确职责、权利和义务、机构组织等规范要求，对代理机构提出机构资质认定、代理人资格认定、从业准则、业务规范、法律责任等规范要求，对登记代理收费提出明确收费依据、收费标准、规范收费行为等规范要求。此外，还应建立与不动产登记代理行业相适应的登记代理机构和登记代理人工作规范、职业道德规范等，引导登记代理机构和登记代理人为用户利益提供高质量的服务，但可拒接偏离正常范围的业务以及拒绝执行委托人的违法指令。

三是，引导各地成立登记代理行业协会，严格登记代理人管理。推动各地依法设立不动产登记代理行业协会，行业协会旨在实行行业服务和自律管理，维护市场秩序和公平竞争，沟通行业与登记机构、社会公众之间的联系。加大不动产登记代理人管理力度，在资格管理上，建议明确登记代理人要通过统一考核取得《不动产登记代理人职业资格证书》并经登记备案方可以登记代理人名义从事登记代理业务；在执业管理上，不得允许他人利用自己的名义从事登记代理业务，必须受聘于登记代理机构，承办业务要与委托人签订书面代理服务合同。

四是，加强不动产登记代理行业监管，划定登记代理业务边界。要厘清登记代理业务范围，主要包括：代理不动产权籍调查，协调四邻指界、绘制宗地草图、实施地籍测量等，形成地籍调查表、宗地图及宗地界址坐标等成果；代理登记申请，及时收集归纳整理权属来源资料、领取不动产权证书等；查询不动产登记资料，代理权利人查询不动产登记簿、登记档案，获取权利人所需要的相关信息；提供不动产登记相关法律咨询，以代理人具备的专业和法律知识向咨询人提供涉及不动产登记有关的专业知识咨询；帮助权利人办理解决不动产权属纠纷的相关手续，不动产权属纠纷涉及法律较为专业、问题比较复杂，必要时还要参与相关法律诉讼；代理与登记相关的其他事项。

5.2 公证对于登记机构审查的辅助作用：审查责任的分担和分流

对于不动产登记是否要引入公证制度，理论和实践中一直存在较大争议。在《物权法》制定过程中，从便民角度出发，未引入不动产登记中的公证程序；新颁布的《暂行条例》对此也未作相关要求。作者认为，一方面，公证对于减轻登记机构审查负担，保证登记的准确性，具有重要价值；另一方面，公证一定程度上确实加重了当事人负担，阻碍了不动产登记效率。因此，在特定环节、针对部分登记类型引入公证程序有其价值。

5.2.1 公证介入不动产登记的比较考察

大陆法系国家或地区，公证介入不动产登记已为大多数立法实践所采纳。无论是在实施权利登记制的德国、瑞士，还是在实行契据登记制的法国，立法均强调公证在不动产物权变动中的作用；我国台湾地区在"'民法物权编'修正草案"第166条中也增加了"契约以负担不动产物权之移转、设定或变更之义务为标的者，应由公证人作成公证书"的内容。[1]通过公证的提前介入，既减轻了登记机构的审查负担，又提高了登记效率。[2]

《德国民法典》明确了公证对于登记的合法介入，除第313条规定"当事人一方以让与或者受让土地所有权为义务的合同，需经公证人公证"外，第873条第2款还规定"在登记前，双方当事人仅在对意思表示进行公证人公证时……始受协议约束"。[3]实践中，债权契约、物权合意及登记承诺，通常在公证人面前以同一个证书完成，而登记的准确性和公信力，亦相应地由登记人员和公证人共同予以保障。对于极为重要的不动产交易，制作公证书是其生效的前提；制作公证书的作用对合同当事人而言，在法律上和经济上都极为重要，其作用主要是保证合同的明确性和准确性、证明功能、告知功能、警示功能及保护功能。[4]通过公证制度的运用，德国在不动产物权变动中很好地实现了安全和效率两个目标，保证了登记制度的顺利运行以及登记的公信力。[5]

瑞士民法上，对原因关系的实质审查是由公证人来完成的。

---

〔1〕 参见陈巍："公证与物权登记制度的衔接"，载《法学家》2006年第2期。

〔2〕 J. G. Riddall, *Land Law*, Seventh edition, LexisNexis, Butterworths, 2003, p. 54.

〔3〕 参见《德国民法典》，陈卫佐译，法律出版社2004年版，第96页。

〔4〕 参见［德］艾尔克·豪特豪森·杜克思："不动产法中公证行为的作用和好处（摘要）"，载《北京公证·特刊—中德物权登记与公证比较国际研讨会》。

〔5〕 黄祎："论物权变动视野中的公证制度"，载《东方法学》2014年第2期。

根据《瑞士民法典》第 657 条、680 条、799 条等规定，大多数基于法律行为而产生的不动产物权变动，原因行为必须通过公证，否则没有法律效力。如，转移所有权的契约，不经公证，无拘束力；法定所有权的限制，因法律行为而废除或变更，非经公证并在登记簿登记不生效力；关于设立独立且长久的建筑权的契约，须采用公证，始生效力；[1]可以说，在瑞士，正是由于公证单独或者与不动产登记相结合发挥作用，才能为当事人意思表示的真实性、合法性提供有效保证，从而减轻了登记机关实质审查的责任，促进了登记的准确性和高效率，使得不动产登记具有较强的公信力。

在法国，无论是国民法律意识还是现实生活中，公证人都有其重要地位并发挥着重要的作用。公证人参与了不动产及其他重要财产的处分、抵押权的设定和转移、夫妻财产分割及继承等多种经济生活，公证人也需要对其做成的公证证书的合法性和有效性负责。根据《法国民法典》规定，除法国的不动产交易契约须做成公证证书并将公证证书附于登记账簿以供公众查阅外，根据其第 931 条第 2 款、第 2127 条、第 2129 条规定，抵押借贷与赠与也都必须有公证人的介入。[2]虽然法国不动产物权变动采意思主义，但由于公证文书作为法定形式保障了当事人意思表示的真实性，使得《法国民法典》所采用的完全的债权意思主义和登记对抗主义得以有效贯彻。

在我国不动产登记相关立法中，对于公证是否成为不动产物权变动的环节，无论是《中华人民共和国公证法》（以下简称

---

〔1〕 参见《瑞士民法典》，殷生根、王燕译，法律出版社 1999 年版，第 182、188、220 页。

〔2〕 参见《法国民法典》（上册），罗结珍译，法律出版社 2005 年版，第 733 页。

《公证法》）还是《物权法》以及《暂行条例》均未给予明确的制度通道。统一登记改革前，《土地登记办法》第11条和《房屋登记办法》第15条对于公证有专门规定，境外申请人委托代理人申请土地登记或房屋登记的，其授权委托书应当按照国家有关规定办理公证或者认证。司法部与原建设部1991年发布的《关于房产登记管理中加强公证的联合通知》中要求，继承房产、处分房产的遗嘱、赠与房产、涉外涉港澳台的房产所有权转移，必须办理公证，当事人须持公证文书办理房产登记。但遗憾的是，上述部门规章以及规范性文件随着不动产统一登记的实施已经被废止或失效。

5.2.2 将公证引入不动产登记的利弊分析

从比较法的角度看，公证与不动产登记之间的契合自不待言，已经在不少国家和地区的立法和实践中得到证明。我国立法虽未对不动产登记引入法定公证提出明确要求，但实践中登记机构也一直承认公证文书的证明效力，经过公证的法律行为、事实和文书，其真实性、合法性强于未经公证的法律行为、事实和文书，已经逐渐成为社会的共识。公证的主要效力在于证据效力、优先效力、强制执行力，在不动产登记中可以发挥保障交易安全、增强交易透明度、维护市场自由度等作用。根据《公证法》和《民事诉讼法》规定，经公证的民事法律行为、有法律意义的事实和文书，应当作为认定事实的根据，但有相反证据足以推翻该项公证的除外；对公证机关依法赋予强制执行效力的债权文书，一方当事人不履行的，对方当事人可以向有管辖权的人民法院申请执行，受申请的人民法院应当执行。依据《最高人民法院关于民事诉讼证据的若干规定》，已为有效公证文书所证明的事实，除当事人有相反证据足以推翻的外，当事人无需举证证明；经过公证书证，其证明力一般大于其他书证、视听资料和证人证言。在我国《物权法》制定过程中，对于不动产登记中引入强制公证一度呼声颇高；其主要理由在于，由公证机构进行实质审查比由登记机构为之更胜任、更具权威性和公信力。[1]在不动产登记中引入公证的主要优点如下：

一是，从审查能力上看，由公证机构对不动产物权变动的基础民事法律关系作出合法性判断更加合理和现实。不动产物权变动一般涉及的法律关系都比较复杂，客观上要求专业性的法律服务机构介入其中，以更好地实现物权变动的正当性和安全性。公证机关正是符合如此要求的社会中介机构，经由国家司法考试选拔出来的公证员，其法律素质也比较高。

二是，从工作效率上看，公证机构和公证员作为专业的不动产交易法律服务提供者，通过标准化、专业化的服务，减少了不动产登记审查中的不确定性和风险，能够提高交易效率，也为登记机构的后期审查奠定了真实性基础。而让登记机构在公证审查基础上进行形式审查，无疑能够提高登记效率。

三是，从责任承担上看，公证机构的身份审查、文本审查为不动产登记机构分担了风险，也有利于登记错误赔偿责任的落实。不动产登记审查必然面临因登记错误造成的赔偿问题，依据《物权法》第 21 条、《公证法》第 43 条等规定，因公证的法律行为、事实和文书不真实、不合法而导致登记错误时，当事人除可向登记机构求偿外，还可向公证机构求偿，从而增加了对因登记错误而受到损害的权利人获得赔偿的几率；并且，《公证法》第 15 条规定了公证执业责任保险制度，能够充分保障因公证错误给当事人造成损害的赔偿。

---

〔1〕 汤维建："公证立法与物权立法的交错——应重视公证在物权法中的地位和作用（上）"，载《中国法学》2004 年第 3 期。

四是，从机构改革来看，我国的登记机构与公证机构都处于职能和角色转变之中。通过改革和转型，公证机构的中立性、独立性、服务性和中介性特征日益明显；而登记机构虽然是行政机关，目前的不动产统一登记工作更多则是国家提供的一种公共服务，管理色彩日益淡化，没有能力也无职权实施实质审查。

因此，由于公证制度集中具有上述优点，当其以特定法律行为、具有重要法律意义的事实以及文书的真实性、合法性等作为切入点，适时介入不动产登记工作中，可以很好地发挥对于登记审查的辅助作用，弥补登记机构审查能力的局限性，进而有助于切实提高登记效率和登记质量。实践中，我国很多登记机构对于公证结论的采信，也主要基于这样的信任。

当然，公证也有其弊端，我国《物权法》制定过程中，立法者经过反复权衡，最终没有要求在不动产登记中实行强制公证。有论者指出，公证机构作为"利益主体"难以保持"公正"的本色，公证在当前社会中的可信度不高；公证机构在不动产登记上未必比登记机构更为专业，难以保证登记质量提高；公证收费较高，按标的计收费用与物权法规定相悖；强制公证主要有利于登记机构和公证机构而非登记申请人，且公证的质量难以受到有效的监督。[1]客观来讲，对于强制公证的诟病主要在于，公证收费将会增加当事人负担，以及实践中存在的虚假公证书问题。当然，我们也应当看到，公证收费近年来一直处在下降的过程中，公证收费标准特别是继承、赠与公证收费标准的下降，减轻了当事人的负担；司法行政部门也逐步重视公证公信力建设，不断加强公证工作监管，努力让人民群众感

----

〔1〕 张文敏："公证的公信力危机"，载《新快报》2004年9月9日，第5版。

受到公证公信力的增强，并明确公证机构责任及赔偿机制等。

5.2.3 不动产登记审查中有限度引入公证的路径

考虑到《物权法》虽未要求在不动产登记中实行强制公证，但对当事人通过公证证明其提供的材料的真实性和合法性也未禁止，可以借鉴国外"公证审查+登记机构审查"相结合的审查责任分担机制以及现行登记实践中已有的公证介入的好的做法，登记机构承认公证的证明力，发挥其较强的审查能力，适度分担自身审查责任，但关键问题是怎么介入、介入到什么程度。

5.2.3.1 原则尊重当事人申请登记前自主选择公证途径

在不动产登记中，《物权法》规定了申请人对于申请内容具有证明义务并承担相应的责任；第 11 条规定"当事人申请登记，应当根据不同登记事项提供权属证明和不动产界址、面积等必要材料"，第 21 条第 1 款规定"当事人提供虚假材料申请登记，给他人造成损害的，应当承担赔偿责任"。《暂行条例》第 16 条也明确要求申请人对申请材料的真实性负责。因此，当事人在申请办理不动产登记时，下列情形一般会主动公证或提供经过公证的文书：一是，当事人根据其他法律法规的规定，已经对某一登记事项进行公证的，必然提供公证证明书或经过公证的文件；二是，当事人基于某种考虑，自愿通过公证证明特定事项的真实性和合法性的，必然会提供公证证明书或经过公证的文件。在上述两种情形，只要登记机构承认公证证明书或经过公证的文件的推定正确的效力，当事人应该是乐于提供公证证明书或经过公证的文件的，也完全符合《物权法》的规定，对此当然应该允许和鼓励。从立法论的角度看，为在《物权法》的框架下更好地发挥公证作用，分担登记机构的审查责任，《暂行条例》今后可作相应的修改完善，可以考虑在目前的第 18 条增加一款作为第 2 款：对当事人提交了公证证明书或经过公证的相关事项，不动产登记机构可以免于查验；但因公证过错导致登记错误，给他人造成损害的，公证机构应承担相应的赔偿责任。

让公证在不动产物权变动的原因行为阶段或基础民事法律关系方面介入，可以发挥公证机构对于原因行为、当事人履约能力、意思表示真实性和合法性进行全面审查和作出法律专业判断的比较优势，实现交易和登记的便捷化；登记机构依据公证书并进行相应的形式审查即可作出登记决定，节约了行政成本，保护了交易的安全，减少甚至避免了登记纠纷和诉讼。并且，由于《公证法》中明确规定公证机构过错应承担民事责任，从而也分担了登记机构的可能出现的赔偿责任。

5.2.3.2 在不动产登记的特殊情形下建议采用法定公证方式

不动产登记的公信力来自于国家公权力的权威性，法定公证的公信力来源于国家授权。将法定公证引入不动产登记的必要性和可行性主要在于：私权的确认和公示公信力效果的确立及维持必须依赖于不动产物权变动原因行为的真实性、合法性，法定公证的公信力来源于国家授权，作为中立且权威的评判平台提供专业的法律服务，可以有效保障公示内容的真实性，从而为提高登记的公信力提供有效的保证；法定公证能够实现公权力与私权利的分离和债权与物权的有效衔接，弥补登记审查的不足，淡化行政色彩，建立强有力的权力分立机制和科学合理的权力配置机制；从法经济学分析，法定公证能够减少搜寻成本、提高交易效率，在陌生人社会交易过程中获得直接的保证甚至是强有力的执行证据，使当事人获得相对廉价而且可以预期的成本，并且可以准确评估自己的商事交易成本，避免成本的不确定性和沉没性。[1]根据我国不动产登记中公证介入的现状，鉴于公证的中立而超脱的地位以及在法律专业方面的优势，作者认为，应当合理确定法定公证的范围，在较为普遍的不动产交易领域，原则上不采法定公证，以免因公证较高的收费而增加当事人的负担；可以考虑将采法定公证的范围，限定于一些特殊情形。

一是，不动产物权的继承、遗赠、赠与。在继承中，需要对继承人的资格、遗产情况、放弃继承权是否自愿、放弃继承声明书的真实性、被继承人生前是否有债权债务以及继承人对此的意见、继承人有无依法丧失继承权的情形进行审查；在遗赠中，需要对遗赠扶养协议等的效力、涉及的财产是否属遗嘱人个人所有、法定继承人中有无缺乏劳动能力又无生活来源的人员等进行审查；在赠与中，赠与合同要充分阐明赠与人的意思、平衡双方利益，需要对当事人是否有赠与能力、赠与是否附有条件、赠与物的范围进行审查。这三类法律关系，社会生活中经常发生往往也比较复杂，非专业人士难以准确把握，一旦处理不好，可能引发家庭纠纷乃至社会矛盾，而登记机构的工作人员对此缺乏足够的驾驭和掌控能力，让其作出精准的审查和判断，确实勉为其难。并且，上述情形基本属于申请人可以从中获益的事项，规定采取法定公证，让申请人承担一定的公证费用，也比较符合公平原则，不会对社会造成太大影响。

二是，涉外的不动产物权变动的法律行为。一方面，基于国际惯例，涉及不动产物权的涉外民事法律行为，各国一般都要求采用法定公证，从对等原则以及与国际接轨出发，建议我

---

〔1〕　参见张文章主编：《公证制度新论》，厦门大学出版社 2008 年版，第 83~84 页。

国也采用法定公证方式。另一方面，为保护当事人利益和国家公共利益，涉外不动产交易一般对当事人影响重大，需要认真审查以确保意思表示的真实性、防止不平等交易发生，并且因其涉外，可能会对社会公共利益造成影响，也需要在尊重文化、价值差别的基础上规范商业秩序、加强风险防范，以保护我国公共利益。

三是，当事人需证明特定事项的真实性、合法性，而登记机构因无法查验或查验难度大而影响登记进程的，可以要求其进行法定公证。虽然一般情况下，登记机构不能以无法查验为由要求申请人对需提交的常规性申请材料进行公证，但就特定情形可以考虑由当事人承担证明的成本。比如，自然人委托他人代办登记并可能导致利益受损的，应由当事人提供经公证的授权委托书；因为当事人只要亲自办理登记，即可避免额外的公证费用支出。又如，在当事人的证明成本远低于查验成本时，也应当由当事人通过公证证明登记事项的真实性和合法性，特别是境外申请人委托代理人申请登记。

四是，其他法律、行政法规规定必须公证的事项。为保证立法的科学性和完善性，需要就法定公证前置设定兜底条款，明确由法律、行政法规统一规制，既可以提高法定公证的立法等级，也使法律体系具有协调性，防止同一事项在不同区域出现对于是否法定公证的不同要求。

因此，考虑到上述特定情形，建议在《暂行条例》第 18 条新增一款作为第 3 款，"下列申请材料，不动产登记机构认为需要公证的，可以要求当事人办理公证：（一）因继承、受遗赠、赠与所发生的物权变动，对申请登记的不动产享有权利的证明；（二）涉外的不动产物权变动的法律行为；（三）自然人委托他人代办处分登记、预告登记、异议登记、变更登记，并可能因此导致利益损失时的授权委托书；（四）境外申请人委托他人办理登记的授权委托书；（五）其他法律、行政法规规定必须公证的事项。"

此外，考虑到反对法定公证的一个很重要的理由就在于公证收费过高，而法定公证实际上又赋予了公证机构对此项业务的垄断，因此，如果一定范围内推行法定公证，则需要采取有效措施适当降低法定公证的收费。对于财产继承、受遗赠和赠与等受益较大的，可以按受益额分不同档后分别按一定适当比例收取，但需设定最高额，体现出公证费用的科学性；对于授权委托类公证可以考虑采取计件收费方式，减轻当事人负担；对支付公证费有困难的申请人，公证机构还可根据《公证法》有关规定减免公证费。

从社会实践来看，司法部 2017 年 8 月印发了《关于公证执业"五不准"的通知》，其中"一是不准为未查核真实身份的公证申请人办理公证""三是不准办理涉及不动产处分的全项委托公证""四是不准办理具有担保性质的委托公证""五是不准未经实质审查出具公证书"，大部分要求都与不动产登记具有密切关联。值得期待的是，如果公证执业在参与不动产登记事务中切实做到"五不准"，并辅之以相对低廉的公证收费，必将使公证对登记机构审查提供重要的辅助作用，也有利于公证行业的健康发展。

5.3 行政体系内部校正：登记机构自身及上级行政机关的作为

不动产登记审查的理想状态是登记簿上展现的权利状况与客观上的权利状态完全一致；但这终究只是理想，无论登记审查如何严格，登记状况与真实权利不一致总是在所难免。为此，需要针对登记机构审查的局限性进行相应的制度设计，以尽可能使登记状况与真实权利趋于一致，从正面来看可以谓之为登记真实的保障机制，从反面来看可以谓之为登记审查的修正机制。在行政体系内部可谓之为内部校正，既可通过登记机构的异议登记实施临时性救济以及更正登记实现终局性校正，还可通过行政复议由上一级行政主管部门予以校正。

5.3.1 异议登记的临时性保护

5.3.1.1 异议登记及其功能

异议登记对于我国来说属于舶来品，从国外经验看，立法中明确规定异议登记制度的，主要有德国和瑞士。德国的异议登记又称为异议抗辩登记，旨在对抗现实登记的权利的正确性，"自法律性质上看，异议既非登记权利的一项负担，也不是对登记权利人处分行为之绝对或相对的限制，而是对一项在土地登记簿中可能是不正确体现的，或者根本未体现的物权的临时性保护。"[1]《瑞士民法典》第961条则规定了涵盖异议登记在内的"暂时登记"，其目的既为保全所主张的物权、类似异议登记，亦为法律允许补作书证、接近于预告登记。"暂时登记"可依利害关系人申请和依法院的命令进行。就我国情况看，《物权法》第19条是异议登记制度的源头，异议登记作为我国《物权法》出台后规定的与更正登记密切相关的一种新的登记类型，是为了解决更正登记程序较为费时，申请更正的权利人与登记名义人之间的争议一时难以解决，而由法律确立的一种对真正权

---

〔1〕 参见［德］鲍尔、施蒂尔纳：《德国物权法》，张双根译，法律出版社 2004 年版，第 366 页。

利人利益的临时性保护措施。[1]《暂行条例》特别是《实施细
则》第五章第二节专门规定异议登记，使之在《物权法》基础
上从行政法规和部门规章层面得以细化。

　　物权法起草过程中，梁慧星教授赞成设立异议登记，[2]王
利明教授对异议登记持否定态度；[3]最终，我国异议登记制度
在借鉴国外经验基础上进行了本土化的改造。从制度功能的角
度来看，异议登记作为一种独立的登记类型具有公示作用，该
制度的设立可以暂时打破或者阻断既有权利登记的公信力，防
止更正登记前真正权利人的权利受损，起到保护真正权利人合
法权益的作用；同时发挥了异议登记公示的风险警示作用，从
而对第三人的善意取得进行了一些限制。异议登记与更正登记
之间具有高度关联性，同为真实权利状态的保障措施、限制或
消除登记错误消极后果的救济机制，二者之间是手段和目的关
系，后者为前者划定适用范围，前者则辅助后者得以实施；但
是两者亦有明显差异，异议登记只提供临时性救济，而更正登
记则可彻底校正登记错误，使登记重新具有推定力和公信力。

5.3.1.2 异议登记的程序运行及法律效果

　　根据我国《物权法》和《暂行条例》《实施细则》有关规
定，异议登记程序由利害关系人提出申请而启动，应当具备一
定前提条件和特定形式。一是，异议登记申请以申请人对当事
人的更正登记请求为前置程序。只有在其请求遭到登记名义权
利人拒绝后才产生异议登记。二是，单方申请和书面申请往往

---

　　〔1〕　参见胡康生主编：《中华人民共和国物权法释义》，法律出版社 2007 年版，
第 59 页。

　　〔2〕　梁慧星：《中国物权法草案建议稿：条文、说明、理由与参考立法例》，
社会科学文献出版社 2000 年版，第 159 页。

　　〔3〕　王利明主编：《中国物权法草案建议稿及说明》，中国法制出版社 2001 年
版，第 197 页。

是异议登记申请的主要方式和形式。如果权利人同意利害关系人的更正请求，则可直接申请更正登记，也就不存在异议登记的问题了[1]，因而不太可能出现共同申请的情形；并且，必须通过书面形式提出申请，这是为了促使当事人谨慎从事，也防止登记机构滥用职权私自改变民事主体的权利状态，当事人以此来印证登记结果。[2]三是，应当提交证实与不动产权利有利害关系、登记簿记载的事项错误等材料。

考虑到异议登记只是临时性救济措施，登记机构只需对异议登记申请进行形式审查即可，《实施细则》第83条第1款规定，不动产登记机构受理异议登记申请的，应当将异议登记事项记载于不动产登记簿，并向申请人出具异议登记证明。当然，登记机构仍需尽到必要的注意义务，这是因为，一旦登记机构将异议事项记载于登记簿，就将产生特定的法律效果。

一是，阻断既有登记的公信力。在德国法上，"异议虽不导致土地登记簿冻结，但其指向的登记或注销事项，异议会击破土地登记簿之公信力。倘若与异议相反，登记簿内容被视为正确的，则取得人仍取得其权利，该异议自始即失去其意义。"[3]我国的异议登记通过在登记簿上的记载警示被提出异议抗辩权利的真实性，从而防止第三人依公信力取得登记物权，但其自身并不具备公信力。

二是，异议登记不能推翻登记簿的推定力。[4]异议登记的存在充其量只是表明有人对登记簿的正确性提出了质疑；如果

---

〔1〕 王德响："不动产异议登记"，载《法学论坛》2007年第8期。

〔2〕 参见孟婷："浅析我国不动产异议登记的申请程序"，载《法制与社会》2009年第17期。

〔3〕 参见［德］鲍尔、施蒂尔纳：《德国物权法》，张双根译，法律出版社2004年版，第369页。

〔4〕 程啸："论异议登记的法律效力与构成要件"，载《法学家》2011年第5期。

据以否定登记的推定力，将造成对登记名义人处分权的严重损害，不利于自身与为登记名义人利益设计的登记推定力制度之间的平衡。并且，异议登记本身并无推定力，只对登记名义人权利暂时而非终局的否定，登记簿上记载了异议登记，即表明双方当事人就不动产权利归属发生了争议，也不应对异议登记再提出异议登记，而应通过民事裁判等方式解决。

三是，异议登记不能限制登记名义人的处分权。我国立法不承认其具有此等效力，否则将可能导致其与预告登记的适用关系混乱，还会使得民事诉讼法上的诉讼保全制度落空，原因在于预告登记也有限制登记权利人处分权的效力。[1]当然，一旦异议登记记载于登记簿中，实际上并没有太多人敢于购买存在异议事项的不动产，从而在客观上可能起到限制登记权利人处分登记权利的效果。

此外，由于异议登记涉及当事人的利益归属和变化，也将影响今后相应不动产的交易、第三人的善意取得，一旦申请人恶意滥用申请权，还可能对登记名义人的利益造成损害，因此还要通过异议登记失效和责任追究等限制性规定来平衡申请人和登记名义人的利益。

5.3.1.3 异议登记制度之完善

异议登记与更正登记相结合，在保护动态交易安全之外兼顾了静态的安全，并通过异议登记公示，向第三人警示了交易风险，发挥了重要作用。然而，现行异议登记制度仍然存在一些不足：一是，异议登记程序的启动虽明确由利害关系人申请提出，但对何为利害关系人并未明确规定，存在利害关系人被

---

〔1〕 参见程啸："论异议登记的法律效力与构成要件"，载《法学家》2011 年第 5 期。

不当扩大化的可能；二是，《物权法》对滥用异议登记行为的限制性规定不够具体，难以有效防止恶意第三人阻碍正常登记；三是，在异议登记期满失效后，事后救济的途径会增加当事人的诉讼成本，影响正常的经济秩序；四是，我国的异议登记制度依附于更正登记，对可能的真实权利或许显得过于严苛。

为此，需要从登记名义人、可能的真实权利人与不动产交易第三人的角度出发，对现行异议登记制度作进一步完善，更好地发挥异议登记对于登记机构审查错误的临时救济功能。一是，明确利害关系人的范畴，使之接近于理论上普遍认同的可能的真实权利人，将异议登记的适用范围控制在合理程度。二是，规定异议登记消灭的情形，可将登记错误消除、受保全权利的消灭、申请人自愿同意注销、被登记机构更正或者被法院撤销等作为异议登记消灭事由，并规定登记权利人申请注销、登记机构依职权注销、自注销之日起丧失法律效力等异议登记消灭的方式和后果。三是，增加登记机构可以根据异议申请并在申请人提供相应担保的情况下直接办理异议登记的规定，以减轻申请人在短期完成有效举证的难度。四是，平等对待登记名义人、异议登记申请人以及第三人，可以考虑从独立存在的视角重新审视异议登记中存在的诸问题，纠正其对于更正登记的依附性。[1]

5.3.2 更正登记的校正功能及依职权更正之限束

5.3.2.1 更正登记及其功能

登记机构在完成登记后，由于审查的疏漏或者记载事项发

---

〔1〕 彭国元：“独立的博弈：论异议登记在物权法中的重新定位——兼评物权法与房屋登记办法的相关规定”，载《学术论坛》2011年第1期。

生改变等情形，造成权利实际状况与登记簿记载出现不一致，就需要由登记机构依申请或依职权予以更正。我国的更正登记主要是《物权法》吸收借鉴德国等立法经验而新设的登记类型，依据我国《物权法》第 19 条第 1 款规定，《暂行条例》特别是《实施细则》第五章第一节又专门规定了更正登记制度。更正登记是指当不动产登记簿存在错误时，登记机构依当事人之申请或依职权消除该错误而进行的登记，[1]大体包括不动产登记簿存在错误、依申请或依职权启动、登记机构登记更正等情形。其制度功能主要在于，当出现登记错误时，为真实权利人提供必要的救济途径；存在登记错误是更正登记的前提，但一旦错误登记因为公信力致使第三人取得登记权利，更正登记则不能再予适用。[2]由于不动产登记作为物权公示的基本方式，主要体现交易安全优先保护的价值取向，而登记结果与真实权利之间一致只是理想状态，实践中出现登记错误在所难免，登记制度可能以牺牲真实权利为代价，设计更正登记正是为了平衡交易安全和真实权利人间的利益，在保护不动产交易"动"的安全的基础上，通过及时校正登记错误的方式，承担保障不动产物权"静"的安全的功能。相对于异议登记的临时性救济，更正登记是对登记错误的彻底和终局性校正。

5.3.2.2 申请更正登记程序运行及其效力

更正登记可以分为被动更正登记和主动更正登记，前者是依据权利人、利害关系人申请而启动，后者是登记机构依职权而启动，在实践中又以申请更正登记为常态。围绕申请更正登记进行制度设计，首先关注的是属于公法上的程序性权利的更

---

〔1〕　参见程啸："不动产登记簿错误之类型与更正登记"，载《法律科学（西北政法大学学报）》2011 年第 4 期。

〔2〕　常鹏翱：《不动产登记法》，社会科学文献出版社 2011 年版，第 177 页。

正登记申请权，但该权利的背后是私法上的实体性的更正登记请求权，让可能的真实权利人基于自己意志寻求对自身利益的保护。更正登记请求权是私主体享有的私权利，而非由登记机构所赋予；它是私法和公法、登记实体法与登记程序法之间的桥梁，目的直接指向该登记被涉及者的登记同意，在此基础上再产生登记申请权。更正登记请求权的行使范围，限于"可能的真实权利人"和"登记名义人"之间；行使方式是前者请求后者向登记机构表示同意更正，一旦不被同意，即表明双方就更正登记请求权发生了民事权利纠纷，需要借助司法途径解决此纠纷后再确定更正登记能否申请。

申请更正登记的程序运行建立在私法上的更正登记请求权的基础上，由当事人依据自己意志而启动，呈现出三种情形：一是，当权利人提出申请时，更正登记请求权直接转化为公法上的更正登记申请权；二是，当利害关系人提出申请时，如果登记名义人协助配合，则由利害关系人和登记名义人共同行使公法上的更正登记申请权，或者在登记名义人书面同意下，由利害关系人单独行使；三是，当利害关系人提出申请时，如果登记名义人不予协助，则先进入异议登记程序，随后通过司法途径请求法院裁决，再单方行使公法上的更正登记申请权。《实施细则》第79条规定了提交材料的范围，权利人申请更正登记的，应当提交申请书以及不动产权属证书、证实登记确有错误等材料；利害关系人在申请异议登记时，应当提交申请书以及证实对不动产权利有利害关系、不动产登记簿记载错误等材料。由于是终局校正，登记机构需要在形式审查的同时，尽到更高的注意义务，以达到《实施细则》第80条第1款所规定的"不动产登记机构认为不动产登记簿记载确有错误的"这一程度，方可进行更正登记。但是，如果既有的错误登记已经发生了公信力，更正登记则应当排除适用，这涉及更正登记排除错误登记效力的时间问题，由于立法者优先保障交易安全，因而建立了"更正必须止于信赖"的原则。

当登记机构将更正登记事项记载于不动产登记簿，即产生特定的法律效果。一是，更正登记具有推定力，使得登记名义人的权利即被认为是真实权利。二是，更正登记具有公信力，经过更正的登记簿的法律效力溯及最初状态，对于今后信赖登记簿而为交易的任何潜在第三人提供公信力保护。三是，更正登记的范围往往大于公信力保护的范围，登记公信力的效力一般仅及于权利事项，但更正登记其效力可以涵盖整个登记公示的范围，既包括权利事项，又包括非权利事项。

5.3.2.3 依职权更正登记适用之限束及制度之完善

设置不动产登记制度的首要目的在于确认和保护私权秩序，更正登记亦是如此；私权利主体在更正登记程序中通常居于更为重要的地位，制度设计也明确了以当事人的申请为原则，公权力不得对私权利的行使和处分行为进行干涉。然而，从不动产登记"公法为用"的属性出发，在未经真实权利人或利害关系人允许的情况下，基于维护交易秩序和交易安全的考虑，一定情形下公权力的主动介入也为法律所允许，即登记机构可以依职权对登记错误予以更正。从比较法的角度观察，德国等一些国家在立法上认可登记机构依职权引发的主动更正方式。但必须强调的是，由于更正登记对当事人利益影响巨大，所以登记机构主动的更正登记必须严格依照法律规定的程序进行，以防止其滥用职权。[1]但是，依职权主动更正登记的适用，有关

---

〔1〕 参见朱程："刍议《物权法》中的'更正登记'"，载《中国房地产》2007年第 9 期。

国家和地区一般将其限于特定情形，须由本机关决定或者申报上级机关决定。

我国在《物权法》出台后、统一登记实现前的分散登记时代，也进行了依职权更正登记的制度探索，但规定不尽一致，如《土地登记办法》第 58 条和《房屋登记办法》第 75 条。全面推进统一登记改革后，《暂行条例》未明确何种情形可以适用依职权更正登记，《实施细则》未排除依职权更正登记之适用，只是第 81 条规定了程序限制，即"不动产登记机构发现不动产登记簿记载的事项错误，应当通知当事人在 30 个工作日内办理更正登记。当事人逾期不办理的，不动产登记机构应当在公告15 个工作日后，依法予以更正；但在错误登记之后已经办理了涉及不动产权利处分的登记、预告登记和查封登记的除外。"此一专门性前置通知程序的规定对登记机构的主动更正登记形成了限制，一旦当事人在规定的期限内，向登记机构提出阻止更正登记的正当理由，则依职权的更正登记就不能继续，从而防止登记机构滥用职权干预私法生活；同时，规定了在当事人逾期不申请更正登记时，可在履行公告程序后依法予以更正登记，从而有效防止了当事人怠于申请更正登记而给公共利益带来的损害。从健全制度角度看，对于依职权更正登记，将来有必要在修改《暂行条例》和《实施细则》时，进一步明确启动依职权更正登记程序的条件、依职权更正登记的事项范围等，以更好地发挥作用。

5.3.3 不动产登记案件行政复议的适用

在行政法领域，如果公民的权利因为行政机关的作为或者不作为受到了侵害，则该行政相对人或相关人必然寻求救济，既可以向法院提起行政诉讼，更多则是先在行政体系内部向作出行政行为的上级机关提起行政复议。就不动产登记而言，当异议登记和更正登记不能满足申请人的救济需求之时，首先，要明确在行政体系内部可否进行行政复议。行政复议作为行政救济的重要方式之一，不动产登记案件能否申请行政复议，关键取决于该登记行为是否由于登记机构的作为或者不作为侵害了行政相对人或相关人的权利。实践中，由于不动产登记过程存在诸如审查缺失、登记面积不准确、记载信息有误等问题，会对行政相对人或相关人产生不利的影响；而不动产登记作为行政确认行为，当该行为侵害行政相对人或相关人的权利时，则行政相对人或相关人有权通过复议途径实现行政救济。

其次，要明确不动产登记案件与行政复议程序如何衔接的问题。由于《中华人民共和国行政复议法》（以下简称《行政复议法》）针对各类行政行为设置了相当详尽的程序规范，《暂行条例》只要为登记机构的行为设定正当性判断标准即可，没有必要针对登记机构的行政行为专设衔接条款。[1]我国《行政复议法》第 6 条划定了行政复议范围，其中第（四）项为"对行政机关作出的关于确认土地、矿藏、水流、森林、山岭、草原、荒地、滩涂、海域等自然资源的所有权或者使用权的决定不服的"，第（八）项为"认为符合法定条件，申请行政机关颁发许可证、执照、资质证、资格证等证书，或者申请行政机关审批、登记有关事项，行政机关没有依法办理的"。尽管不动产登记被界定为行政确认行为，但对于登记案件适用行政复议，不能望文生义地援引《行政复议法》第 6 条第（四）项，因为该规定中的"确认"在行政行为类型化中应为"行政确权"或"行政裁决"，而非"行政确认"。因此，对于涉及不动产登记

---

〔1〕　常鹏翱：《不动产登记法》，社会科学文献出版社 2011 年版，第 245 页。

审查的案件申请行政复议的，应当援引第 6 条第（八）项的规定提出申请。

再次，要明确不动产登记案件适用行政复议的范围及相关情形。根据《行政复议法》第 2 条的规定，登记机构在审查登记申请后的决定（包括收件受理阶段和审核登簿阶段）、依职权更正登记以及对查阅和复制登记资料申请的决定等都属行政行为范畴，当行政相对人和相关人认为上述行为侵害其合法权益时，均可以依法申请行政复议。但是在实践中，还是存在一些涉及争议问题。[1]一是，通过信息公开途径查询不动产登记资料信息的纠纷。目前法律法规对此没有明确规定，各地的做法也不尽相同，行政复议机关要求登记机构予以公开或要求相对人采取查询方式的做法也都存在。二是，不动产登记与信访职责关系的纠纷。针对这一问题，一种观点认为登记机构作出的《国土资源信访事项处理意见书》是对申请人反映情况作出的解释、答复，对申请人实体权利义务不产生实质影响，不属于行政复议受案范围；另一种观点认为登记机构应当撤销《国土资源信访事项处理意见书》并责令其重新作出行政行为。作者赞同后一种观点。[2]三是，登记职责整合后出现的新纠纷。实施统一登记改革以来面临的一个新情况是，登记结果的实质争议集中在登记前的职责，比如住房交易网签、林权调查等环节，

---

〔1〕　参见胡卉明："产权登记行政复议案件的相关问题"，载《中国土地》2016年第 7 期。

〔2〕　由于 2015 年国土资源部下发的《国土资源领域通过法定途径分类处理的信访投诉请求清单及主要依据》中，已明确规定不动产登记法定处理途径是国家赔偿、行政确认、行政复议及行政诉讼，不属于信访处理范围，因此登记机构在收到有明确与登记职责相关的申请时不应将其纳入信访渠道处理，而应要求其提交登记申请再进行登记审查，如果不符合登记条件则不予受理或不予登记，申请人可就不予受理或不予登记的决定主张行政救济。

针对此类问题，作者的主张是，对于登记职责整合后名义上是登记纠纷实质为登记前其他部门职责的，应当告知复议申请人请求登记前置行政机关依法履职，而不是将争议集中到国土资源主管部门。

最后，要明确适用行政复议的结果。我国不动产登记相关法律法规没有赋予登记机构撤销登记行为的权力，但上一级登记机构可以依据《行政复议法》的规定，通过行使行政复议权，撤销下一级登记机构不合法的登记行为，〔1〕从而实现在行政体系内部对于登记机构审查错误的校正。

5.4 司法权的外部介入： 兼谈登记错误的责任认定及司法救济

不动产登记机构审查的出发点和落脚点在于实现登记权利和真实权利的一致，但由于自身职责和能力所限难以完全达到，高度盖然性或许才是登记状况与真实权利之间的常态化状况，发生登记错误可能总是在所难免。行政体系已经提供了内部修正机制，但并不足以化解这一困局，必要时还需要司法权这一公权力的介入，方能实现对登记机构审查局限性的纠正或终局救济，以使登记状况与真实权利实现一致。此外，当出现登记错误即登记状况与真实权利不一致的情况，或可归责于申请人，或可归责于登记机构，或登记机构和申请人兼而有之，则会随之发生登记赔偿问题，特别是后二者的情况可能引发行政赔偿问题，也需要进入司法途径解决。考虑到学界已对登记赔偿问题进行了广泛而深入的讨论，为保持本书对于不动产登记审查

---

〔1〕 肖攀："依法矫正，合理赔偿——不动产登记错误的矫正与救济"，载《中国不动产》2017 年第 3 期。

这一研究对象的聚焦，本节虽涉及登记赔偿问题，但更多是从健全完善不动产登记审查体系的角度予以介入，算是浅尝辄止吧。事实上，登记赔偿问题或通过民事诉讼或通过行政诉讼解决，对于不动产登记审查司法救济的论述，或许本节在"无心插柳"间为登记赔偿问题划定了一个公私法接轨的解决路径。

5.4.1 司法权之于登记机构审查的作用及民行交叉登记纠纷的处理

司法权与行政权二者之间联系紧密。一方面，司法权既要对行政权不能作出判断的争议作出终局性裁判，还要对行政权行使过程实施监督。不动产登记作为行政确认行为，具有公定力、确定力等行政行为的效力，也产生物权变动生效和对抗等民事效果；[1]但是，登记机构没有能力对存在争议的不动产物权纠纷作出裁决，裁决争议仍属法院职责所在。同时，如果不动产登记这一行政权不受司法权监督，则可能被不合理地扩张甚至被滥用，从而可能侵害公民的合法权益。另一方面，不动产登记行政权之于司法权亦有重要意义，一定程度上是司法权得以实现的重要环节。司法权的本质在于权威性的法律判断，但并不替代本应由行政机关行使的职责，因此其最终实现还要依赖当事人或者行政机关的配合，不动产登记是法院就不动产物权争议裁决这一司法权实现的不可或缺的环节。

5.4.1.1 法院对登记机构审查的补救或监督

不动产登记是私法层面不动产物权变动的公示方式和公法层面行政确认相结合的产物，民法实体法期待出现的私法效果

---

〔1〕 参见裴铭光："论房产行政登记及其法律救济"，载《法制与经济》2009年第1期。

经由登记这一行政确认行为或者物权程序得以落实。在实体法即物权实体规则范畴，形成不动产物权变动生效、登记簿记载事项推定真实并进而产生公信力、保证交易第三人的善意取得等一系列法律效果。在程序法即物权程序规则范畴，国家公权力介入登记领域，通过程序主导者登记机构和程序参与人的互动使得登记程序良性运转，为不动产物权公示提供了国家权威、信誉的保障，增强了公示效果、体现出公信力；登记机构的审查，体现出物权程序独立的价值，也保障了登记结果的相对真实。但是，任何良好的制度设计在运行中都难免出现偏差，从而引致纠纷的产生，登记错误就是登记制度实施中最可能出现的问题，当登记名义人与真实权利人不一致时，真实权利人为维护自身权益必然会寻求救济。登记错误或者因基础民事法律关系或者因登记行为引发，前者的争议属于物权实体规则范畴，应当通过民事诉讼途径矫正；后者的争议是在行政确认或物权程序中引发，当采用行政诉讼的救济途径。

不动产登记事涉实体法与程序法、公法与私法，在实体上它与《物权法》《担保法》等民事法律以及《土地管理法》《房地产管理法》等相关行政法密切相关，在程序上则需要与《中华人民共和国民事诉讼法》（以下简称《民事诉讼法》）、《中华人民共和国行政诉讼法》（以下简称《行政诉讼法》）等做好衔接。有学者从民事诉讼与行政诉讼交错的视角，将由不动产登记错误引发的诉讼类型化为权利人、利害关系人就不予更正登记提起的诉讼，异议登记后的诉讼以及登记错误的赔偿诉讼这三种，[1]恰好将司法救济与行政体系内部修正机制相关联，也

---

[1] 参见刘璐、高圣平："解释论视野下的不动产登记错误的司法救济——从民事诉讼和行政诉讼交错的视角"，载《海南大学学报（人文社会科学版）》2011年第 6 期。

基本划定了不动产登记纠纷的范围，颇值赞同。从目前我国登记机构审查实践看，《暂行条例》所规范的登记行为在形式上为行政行为，而主要涉及的又是民事权益，因此，登记审查与《民事诉讼法》《行政诉讼法》的衔接应予足够重视。行政权的局限性需要司法权来弥补，只有法院凭借司法权的权威性和法律专业能力，才能真正承担其终局性审查的角色。

5.4.1.2 民行交叉不动产登记纠纷的解决

民法与行政法之间的交融是当下中国公法与私法接轨过程中的关键课题，"民法规范在行政法中的适用"是大陆法系行政法学的一个长久命题，而在英美法系，行政争议适用民法规范并不成为问题，因为他们将法律平等，即"凡人皆受制于普通法律，而普通法律复执行于普通法院"奉为圭臬。[1]在不动产登记案件处理中，既涉及民事纠纷又牵扯行政纠纷的案例可谓屡见不鲜，民事审判与行政审判审理此类案件的侧重点不一，案件判决结果可能迥异，从而降低了审判效率，也影响了司法形象。

民行交叉登记纠纷需要慎重对待，为便于进行区分比较，列下表予以说明。

表3　民事诉讼与行政诉讼的区别

	行政诉讼	民事诉讼
审理主体	人民法院行政庭	人民法院民庭
审理目的	监督行政机关依法行政	对存在争议的民事权利义务关系作出法律判断
审理对象	行政机关作出的行政行为	证据反映的民事权利义务关系

---

〔1〕　参见［英］戴雪：《英宪精义》，雷宾南译，中国法制出版社2001年版，第237页。

续表

	行政诉讼	民事诉讼
审理标准	主要对行政机关作出行政行为时的合法性进行审查	相关证据能否称为确定起诉之前的民事权利义务关系的理由

　　上表列出了民事诉讼与行政诉讼的区别，经比较可以发现，行政诉讼与民事诉讼在审理主体、审理目的、审理对象和审理标准等方面存在较大差别。前者系由法院行政庭负责审理，旨在监督行政机关依法行政，针对的对象是行政机关作出的行政行为，审查的标准一般为行政机关作出的行政行为的合法性，有时及于行政行为的合理性。后者系由法院民庭负责审理，旨在对存在争议的民事权利义务关系作出法律判断，针对的对象是证据反映的民事权利义务关系，审理标准是相关证据能否成为确定起诉之前的民事权利义务关系的理由。因此，不能因为二者在审判结果表面上的不一致，进而就轻易地认为出现了不同的审判结果，这与同一个行政案件或者同一个民事案件出现两种不同审判结果的性质是完全不同的，此点应当引起足够重视，以免误解误判。

　　由于民事诉讼和行政诉讼案件程序设置不同，一般不宜合并审理，因此民行交叉的不动产登记纠纷，首先要考虑把握分别审理的原则，行政诉讼一般只针对登记机构作出的登记行为，就其合法性和合理性进行司法审查；而民事诉讼则基于相关证据和法律专业判断，着力解决引发物权变动的基础民事法律关系纠纷。就不动产物权登记引发的行政争议和民事争议交叉案件而言，要从案件的客观事实和有利于正确、妥善处理案件出发，找准案件审理的切入点，找准正确审理程序，按照"谁为前提谁优先"的原则确定行政诉讼与民事诉讼之间的先后关系，亦即民事争议和行政争议谁为案件的处理基础或前提谁就优先审理。根据不动产登记的行政确认行为性质，不得将事后的事实作为判断登记机构当时做出行政行为是否有效的依据，也不能随意被民事纠纷审理过程中予以认定的事实所左右，这是在审理民行交叉登记案件时应当予以正确把握的；同时，审理过程中应当注意准确把握行政审判标准和民事审判标准的不同界限，并提供二者之间相互衔接的具体途径。

　　针对民行交叉的不动产登记纠纷的解决，"行政附带民事诉讼"的方式被不断提出，即在利害关系人对登记的权属存在争议的情况下，融合到一个诉讼程序中，有论者认为其不失为解决民行交叉案件的一剂良方，能够满足诉讼效益原则的要求，确保法院裁判的一致性；[1]有的则提出批评，认为行政诉讼不存在附带民事诉讼可能性，"如果把某些行为的审查归为行政诉讼附带民事诉讼，则因为这两种诉讼制度存在本质差异，导致行政诉讼和附带诉讼都没有效率，或者产生其他不良的影响"；[2]有的更是指出行政诉讼与解决民事争议的民事诉讼之间不具兼容性，原告在行政诉讼中胜诉，并不意味着他一定能在民事诉讼中赢得实体权利，反之亦然。[3]作者认为，在不动产登记纠纷领域所谓的行政与民事交织问题，有很多是权属存在争议的基础民事法律关系纠纷以登记机构审查不严、导致登记错误为由，将民事私权争议转化为公法意义上的行政争议，这一转化并不合理。不动产登记作为不动产物权变动公示程序，通过行

―――――――――

〔1〕 参见邓达奇、王琦："行政登记案件适用行政附带民事诉讼问题研究"，载《重庆理工大学学报（社会科学）》2016年第2期。

〔2〕 参见戴涛："行政登记侵权之诉研究"，载《行政法学研究》2001年第4期。

〔3〕 参见李昕："制度欠缺与司法程序的权宜之计——论我国行政登记的类型与裁判"，载《成人高教学刊》2007年第3期。

政确认产生一系列的私法效果，登记行为的性质决定了登记机构只被赋予有限的审查职责；登记机构无权也没有能力对基础民事法律关系进行审查判断，法院对登记行为的司法审查强度应与此一致。

　　尽管由于基础民事法律关系的问题可能导致登记错误，进而造成登记权利与真实权利的偏差，但其根源并不在于登记机构的登记行为，行政诉讼也无法从根本上解决争议。从这种意义上讲，此类纠纷并不是真正的行政争议与民事争议交织，而只是单纯的民事争议，行政权行使的边界并未与私权争议出现竞合，作为监督行政权行使的行政诉讼也就不会与解决私法争议的民事诉讼产生真正意义上的交叉。事实上，我国《物权法》确立的更正登记与异议登记制度同民事诉讼相结合，已形成解决不动产物权登记基础民事法律关系争议的有效途径。在因权属争议而引发的登记纠纷中，自认为的真实权利人为暂时阻断登记公信力，防止第三人善意取得不动产物权，应当申请登记机构异议登记，并于存续期限内诉请解决基础民事法律关系争议，经法院民事裁判确定后，即可持裁判文书申请更正登记，从而使真实权利与登记权利归于一致；如果就对此类纠纷直接提起行政诉讼，要求法院撤销权属证书，不具有任何实际意义。并且，2014 年修订后的《行政诉讼法》第 61 条第 2 款规定，"在行政诉讼中，人民法院认为行政案件的审理需以民事诉讼的裁判为依据的，可以裁定中止行政诉讼"，实际上从另一角度表明了态度。

　　"让上帝的归上帝，恺撒的归恺撒"或许才是确定此类所谓民行交叉登记纠纷审理顺序应当遵循的基本法理，亦即行政诉讼与民事诉讼之间谁为解决纠纷的前提或基础谁就优先处理。当然，尽管逻辑上看应当如此，但根据我国《行政诉讼法》，由于登记机构的登记行为具有可诉性，法院在司法实践中也不能直接不予受理或驳回起诉。较为可行的是，由法院指导当事人选择有效的救济途径，避免不必要的诉讼。如果当事人坚持提起行政诉讼，法院只能进行司法审查，但该司法审查并不能最终解决权属争议，对登记行为合法性的确认并不意味着对物权归属的确认；反之，如果登记行为存在违反审查职责、程序瑕疵等问题，法院也应依法作出确认登记行为违法的判决，但这也不意味着对真实物权的否认，此类行政裁判对当事人的意义只是因登记行为违法而可能形成登记机构的国家赔偿责任。

5.4.2 民事诉讼在物权变动原因层面对于登记审查的有效补救

5.4.2.1 登记机构审查的有限性与民事司法审查的终局性

由于登记机构审查能力、审查程度等的有限性，行政确认的结果并不必然与基础民事法律关系所呈现的完全一致，行政诉讼对于确定实际民事权利义务也不具有决定性作用。不动产登记虽然具有公定力，但其来源于登记机构行政权的运用，受制于行政权的运用程度，登记机构可以对申请材料是否完整和齐备进行审查，也可以对申请材料是否真实进行审查，但并不能对基础民事法律关系的合法性作出深度鉴别或价值判断；换言之，运用了审查权的不动产登记是否合法与登记权利状况是否真实并不完全对应，因而，登记簿上所记载的权利状况的真实性不具有较强的"公定力"。站在私法的角度看，由于公定力和公信力之间的基本对应关系，登记行为的公信力也并非较强的"公信力"，而只是一种被推定为正确的效力，并不必然及于不动产权利的真实性。

不动产登记的终局性审查是通过民事诉讼审查基础民事法

律关系，从而确定不动产权利归属，因此，法院在民事审判中有权否决登记机构作出的行政确认行为。此类不动产登记纠纷主要在异议登记之后产生，由异议登记申请人（实际上为原不动产登记的利害关系人）在异议登记存续期间针对不动产物权的归属和内容向法院提起诉讼，被告则为登记权利人，该诉讼的性质一般应为民事诉讼。对异议登记后进入民事诉讼程序的案由的确定一直存在争议，[1]根据《最高人民法院关于印发修改后的〈民事案件案由规定〉的通知》有关规定，虽然此类纠纷事关"不动产物权的归属和内容"，但一般不直接适用"物权确认纠纷"这一案由，而主要从"所有权纠纷""用益物权纠纷""担保物权纠纷"其下进一步确定具体案由，只有当纠纷涉及上述两种以上物权，方适用"物权确认纠纷"案由。[2]当然，此时的物权确认乃是"司法确认"，不同于不动产登记在行政行为类型上的"行政确认"。当然，如果一项民事纠纷虽然涉及"不动产物权的归属和内容"，但未曾进入过登记程序，则不属于不动产登记纠纷，亦不在本书讨论之列，或许那才是一般意义上的"物权确认纠纷"。

此外，需要指出的是，由于不动产登记行为原本具有行政行为的先定力，在未经有权机关经法定程序撤销或宣告无效之前，仍然有效并具备其形式合法性，即使登记行为已经丧失其实质合法性。相应地，即使针对上述异议登记后的纠纷案件的民事裁判结果迥异于登记结果，但由于民事审判庭无权评判登记行为合法与否，还需当事人持生效法律文书重新申请不动产

---

[1]　曹建明主编：《最高人民法院民事案件案由规定理解与适用》，人民法院出版社 2008 年版，第 56 页。

[2]　参见刘璐、高圣平："解释论视野下的不动产登记错误的司法救济——从民事诉讼和行政诉讼交错的视角"，载《海南大学学报（人文社会科学版）》2011 年第 6 期。

登记，经由登记机构审查登记，以真正实现民事权益形式与实质的统一。

5.4.2.2 登记纠纷的类型化与民事审判补救登记机构审查的着力点

从不动产登记案件类型角度看，可以进行四个层次的划分。第一层次可划分为不动产物权登记纠纷和其他事项登记纠纷，第二层次可将不动产物权登记纠纷再次划分为涉及物权变动的纠纷与不涉及物权变动的纠纷，第三层次可将涉及物权变动的登记纠纷可进一步划分为基于法律行为发生物权变动的登记纠纷和非基于法律行为发生物权变动的登记纠纷，第四层次可将基于法律行为发生物权变动的登记纠纷再次划分为基础民事法律关系存在争议的登记纠纷和基础民事法律关系不存在争议的登记纠纷。各层次的后者一般系由登记机构登记审查瑕疵所引发，主要通过行政诉讼途径解决，但第三层次的后者有所例外，其中基于继承、受遗赠等原因引发物权变动的登记纠纷，则可能需通过民事诉讼解决；而前者则可能涉及通过民事诉讼途径解决，越往后一层次则可能性越大，甚至形成民事争议与行政争议相交织的局面。总体来看，需要通过民事诉讼解决的不动产登记纠纷主要为基于法律行为或继承、受遗赠等法律事实发生物权变动的、基础民事法律关系存在争议的物权登记纠纷，亦即需要法院行使民事审判权来弥补登记机构审查能力之不足；而其他登记纠纷则主要通过行政诉讼解决，亦即需要法院行使行政审判权来监督登记机构审查权之行使。

不动产物权变动的"权源"是当事人之间的法律行为或法律规定的其他法律事实，而非不动产登记的行政确认。虽然登记机构审查的目的也在于确认民事基础法律关系与拟登记权利的一致性、真实性，但并不能保证原因行为或民事基础法律关系必然真实、合法。在上述进入民事诉讼程序的登记纠纷中，法院在民事审判中需要进一步审查引发不动产物权变动的民事基础法律关系的真实性、合法性，其审查重点主要涉及申请材料中的买卖合同、赠与合同、抵押合同、继承或受遗赠关系证明等，也就是本书第四章所述的登记原因涉及的基础民事法律关系，并结合当事人的举证对其是否真实合法作出价值判断，从而完成不动产物权的权属确认。应当注意的是，法院在行政审判中一般只能就登记行为的合法性问题作出判断，对于基础民事法律关系的合法性问题只能通过民事审判予以价值判断和最终确认。此外，对于涉及不动产合同关系的当事人就合同所涉不动产物权归属发生争议的，还应区分物权关系与债权关系，当事人的约定其性质为债权而非物权，并不具有物权效力，其争议应基于合同约定的债权债务关系加以处理。

5.4.3 行政诉讼对于登记机构审查的监督

不动产登记案件中所涉登记行为属于登记机构的行政确认行为，除法律规定外都属于司法审查的范畴、具有可诉性，当行政相对人或相关人选择向法院提起行政诉讼时，法院则应当受理。司法实践中，以登记纠纷为由提起的行政诉讼主要包括三类：一是，不服登记机构作出的不予受理决定、不予登记决定或认为登记机构拒绝履行登记职责的；二是，认为登记机构审查不严，错误进行不动产物权转移登记、变更登记、撤销登记、注销权属证书等情形；三是，与不动产登记相关的信息查询、测绘、行政处罚等问题引发的争议。结合登记审查来看，第一类纠纷系不动产物权登记程序启动意义上的争议，应当由行政诉讼解决；第三类纠纷不属于与登记审查相关的登记纠纷，不在本书讨论范围；第二类纠纷则可能产生民事诉讼与行政诉讼相交织的状态。结合登记错误的救济来看，权利人、利害关系人就不予更正登记提起的诉讼以及针对登记机构的赔偿诉讼是较为常见的不动产登记纠纷中的行政争议。

5.4.3.1 合理确定行政诉讼中的司法审查标准

根据《行政诉讼法》第 2 条、第 11 条以及《最高人民法院关于审理房屋登记案件若干问题的规定》第 1~6 条有关规定，为监督不动产登记审查这一公权力行使，首要任务是在行政诉讼中明确确立司法审查标准的基本理念。一是，要有利于登记纠纷的实质性解决。行政诉讼的直接目的在于解决公权力与私权利的争议，从公权力与私权利关系的角度看，偏向于保护相对人合法权益不受公权力侵害；从国家权力制约的角度看，主要是监督和促进行政权的合法行使。因此，审理不动产登记案件所确立的司法审查标准，应着眼于登记行为是否正确执行了涉及不动产登记的法律法规，它取决于登记机构依据法律法规和规章政策在登记审查中应当达到的标准，要着重审查登记机构是否严格履行法定职责、是否准确把握登记法定要件，实际上也就达到监督登记行为、促进登记机构依法登记的目的。二是，司法审查的程度要适当。司法审查程度关系到法院和登记机构以及相对人之间三方面的责任分配，如果适当，则既能保障当事人合法权益、节省诉讼成本投入，又能提高审查效率、确保审查质量，从而实现司法权和行政权之间的平衡。审查过严则可能对登记机构求全责备，影响登记机构在职责和能力范围内正常开展工作，审查过松则不利于贯彻《物权法》所要求的审查职责和注意义务，弱化了司法审查的监督功能。三是，司法审查标准应趋向于多元化。由于不动产登记案件中登记审查对象的复杂性，决定了不能简单运用单一的标准，英美法系国家区分事实问题和法律问题进行司法审查的方法值得借鉴，即使不严格区分法律问题和事实问题，但也可以考虑就不同类型的登记事项采用不同的司法审查标准。

对于不动产登记行政争议的司法审查，法院是固守原有的"审查具体行政行为的合法性"原则，还是要对登记行为的合理性也进行审查，这是学界和实务界的争议焦点。应当看到，前者是后者的前提，后者是前者的补充，合理是合法范围的合理；从审查强度上看，前者是司法审查标准的底线，后者则是更高程度的司法审查要求。作者认为，具体到不动产登记行政争议，局限于合法性审查标准已经无法应对登记实践的现实状况，由于我国法律赋予了登记机构的更多的登记审查职责和注意义务，也扩大了登记机构审查的自由裁量空间，如果不适用合理性审查标准，则很难对登记行为作出准确的判断。反之，合理性标准的确立则为法院认定行政自由裁量权是否规范行使提供了依据，也为保障公民合法权益免受侵害提供了依据。因此，不动产登记行政争议应当坚持合法性审查与合理性审查相结合。

5.4.3.2 关注贯彻《物权法》语境下的司法审查

对不动产登记行政争议的司法审查属于行政诉讼法领域内的问题，但又与《物权法》密切相关，因此，行政审判必须关注《物权法》有关规定是否得到贯彻，特别是物权平等保护、物权公示公信、物权法定及一物一权原则等应当主动加以运用，在不直接涉及时亦不得抵触。同时，依据《暂行条例》及《实施细则》的规定，登记机构不仅在形式上需要遵守法定程序，在实体上也应当做到履职尽责、合理审慎进行审查，尽到必要的注意义务。比如，在收件受理阶段，不一次性告知补齐申请材料，混淆或错用审查程序；在审核登簿阶段，应当能识别而未识别虚假材料，申请材料与登记内容不一致；对申请人疏于审查，未能辨别真实当事人，对登记类型判断有误致使应到场的当事人未到场；等等。上述种种皆属登记机构审查中出现的瑕疵，都可能导致行政诉讼而面临败诉的风险。

《行政诉讼法》第 69 条和第 70 条对法院如何实施司法审查进行了规范，审查的主要内容为适用法律、法规是否正确，是否符合法定程序，是否超越职权，是否滥用职权，是否明显不当；关键是审查证据是否充分确凿，是否能够合理地推断事实的存在，登记机构是否依据当事人申请履行了审查职责。为此，登记机构必须提供相应的证据加以佐证，如当事人申请书、身份证明、权属证明、合同书、现场勘测资料等，以证明自己尽了应尽职责。就法律规定的适用是否正确而言，既包括定性是否准确，也包括定量是否合理，行政诉讼只审查登记机构在作出行政行为的当时是否符合法律规定，按照登记申请依照法定程序履职尽责，作出合理的决定。

如何用证据来印证不动产物权设立、变动、消灭的事实，查证证据的真实性并使得证据表现的法律事实贴近客观事实，判断当事人是否具有行为能力、是否为物权人、原因行为是否存在等，是登记机构审查的重点和难点。由于登记机构审查是被动接受申请，并通过当事人提供的证据再现赖以登记的基础民事法律关系，梳理物权变动的相关信息并决定登记与否，这个过程并非基础民事法律关系的直接表现而是间接和抽象表现，加上登记人员审查能力的局限性，决定了登记审查有可能偏离事情的真相，而不能完全保障登记结果的客观真实；因此，登记机构的审查结论是正当程序运作后产生的结果，即使在程序机制内尽可能保证了真实，但毕竟不是客观事实本身。相应地，法院在审理不动产登记行政争议时，要站在登记机构的立场回顾登记过程并作出法律判断，需要法官根据自己对相关法律法规及具体案件事实的理解来准确把握，并在此基础上衡量登记机构提供的证据达到何种证明程度，才能证明不动产登记行为具有合法性和合理性。

作者认为，鉴于不动产登记的复杂情况，审理此类行政案件时应当采用多元化的司法审查标准。第一，对于登记机构履行法定程序是否到位应当严格审查，达到"排除合理怀疑"的程度。例如，登记机构是否对申请材料进行查验、进行必要的询问、对必要的情况进行实质性调查，这就要求登记机构必须有充分的证据足以证明其尽到了程序性义务，否则就应当面临败诉。第二，对于登记机构审查所涉及的基础民事法律关系要区分对待。需要对基础民事法律关系进行法律判断的，如不动产交易的合法性问题、交易合同的有效性问题，登记机构因职责和能力所限做到高度盖然性即可，只要能证明对当事人提交的合同文本的形式要件进行了认真审查并在权限范围内对合同作出了真实性判断，就不应要求其对合同内容的合法性作出证明。第三，对于明显违法的内容或者普通人即能发现不动产交易的不合法性，则应适用严格的证明标准。例如，甲将划拨取得的国有土地使用权转让给乙，双方签订了转让合同但未经有关部门批准，后双方持该合同到登记机构办理了登记过户手续；有利害关系人就此登记过户行为提起行政诉讼，要求撤销乙持有的该土地的土地证，理由是未经有关部门的批准。如果登记机构抗辩该交易的合法性问题不在其审查权限内，则法院应当不予采信，因为划拨的国有土地使用权转让需要经有关部门批准，这是登记机构有能力也有义务作出合法性判断的却没有作出准确判断，显然是不合法的。

此外，法院在行政诉讼的裁判方式选择方面也需要审慎抉择。首先，不动产登记行政争议的裁判应针对登记行为的合法性判断，而不宜对不动产权属予以处理。其次，不宜适用维持或撤销判决。尽管登记行为合法但并不能排除因基础民事法律关系问题导致登记权利与真实权利不一致，维持判决将阻碍登记机构通过更正登记恢复真实权利；与此相类似，即使登记审查存在瑕疵，也有可能登记的结果与真实权利相符，而轻易撤销则会影响交易秩序和交易安全。最后，针对上述情形，登记行为合法的可适用驳回原告诉讼请求的判决，登记行为违法的可适用确认登记行为违法的判决。

5.4.4 不动产登记错误的责任认定与赔偿诉讼的路径选择

不动产登记错误发生后，即可能发生登记赔偿，从而产生责任认定问题。在不动产登记赔偿案件中，有的由于登记机构过错造成，有的由于申请人过错造成，还有的系基于登记机构和申请人"混合过错"造成，这将涉及民事诉讼还是行政诉讼的救济途径选择，其中由"混合过错"造成的赔偿案件，则是较为典型的民行交叉登记纠纷。

5.4.4.1 不动产登记错误与赔偿责任

所谓不动产登记错误是指不动产登记簿记载的权利事项与真实的权利状态不一致，作为一个客观事实，它是登记赔偿的前提和基础。相应地，不动产登记赔偿则是指，由于登记机构或当事人的原因而造成不动产登记错误，导致真实权利人所享有的不动产物权静态安全受损，或者第三人因信赖登记进行交易而给真实权利人的不动产物权动态安全或第三人的信赖利益带来损害的，相关登记机构或当事人应当对此予以赔偿的制度。不动产登记赔偿制度对于完善我国不动产统一登记制度，促使不动产登记机构依法履行登记职责，减少登记错误，最大限度地保护当事人的合法权益及交易安全具有重大意义。从学理层面看，对于不动产登记赔偿的规定，其目的集中体现为两方面，一方面对遭受损害的权利予以救济并使其尽可能回复到遭到侵害前的状态，另一方面通过承担赔偿责任的惩罚方式达到矫正、警示的作用。实际上，不动产权利人期许的是登记的正确，而非获得赔偿，法律规定对登记错误导致的损失承担赔偿责任也不仅为了惩罚，只是表达对错误的否定态度，创造并维系不动产登记毋庸置疑的公信力。[1]

从导致登记错误进而引发登记赔偿的原因来看，主要包括三种类型：一是由于当事人的原因引起的不动产登记错误。因当事人的原因引起的不动产登记错误，主要是指因当事人自身原因直接引起的登记错误，比如恶意提供虚假的申请材料、疏忽而导致未及时申请办理相关登记等情形。在此情况下，登记机构并不需要负担任何赔偿责任，而应当由导致登记错误的当事人依据一般的民事侵权归责原则和赔偿原则对受害人进行赔偿，并按照公示公信或其他法律原则确定不动产的权利归属。二是由于登记机构的原因引起的登记错误，即由于登记机构的过失或故意行为所导致的登记错误。如，因登记机构工作人员主观上有过错导致登记错误、遗漏和遗失申请材料，使不动产权利人及利害关系人蒙受损失；又如违反登记程序给权利人造成损失，主要包括：不按规定进行公告或违背公告期限，无正当理由拖延登记办理时间，无故拒绝办理变更、转移或更正登记，拒绝有关当事人正当的申请登记资料查询的请求，等等。三是由于登记机构和申请人共同过错，即对于登记错误的发生，登记机构和申请人均存在过错。此类型又分两种情况：一种是有意思联络的共同侵权行为，如登记机构工作人员故意与申请

---

〔1〕 参见王崇敏："我国不动产登记机关赔偿责任问题探讨"，载《河南省政法管理干部学院学报》2007 年第 5 期。

人相互勾结、恶意串通，造成不动产登记错误；另一种是无意思联络的共同侵权行为，如登记申请人故意提供虚假材料，而登记机构只是因疏忽大意未尽审查义务，共同导致不动产登记错误发生。上述三种登记错误中，纯粹由于当事人原因引起的登记错误属于一般民事侵权行为，与登记机构的审查职责履行基本无关，不在本节重点讨论之列；而后两种原因所致登记错误均关乎登记机构，则需引起重视。

由于错误登记行为造成当事人权利受损时，登记机构的作为或者不作为与当事人权利受损之间存在的因果关系，可能是一因一果，也可能是多因一果：前者是指申请人本身并无任何过错，只是由于登记机构工作人员的疏忽或失误，才造成当事人的损失，属于直接因果关系；后者则是民事侵权和行政侵权纠缠其中的混合侵权，既包含当事人未履行告知义务、提供虚假或错误材料等行为，也包含登记机构工作人员未认真核实申请材料等行为，登记机构与民事侵权行为人应当基于相当因果关系说共同对损害后果承担责任。[1]当前我国关于不动产登记错误赔偿责任的法律依据主要是《物权法》第21条，"当事人提供虚假材料申请登记，给他人造成损害的，应当承担赔偿责任。因登记错误，给他人造成损害的，登记机构应当承担赔偿责任。登记机构赔偿后，可以向造成登记错误的人追偿。"但是该条规定比较原则，在责任性质、责任分担方式、责任实现途径等方面均较为含糊。事实上，《物权法》起草前，分别以梁慧星教授和王利明教授为代表的我国主流民法学者，对登记错误赔偿责任是国家赔偿责任还是民事赔偿责任未能形成统一认识，立法者也采取了回避的态度，没有给出明确的意见，而是寄希

---

[1] 参见吕艳辉："公私法交织中的不动产登记"，载《北方法学》2008年第5期。

望于将来的法律法规进一步明确。如当时参与《物权法》起草者认为，"尽管立法机关、学术界和实务界就不动产登记机构的管理体制、登记行为的性质、赔偿责任的性质与归责原则、赔偿责任的范围以及设立不动产登记赔偿基金等问题曾进行过多方面的讨论，但观点不尽一致。因此，《物权法》第 21 条仅对该问题做了原则性规定，而具体问题则留待将来关于不动产登记的专门法律去解决。"[1]为便于后续解释说明，先列下表对民事赔偿与行政赔偿作一比较。

表 4　不动产登记错误民事赔偿责任与行政赔偿责任之比较

	民事赔偿	行政赔偿
法律适用	《物权法》《中华人民共和国侵权责任法》（以下简称《侵权责任法》）、《民事诉讼法》《暂行条例》及相关司法解释	《物权法》《中华人民共和国国家赔偿法》（以下简称《国家赔偿法》）、《行政诉讼法》《暂行条例》及相关司法解释
前置程序	无先行处理程序	先行处理程序（赔偿义务机关对赔偿请求人的申请两个月内作出决定，逾期不予赔偿或者申请人对赔偿数额有异议的，三个月内向法院起诉）
诉讼时效	时效期间两年，从知道或者应当知道之日起算	时效期间两年，自行政行为被依法确认为违法之日起计算
举证责任	原告负举证责任	被告负举证责任
归责原则	存在过错责任、过错推定、无过错责任等分歧	通说认为系违法责任

---

〔1〕　参见胡康生主编：《中华人民共和国物权法释义》，法律出版社 2007 年版，第 63～64 页。

	民事赔偿	行政赔偿
赔偿范围	可以全部赔偿	按照直接损失给予赔偿
抗辩事由	包括民事免责事由、减轻责任事由，其范围相对大一些；受害人自己存在明显的疏忽大意的过失系减轻责任事由	免责事由：行政机关工作人员与行使职权无关的个人行为，因公民、法人和其他组织自己的行为致使损害发生的以及法律规定的其他情形；受害人自己存在明显的疏忽大意的过失未明确为减轻责任事由

从上表分析可知，不动产登记错误引发的民事赔偿与行政赔偿之间差别明显，关键是立法对其究竟属于民事赔偿还是行政赔偿如何决断。然而遗憾的是，不动产统一登记改革以后，《暂行条例》第 29 条也未能如大家所期望的往前进一步，而是又将"皮球"踢回给了《物权法》。从解释论的角度回看《物权法》第 21 条，它只是明确了以下三点：一是，在两种情形下，即或因当事人提供虚假材料申请登记，或因登记机构自身原因，出现登记错误并给他人造成损害的，应当承担赔偿责任；二是，该损害赔偿责任的承担，一般须具有三个构成要件，即有基于申请人或登记机构的原因、客观上存在登记错误、具备实际上给他人造成损害的后果；三是，登记机构赔偿后可以进行追偿，包括向造成登记错误的申请人或登记机构的工作人员追偿。就单纯由于登记申请人的原因造成登记错误并造成他人损害的情形看，一般应将其定性为民事赔偿责任，理论界和实务界对此并无太大争议。当然，实际上哪有纯粹因登记申请人而造成的登记错误呢？即使申请人提供虚假材料申请登记，至少也须经过登记机构审查，只是由于不在登记机构注意义务之列，而不应承担相应的行政责任罢了。

我国理论界对于涉及登记机构赔偿责任的性质认定问题，

分歧仍然集中于民事赔偿责任说和国家赔偿责任说。[1]大多数民法学者持前一种观点，如认为"将不动产登记错误赔偿责任定性为民事责任的法律依据充分"[2]"错误登记赔偿责任的基本性质是民事责任、是不真正连带责任、是过错责任"[3]"登记错误的赔偿应以民法上侵权行为作为请求权发生依据"；[4]而行政法学者则多主张此种责任在性质上属于行政责任且为国家赔偿责任；[5]司法界的主流观点也认为登记行为所产生的责任是国家赔偿责任。[6]作者认为，基于本书第一章不动产登记具有私法和公法双重属性的论断，对于纯因申请人原因（登记机构无任何过错的）导致登记错误发生并造成他人损害的，无疑应当将其定性为民事赔偿责任，可进一步归之为民事侵权责任，相应的救济亦需通过民事诉讼解决；而对单纯由于登记机构在审查过程中无论是故意或过失（前者如与申请人提供虚假材料申请登记存在同谋，后者如在审查中存在疏忽大意而未能尽到不同层面的注意义务）所致的损害赔偿，都难免产生相应的行政责任，可具体化为国家赔偿责任中的行政赔偿责任，相应的救济则需要通过行政诉讼解决。

5.4.4.2 不同登记错误所致的赔偿诉讼选择

如前所述，不动产登记错误主要有三种原因所致，这些原

---

〔1〕　参见王策："不动产登记机构过错之研究"，中国人民大学 2014 年博士学位论文。

〔2〕　刘保玉："不动产登记机构错误登记赔偿责任的性质与形态"，载《中国法学》2012 年第 2 期。

〔3〕　杨立新："论不动产错误登记损害赔偿责任的性质"，载《当代法学》2010 年第 1 期。

〔4〕　姚辉："不动产登记机构赔偿责任"，载《法学》2009 年第 5 期。

〔5〕　孟强："论不动产登记机构登记错误的赔偿责任——兼评《不动产登记暂行条例（征求意见稿）》相关规定"，载《政治与法律》2014 年第 12 期。

〔6〕　姚辉："不动产登记机构赔偿责任"，载《法学》2009 年第 5 期。

因与当事人的责任抑或登记机构的责任密切相关，也影响着随后的救济途径。从理论上分析登记错误的不同类型，可以区分当事人的错误、登记机构的错误以及混合过错导致的错误，与之对应的是单纯当事人的责任、单纯登记机构的责任以及当事人和登记机构的共同责任。在诉讼路径选择上，第一种情形显然应当选择民事诉讼解决，如当事人在权利登记中提供虚假材料申请登记并给他人造成损害的，申请异议登记不当并给权利人造成损害的，还包括申请查询时擅自将登记资料带离登记机构、对登记资料毁损并造成权利人损害的。第二种情形主要应当选择行政诉讼解决，比如，应当办理登记但拒绝办理登记或者不在法定期限内办理登记，造成登记申请人损失的；提供的查询资料不准确或者错误，造成查询人损失的；不动产登记档案管理不当，造成不动产权利人损失的；对房产面积测绘不当，造成房产权利人损失的；等等。[1]第三种情形则无疑将面对民事诉讼共存及如何抉择的问题，这也是实践中涉及登记机构责任案件中较难处理的，亦即申请人和登记机构双方过错甚至申请人和登记机构及受害人多方过错造成，即存在混合过错或构成民法学者所谓"混合侵权"的登记错误赔偿纠纷。

针对混合过错所致不动产登记错误赔偿纠纷，有论者列举了四种解决方案，其一，"分别起诉，分别裁判"，受害人分别依民事诉讼程序起诉登记申请人、依行政诉讼程序起诉登记机构，法院亦分别就其责任作出判决；其二，"行政附带民事诉讼"，受害人依行政诉讼程序起诉登记机构要求赔偿并请求一并解决涉及申请人的民事赔偿，法院在审理国家赔偿诉讼案件时可以合并审理（将其作为共同被告或者第三人）、一并解决；其

---

[1] 参见梁蕾：《不动产登记中的损害赔偿责任研究》，载《行政法学研究》2008年第3期。

三,"择一起诉",受害人只能选择登记申请人或者登记机构中的一方起诉而不能对二者一并起诉,选择起诉登记申请人的适用民事诉讼程序,选择起诉登记机构的适用行政诉讼程序;其四,"一并提起民事诉讼",受害人可以一并依民事诉讼程序起诉登记申请人和登记机构,要求其共同承担民事赔偿责任。[1]这四种解决方案各有其合理性和可行性,第一和第三种解决方案的缺陷较为明显,除该论者在其论文中直接指出的不足外,关键在于对于登记机构错误赔偿责任的性质认定采取了回避态度,未能针对"混合过错"这一重点提出解决路径,而置可能遭遇的法理逻辑及实际问题于不顾,并不能促使此类登记赔偿纠纷得到有效解决;第四种解决方案也是该论者赞同的方案,直接反映了其民法学者的立场,并以申请人和登记机构都应承担民事侵权责任为论证前提,但是登记机构的赔偿责任可否被认定为民事责任尚存在较大疑问,而基于作者在第一章对不动产登记"私法为体,公法为用"的法律属性定位,登记行为具有行政确认行为这一形式,恐其更接近于行政行为不当造成的国家赔偿。

相较而言,作者倾向于选择采用第二种"行政附带民事诉讼"的解决方案,但可以对其作一定程度的改良。主要理由在于其相对科学、较易操作,也更能满足诉讼经济和及时保护受害人权利的需要;还有学者认为这合乎最高人民法院民行案件和民行程序交叉融合、综合审理的司法改革步伐,也可节省司法资源、减少当事人讼累。[2]需要讨论的是人民法院审理行政

---

〔1〕 参见刘保玉:"不动产登记机构错误登记赔偿责任的性质与形态",载《中国法学》2012 年第 2 期;该文作者赞同采用第四种解决方案。

〔2〕 参见孟强:"论不动产登记机构登记错误的赔偿责任——兼评《不动产登记暂行条例(征求意见稿)》相关规定",载《政治与法律》2014 年第 12 期。

案件附带处理相关民事争议是否有法律依据和可行性。2014 年修订后的《行政诉讼法》第 61 条第 1 款规定，"在涉及行政许可、登记、征收、征用和行政机关对民事争议所作的裁决的行政诉讼中，当事人申请一并解决相关民事争议的，人民法院可以一并审理。"鉴于该条文直接提及"登记"，可见这一处理方式已经得到现行立法明确认可。尽管该规定没有明确使用"行政附带民事诉讼"这一法律术语，但允许法院对行政争议和与之相关的民事争议"一并审理"，已经充分体现出立法者对行政附带民事诉讼方式的认可态度，也体现出对此前最高人民法院有关司法解释的认同。可以说，通过行政附带民事诉讼解决混合过错下登记错误赔偿纠纷，在制度设计层面和司法操作层面形成了高度共识。

由于此类案件审理中，赔偿责任人既牵涉登记机构、又牵涉申请人，登记机构赔偿责任的认定往往是登记错误认定的前提，而登记错误的认定是要求申请人进行赔偿的前提，那么，优先进行登记机构赔偿责任部分的审理并认定责任，对于要求申请人进行民事赔偿也具有前提作用。换言之，在申请人和登记机构需要共同承担登记错误赔偿责任时，必须先进行要求登记机构承担国家赔偿责任的行政诉讼，同时为了诉讼经济，以尽快、高效了结纠纷，可以同时一并审理要求申请人损害赔偿的民事诉讼部分。考虑到不动产登记行为的特殊性，其性质定位中"私法为体"是第一位的，而在行政赔偿框架内存在受害人可获最高赔偿额不得超过《国家赔偿法》所限定的"直接损失"的赔偿范围的弊端，正如有学者指出的"核心在于民事赔偿责任与国家赔偿责任给受害人提供的保护程度不同"；[1]并

---

〔1〕 程啸：《不动产登记法研究》，法律出版社 2011 年版，第 596 页。

且，近年来国家赔偿责任和一般侵权责任在归责原则和赔偿范围上有趋同化的趋向，[1]在实践操作中可以借鉴德国的做法，根据民法中关于违反职务义务的责任的规定，损害赔偿的范围适用民事损害赔偿的规定，[2]以直接推动此类登记赔偿纠纷的有效化解。长远来看，则应适时推动《国家赔偿法》及相关司法解释的修改完善，适度扩大国家赔偿范围，合理提高赔偿标准，真正协调好民事赔偿责任和行政赔偿责任的关系。

5.4.4.3　完善不动产登记错误赔偿机制的思考

前文分析了不动产登记赔偿诉讼的解决路径，但更为现实的则是赔偿如何实现，即赔偿资金从哪里来的问题。从境外立法经验来看，当下世界各国和地区基于自身的法律传统与历史渊源，在选择不动产错误登记赔偿模式以及赔偿资金来源问题上具有较大的差异性，从法理层面看，概括起来主要有三种，一是利用者负担机制，二是国家负担机制，三是商业保险机制。[3]其一，利用者负担机制。所谓利用者负担就是由使用不动产登记程序者负担登记错误赔偿的费用，该机制以澳大利亚、新西兰、美国的部分州等实行托伦斯登记制的国家为代表，遵循"取之于民，用之于民"的原则，赔偿金来源于向不动产登记程序的参与者亦即利用者所收取的登记费用，由登记机构将其中一定比例纳入登记赔偿基金，专用于登记错误赔偿。此种机制为我国台湾地区和香港特别行政区所借鉴，如我国台湾地区"土地法"第 68 条、70 条分别规定，"因登记错误遗漏或虚

---

〔1〕 王策："不动产登记机构过错之研究"，中国人民大学 2014 年博士学位论文。

〔2〕 参见梁蕾："不动产登记中的损害赔偿责任研究"，载《行政法学研究》2008 年第 3 期。

〔3〕 马栩生："登记公信力研究"，武汉大学 2005 年博士学位论文。

伪受损害者，由该地政机关负损害赔偿责任""地政机关所收登记费，应提存10%作为登记储金，专备第68条所定赔偿之用"。其二，国家负担机制。所谓国家负担，即当发生登记机构原因造成权利人损失时，由国家财政支付赔偿金，该机制以德国、瑞士为代表，逐渐成为现代国家现颇具代表性的登记赔偿机制。德国在立法上明确要求将不动产登记收取的费用全部上缴国库，因不动产登记而发生的赔偿，赔偿金亦由国家财政支付；《瑞士民法典》第955条中也有规定，"各州对因不动产登记簿的制作而产生的一切损害，负赔偿责任"。其三，商业保险机制。该机制主要源自于美国，又被称之为"美国所有权保险制度"。美国各州普遍存在的是"不动产登录制"，而非大陆法意义上的不动产登记制度，"登录"的结果并不受法律保护，所有权保险制度的产生实际上起到了登记的作用，也能够通过赔偿产生信赖保护的实际效用。由于国家不对不动产所有权提供登录真实性的保证，为保障交易安全，就有了所有权保险公司的介入；对于不安全的所有权交易，保险公司绝对不会承保，如果发生不动产权属纠纷以及赔偿问题，均由保险公司依法解决。

境外立法经验对于完善我国不动产登记错误赔偿机制特别是解决赔偿资金来源问题极具现实意义，通过梳理和比较，不难看出三种主要的赔偿机制各有优劣。就利用者负担机制而言，登记机构从收取的登记费用中设立专门的赔偿基金，其合理之处在于将赔偿成本交由受益人负担，符合理论上用于解释公共服务收费合理性的"受益者负担原则"；其弊端则在于，既可能将赔偿风险不当转嫁给一般民众，从而造成登记费用高昂，也难以把握费率尺度，登记费用过高，则可能使不动产登记程序成为少数人的"奢侈品"，登记费用过低，则不足以满足登记错误赔偿的需要。就国家负担机制而言，学理上大多将其归为公共负担平等理论的产物，为国家负担不动产登记错误赔偿找到了正当性依据，其优势在于，由登记机构背后的国家作为赔偿主体、赔偿金从国库支出，权利人的赔偿请求更容易实现，民众所负担的登记费用也能实际减轻；缺点则在于，由于提起国家赔偿的程序较为严格、赔偿的条件相对苛刻、赔偿范围相对狭窄，可能使权利人的赔偿请求权难以得到充分体现，且由于很多不动产价值高昂，国家所承担的赔偿风险相当巨大。就商业保险机制而言，其本质上是一种保险机制，美国的所有权保险制度与其特定国情相适应，保险公司具有对不动产所有权的调查权，并不容易随意模仿，且保险费用由谁出、从哪出也是问题，当然借助市场作用来支撑不动产交易安全的思路则可加以借鉴。

不动产登记错误赔偿机制的关键之处在于赔偿资金来源的确定，稳定而充足的赔偿资金将有助于保障登记错误赔偿机制有效运作。在我国现行不动产登记制度语境下，登记机构通过公权力行使为私权利保护"背书"是政府提供的一项公共服务，最理想的状况当然是登记机构的审查准确无误，即不发生登记错误赔偿问题；但是登记错误总是在所难免，对可归之于自身或与自身相关的登记错误进行赔偿应属不可推卸的责任所在，较为现实的是，要思考如何保障稳定而充足的赔偿资金来源。作者认为，要完善我国不动产登记错误赔偿机制，应当在充分把握国家负担机制、利用者负担机制和商业保险机制的本质特性的基础上，取其之长、避其之短，可考虑以国家负担机制为基础，守住能够基本满足权利人求偿权这一底线。同时，对于有条件特别是经济发达、财力充裕的地区，这些地方不动产交易往往十分频繁、收取的登记费用较多，不动产价值更为昂贵、出现登记错误时的赔偿压力也更大，则可以在不增加申请登记的企业和群众负担的基础上，引导其稳妥推行利用者负担机制、设置不动产登记错误赔偿基金，灵活运用商业保险机制、登记机构投保不动产登记错误责任险，努力扩大登记错误赔偿资金来源渠道，以达到更好的社会效果。

应当看到，我国建立不动产登记错误赔偿基金存在诸多好处，一方面有利于维护受害人的合法权益，当登记机构因登记错误造成他人损害时，受害人有权直接申请从赔偿基金中支付赔偿费用，受害人只有在拒绝支付的情况下，才有必要到法院提起行政赔偿诉讼；另一方面，有助于化解登记机构的赔偿风险，一旦登记机构出现登记错误给受害人造成巨大损失，就要承担巨额赔偿责任，赔偿基金的存在则解决了登记机构的后顾之忧，从而保证登记机构的良好运行。不动产登记赔偿基金的来源可以包括三部分：一是从登记费用中提取一定的比例，将之纳入登记赔偿基金；二是登记机构向造成登记错误的人追偿后取得的赔偿费用，追偿权行使的范围既包括登记机构的工作人员，也包括登记申请人以及提供虚假申请材料的第三人；[1]三是登记赔偿基金增值的收益，如利息收益、保守型投资收益等。实际操作中，可在一些经济发达地方进行试点，主要由地方财政从登记机构收取的登记费用中计提一部分登记错误赔偿基金，由登记机构设立专户并专门用于登记错误赔偿基金；因登记机构的登记错误遭受损害的受害人有权向登记机构申请赔偿，登记机构同意赔偿的，从赔偿基金中直接支付，登记机构不同意赔偿而法院判决登记机构赔偿的，登记机构按照协助执行程序从中支付。

此外，还可以允许地方通过商业保险机制解决不动产登记错误赔偿问题。实践中，江苏省南通市不动产登记中心开始了

---

[1] 姚辉："不动产登记机构赔偿责任"，载《法学》2009年第5期。

通过政府购买保险服务的方式，从财政经费中专门拿出一定资金投保不动产登记责任保险的积极探索，已经于 2017 年 4 月 28 日正式实施。其操作过程主要如下：一是确立责任险项目，具体为不动产登记责任险；二是取得项目批准，主管部门和市政府均同意开展此项试点；三是形成保险方案，确定保险额度和投保方式，并争取到财政预算；四是选择保险单位，根据政府购买服务要求采取委托招标方式进行；五是签订保险协议，与中标保险公司签订登记责任保险协议。[1]应当看到，不动产登记错误赔偿机制是否可以引入商业保险机制，首先要解决登记错误赔偿能否纳入商业保险范围和保费能否纳入地方财政预算这两个理论前提，就前者而言，各商业保险公司保险条款中一般将行政行为纳入保险责任免除范围，但从《中华人民共和国保险法》（以下简称《保险法》）及相关司法解释看，对于国家赔偿纳入保险范围虽无明确法律依据、亦无禁止性法律规定，通过试点方式将不动产登记错误责任纳入保险范围未尝不可；就后者而言，统一登记改革后，财政部、国家发展改革委先后联合发文就不动产登记收费政策和收费标准作了规定，登记机构收取的登记费已经纳入地方财政管理，只要地方财政允许将登记错误责任险投保费用列入其中支出，即具有相应的合法性。因此，我们认为，随着我国房地产市场的高速发展，房地产的价值不断飙升，允许有条件的地方在完善不动产登记错误赔偿机制中引入商业保险方式、降低登记机构赔偿风险，是一种有益尝试；但一定要采取因地制宜、试点先行的方式，确保实施效果可控，并注意切不可借机增加企业和群众的负担、让企业和群众为登记机构可能出现的赔偿风险买单。

---

[1]　参见姜志清、曹晓炜："不动产登记保险制度初探"，载《江苏省法学会房地产法学研究会 2017 年学术年会暨不动产统一登记立法理论与实务论坛论文集》。

第6章
结论和建议

6.1 结论与展望

在我国不动产登记制度从分散走向统一的过程中，当前及今后一段时期的任务都将是为构建科学、合理的不动产登记制度而努力，而不动产登记审查作为统一登记改革顶层设计和制度实践中的核心问题，可谓理论意义重大、现实需求急迫。在此背景下，从私法和公法两个维度深入研究不动产登记审查问题，一方面，有助于进一步夯实我国不动产登记制度的理论基础，其研究水平的高低以及同中国国情的结合程度，将直接影响我国不动产登记理论构建的科学性，进而制约着相关理论研究能否实现关键突破；另一方面，有助于进一步促进我国不动产登记审查的制度构建和体系完善，为我国不动产登记体系健康、有序运行提供有益指导和现实支撑，进而关系到我国国家治理能力和治理体系现代化水平的提升。

研究不动产登记审查，必须首先交代清楚其理论背景。以不动产为主要对象观察现代社会国家公权力介入财产权制度，可以发现现代社会财产权保护的公法化和公权力介入私权利的必要性，不动产登记作为"和平"地跨越公法私法界线的代表性制度，在其中显得尤为重要。经过语义考证和概念梳理，本书主要在行为层面、在广义范围使用"不动产登记"这一法律概念；而对不动产登记法律属性的理性追问，作为理论研究和逻辑展开的起点十分必要，目前存在的公法行为说、私法行为说、公私性质兼顾说等主张，有待于进一步廓清。在私法和公法不同语境下，不动产登记扮演着不同的角色：最具代表性的不动产物权登记处处张扬着私法属性，作为物权变动的公示方法，登记簿主要具有推定力和公信力；登记行为在行政法上应当被类型化为行政确认行为，但有别于普通观念中的"行政确权"，其效力主要为确定力和公定力。本书将不动产登记的法律属性定位为私法为"体"、公法为"用"，本质上是公权力为私权利"背书"，私法属性是内核和本质、公法属性是外观和形式，私法效力和公法效力之间具有特定的关联性，并且这一定位具有厘清公权力和私权利的作用边界、明确不动产登记的救济路径、划分不动产登记纠纷的审判范围等具体实益。

与不动产登记的私"体"公"用"的法律性质相伴随，该制度具有私法层面的主体功能和公法层面的附带作用，而以审查为核心的不动产登记行为主要呈现主观判断和客观记载这两方面特性，登记审查的本质在于以事实判断为主、价值判断为辅的专业判断；并且，不动产登记审查充当着制度功能和价值取向之间的桥梁，应当服从和服务于安全和效率这两个私法层面普适性价值，同时亦应尽力促成协助配置资源、奠定公示基础、防范交易风险、支撑社会治理等偏于公法层面社会价值的实现，上述价值取向规制着制度功能的发挥。从公法层面看，依法行政制约着不动产登记审查的走向，服务行政与统一登记在围绕便民利民方面具有高度契合性，在登记审查中特别要强调公权力的谦抑性和社会公众的参与，以因应当前"放管服"

改革的新形势和新要求。从私法层面看，不动产物权变动模式决定着不动产登记审查的基本面，基于对世界上三种典型的登记制度与物权变动模式的比较，中国特色的不动产登记制度体现为以登记生效主义为原则、登记对抗主义为例外，一般来说，前者偏向于实质审查、后者偏向于形式审查。以形式审查和实质审查为参照物，在回顾《物权法》出台前后的认识分歧和厘清二者之间区分标准的基础上，并结合应然和实然因素进行分析，对于不动产登记审查模式的选择，我国应当选择偏向于形式审查的改良版的审查模式，并需要从微观、中观和宏观研究构建审查体系。

在初步解决不动产登记审查的价值取向和目标设定这一关键问题后，重点则在于研究形成我国不动产登记审查制度的基本架构。从审查主体看，参照比较法上登记机构和工作人员的情况，梳理了我国登记机构从分散走向统一、由地方政府调整为行政部门的选择及其理由，提出了化解国有建设用地使用权登记中涉及登记机构正当性问题的具体建议，厘清了登记机构与经办机构之间的权责关系；还专门探讨了不动产登记官制度建设问题，针对目前人员队伍存在的问题，提出了建立差别化登记官制度、推动和保障登记官专业化和职业化的设想。从审查标准看，应当基于我国不动产登记机构的审查职责确立"履职尽责、合理审慎"的审查标准，进而审查模式也可以概括为"形式审查+注意义务"，并需准确把握受理前后不同阶段审查程度和针对不同对象注意义务的差异性。从审查对象看，提出要围绕"一中心、三要素、一其他"确定登记审查对象，即以登记簿为中心，分别从不动产权利涉及的人、物、事等要素以及行使其他相关公法赋予职能的方面论述登记审查的着力点，并力求达致申请主体与真实权利人、申请客体与所涉不动产、申请事项与真实权利"三个一致"。从审查程序看，提出要以审查为核心构建登记程序，使登记机构居于主导地位、影响程序运行进程、制约相应法律效果；并在将登记程序体系化为收件受理阶段和审核登簿阶段后，指出相关程序和结果设置的关注点和完善建议审查。

　　不动产登记审查是个实践问题，如何将理论思考落脚于不动产登记审查运行十分重要。由于登记能力、登记类型、登记原因是不动产登记的核心要素，作者具有开创性地提出不动产登记审查的运行逻辑，其实质在于围绕登记能力确定、登记类型区分、登记原因识别并就三者之间的有机整合作出专业判断并最终体现在不动产登记簿上，进而构成不动产物权变动的生动图像。在此基础上，为充分体现其对于登记审查实践操作的指导意义，在登记生效主义、登记对抗主义下权利登记和其他登记审查中，选取具有一定代表性的登记类型论述了审查重点，还专门关注了登记资料查询和信息共享中的审查问题，以冀裨益于登记实践操作。此外，针对一度被指交易与登记环节存在"中梗阻"这一问题，基于对我国房屋交易监管和登记审查的关系演变过程的分析，认为从融合再到分离与市场经济规律"南辕北辙"，也与中央"放管服"改革形势相违背；指出推行不动产登记审查和交易监管一体化具有可行性，可适当扩大审查职责或审查对象，从职责机构和流程融合两方面推动实现。

　　结合第二章关于三个层面不动产登记审查体系的论述，应当健全完善不动产登记审查体系，且其自身也存在不断拓展和延伸的需求和态势，既要进行内在优化，更要加快外部优化。登记审查体系向前端的拓展，既要着力构建不动产登记代理制度，通过规范登记申请为登记机构审查减压；又要发挥公证对于登记机构审查的辅助作用，原则上尊重和认可申请人自主选择的公证，特殊情形下还应采用法定公证。在行政体系中要着力形成内部校正机制，注重借助异议登记和更正登记对于登记审查的自洽功能，并用好行政复议这一内部行政监督手段。登记审查体系向后端延伸，其重点在于彰显司法权在登记审查中的重要作用，民行交叉不动产登记纠纷的处理应当遵循"谁为前提谁优先"的原则确定行政诉讼与民事诉讼的先后顺序；在承认登记机构审查有限性的基础上，民事诉讼介入登记纠纷的着力点主要在物权变动原因层面，对登记机构审查实施补救；行政诉讼介入登记纠纷的着力点主要在合理确定法院的司法审查标准，对登记机构审查进行司法监督；不动产登记赔偿案件的责任认定要具体问题具体分析，混合过错的不动产登记赔偿案件则可以由法院采用"行政附带民事诉讼"的方式对所涉民事赔偿合并审理、一并解决。

综合上述各章的论述，本书主要得出如下结论：一是，不动产登记法律属性作为研究登记审查问题的理论前见，私法为"体"、公法为"用"的定位揭示了其本质特性，规制了登记审查制度和体系建构的基本方向。二是，基于对不动产登记审查价值取向和目标设定的分析，不动产登记既是不动产物权变动公示的主要方法，又是服务行政语境下的一种行政行为类型，我国应当确立"形式审查+注意义务"的审查模式和"履职尽责、合理审慎"的审查标准，并需要从微观、中观和宏观层面对登记审查体系加以认识和研究完善。三是，不动产登记审查制度的基本架构包括审查主体、审查对象、审查标准和审查程序等，既要厘清登记机构和经办机构关系、研究建立登记官制度，又要合理限定审查对象、找准相应的审查着力点，还要围绕审查在不动产登记中核心地位和作用的发挥、不断完善程序构建。四是，不动产登记审查的运行逻辑在于将登记能力、登记类型和登记原因进行有机整合，应当关注登记生效主义、登记对抗主义下权利登记审查以及其他登记审查的重点并互相借鉴、相互启发，从而有利于指导登记实践，还要正确把握不动产登记审查和交易监管一体化这一发展趋势，并采取有效措施切实推动实现。五是，不动产登记审查体系的健全完善应当建立在对微观、中观和宏观层面审查体系的认识之上，要采取内在优化和外部优化结合、私法和公法机制接轨的方法，使审查体系向前端合理拓展，有效发挥行政体系内部校正机制，让审查体系向后端有效延伸，确保多重机制共同发挥作用。

回顾研究过程，不动产登记审查这一研究对象看似不大、实则不小，涉及理论、关乎实践，作者在论述过程中兼采立法论和解释论，以期获得既做到理论自洽，也能切合实际的"学用结合，相得益彰"的答案。本书研究对象兼跨私法公法两界，不动产登记本身即具有私法和公法双重属性，登记审查的价值取向和目标设定亦属公私法兼而采之；对不动产登记审查的制度架构和运行分析，也应从私法和公法不同维度进行认识和把握，很多结论的得出是公私法相融合进行思考的结果；关于健全完善不动产登记审查体系的有关建议，特别是司法权的外部介入，也需在公私法充分接轨的基础上方能真正付诸实施……

更为重要的是，不动产登记审查是事关当下中国加强和改善产权保护的实践性问题，如果本书的写作，能够引起大家对不动产登记审查这一重要问题的关注和重视，甚或相关建议得以践行一二，从而对我国不动产统一登记制度建设有所裨益，于我个人，则是与有荣焉。令人振奋也倍感压力的是，当前我国不动产统一登记改革尚且在路上，随着中央一声号令，自然资源部倏然成立，自然资源资产统一确权登记已经在不远的远方，对于登记审查而言，机遇与挑战并存，真所谓"路漫漫其修远兮，吾将上下而求索"……

不动产登记审查如何面对更广阔的舞台，是否能迎来更美丽的明天？"不忘初心，方得始终"，权且将本书作为我国加强和改善产权保护的一块垫脚石。

6.2 制定《不动产登记法》的立法建议

学以致用是理论研究的出发点和落脚点，要么指导实践、要么支撑实践，本书也希望达到此一目的，更何况不动产登记审查原本就是一个实践性比较强的话题。鉴于审查是不动产登记的核心所在，对它的相关建议也就必然涉及不动产登记制度建设的方方面面，为此，作者围绕研究过程中所发现的问题以及改革推进过程中将要面对的新情况，以现行《暂行条例》为基本参照物提出相关立法建议。考虑到《暂行条例》只是行政法规，立法层次偏低，为使国家推进不动产统一登记改革"于法有据"，并将《深化党和国家机构改革方案》中提出的自然资源统一确权登记纳入法治化轨道，作者不揣浅陋，将前文各章就《暂行条例》所提出的针对性建议予以整合并进行体系化思考，怀着包括自然资源确权登记在内的不动产登记应当由一部专门法律予以调整的理想，起草形成了《不动产登记法（草案建议稿）》。具体内容如下：

不动产登记法（草案建议稿）

第一章 总 则

第一条（立法目的） 为确认和保护不动产权利人合法权益，维护不动产交易秩序和交易安全，规范不动产登记行为，方便群众申请登记，根据《中华人民共和国民法总则》《中华人民共和国物权法》等法律，制定本法。

第二条（概念界定）本法所称不动产登记，是指不动产登记机构经过依法审查，将符合登记条件的不动产权利归属和其他法定事项记载于不动产登记簿的行为。

本法所称不动产，是指土地、海域以及房屋、林木等定着物。具有生态涵养功能的水流、森林、山岭、草原、荒地、滩涂、矿产以及国家公园、湿地等自然保护地的自然资源和自然生态空间，视为不动产。

第三条（适用范围）不动产首次登记、变更登记、转移登记、注销登记、更正登记、异议登记、预告登记、查封登记等，以及自然资源首次登记、变更登记，适用本法。

在不动产登记中已经登记的自然资源所有权不再重复登记。

第四条（统一登记）国家实行不动产统一登记制度。

不动产登记遵循严格管理、稳定连续、方便群众的原则。

不动产权利人已经依法享有的不动产权利，不因登记机构和登记程序的改变而受到影响。

第五条（登记能力）下列不动产权利，依照本法的规定办理登记：

（一）集体土地所有权；

（二）房屋等建筑物、构筑物所有权；

（三）森林、林木所有权；

（四）耕地、林地、草地等土地承包经营权和国有农用地使用权；

（五）建设用地使用权；

（六）宅基地使用权；

（七）海域使用权和无居民海岛使用权；

（八）地役权；

（九）抵押权；

（十）自然资源国家所有权；

（十一）涉及不动产的信托财产权、租赁权；

（十二）法律规定需要登记的其他不动产权利。

第六条（登记机构） 国务院自然资源主管部门负责指导、监督全国不动产登记和自然资源统一确权登记工作。

县级以上地方人民政府应当确定一个部门为本行政区域的不动产登记机构，负责不动产登记和自然资源统一确权登记工作，并接受上级人民政府自然资源主管部门的指导、监督。

为了更加便民利民、提供高效服务，不动产登记机构可以根据需要设置相应的经办机构，经办机构受登记机构委托承办登记事务，从事登记工作中所产生的法律责任仍由登记机构承担。

第七条（登记管辖） 不动产登记由不动产所在地的县级人民政府不动产登记机构办理；直辖市、设区的市人民政府可以确定本级不动产登记机构统一办理所属各区的不动产登记。

跨县级行政区域的不动产登记，由所跨县级行政区域的不动产登记机构分别办理。不能分别办理的，由所跨县级行政区域的不动产登记机构协商办理；协商不成的，由共同的上一级人民政府不动产登记主管部门指定办理。

国务院确定的重点国有林区的森林、林木和林地，国务院批准项目用海、用岛，中央国家机关使用的国有土地等不动产登记以及中央政府直接行使所有权的自然资源确权登记，由国务院自然资源主管部门负责办理。

第二章 不动产登记簿

第八条（登记单元与登记簿效力） 不动产登记以不动产单

元或自然资源单元为基本单位进行。不动产单元或自然资源单元具有唯一编码。

不动产登记机构应当按照国务院自然资源主管部门的规定设立统一的不动产登记簿，自然资源登记亦使用该登记簿。

记载于登记簿上的不动产权利推定为正确并具有公信力，非经法定程序，不得变更、撤销或废止。

第九条（登记簿构成）不动产登记簿应当记载以下事项：

（一）不动产的坐落、界址、空间界限、面积、用途等自然状况；

（二）不动产权利的主体、类型、内容、来源、期限、权利变化等权属状况；

（三）涉及不动产权利限制、提示的事项；

（四）其他相关事项。

涉及自然资源的不动产登记簿，还应当记载自然资源的类型、数量、质量等自然状况，自然资源所有权的主体、代表行使的主体及代表行使的权利内容等权属状况，自然资源用途管制、生态保护红线、公共管制及特殊保护要求等限制情况，以及其他需要记载的重要事项。

第十条（介质形式）不动产登记簿应当采用电子介质，暂不具备条件的，可以采用纸质介质。不动产登记机构应当明确不动产登记簿唯一、合法的介质形式，保持登记簿的权威性。

不动产登记簿采用电子介质的，应当定期进行异地备份，并具有唯一、确定的纸质转化形式，确保登记信息安全。

第十一条（记载要求）不动产登记机构应当依法将各类登记事项准确、完整、清晰地记载于不动产登记簿。任何人不得损毁不动产登记簿，除依法予以更正外不得修改登记事项。

第十二条（登记簿安全管理）不动产登记机构应当指定专

人负责不动产登记簿的保管，并建立健全相应的安全责任制度。

采用纸质介质不动产登记簿的，应当配备必要的防盗、防火、防渍、防有害生物等安全保护设施。

采用电子介质不动产登记簿的，应当配备专门的存储设施，并采取信息网络安全防护措施。

第十三条（登记簿保存及移交） 不动产登记簿由不动产登记机构永久保存。不动产登记簿损毁、灭失的，不动产登记机构应当依据原有登记资料予以重建。

行政区域变更或者不动产登记机构职能调整的，应当及时将不动产登记簿移交相应的不动产登记机构。

第三章　登记审查与登记程序

第十四条（登记官制度） 国家建立不动产登记官制度。不动产登记官应当具备与不动产登记和自然资源统一确权登记工作相适应的政治素质、专业知识、业务能力和职业修养。

不动产登记机构中具有登记审查行政责任的公务员和经办机构中从事登记审查业务的工作人员应当纳入不动产登记官，由不动产登记机构加强管理。

不动产登记官的选拔、培养、考核、惩戒和从业保障等由国务院自然资源主管部门商有关部门另行规定。

第十五条（审查要求） 不动产登记机构应当对照法律、行政法规赋予的职责，按照履职尽责、合理审慎的标准，区分受理前后不同阶段，依法依规进行严格审查，切实尽到合理注意义务。

第十六条（依申请登记原则） 不动产登记以依申请登记为原则，但注销登记、更正登记以及国家统一组织的不动产或自然资源首次登记可以依职权办理，且须符合正当目的，并履行事前通知和公告等相关程序。

第十七条（申请方式）因买卖、设定抵押权等申请不动产登记的，应当由当事人双方共同申请。

属于下列情形之一的，可以由当事人单方申请：

（一）尚未登记的不动产首次申请登记的；

（二）继承、接受遗赠取得不动产权利的；

（三）人民法院、仲裁委员会生效的法律文书或者人民政府生效的决定等设立、变更、转让、消灭不动产权利的；

（四）权利人姓名、名称或者自然状况发生变化，申请变更登记的；

（五）不动产灭失或者权利人放弃不动产权利，申请注销登记的；

（六）申请更正登记或者异议登记的；

（七）申请自然资源变更登记的；

（八）法律、行政法规规定可以由当事人单方申请的其他情形。

第十八条（申请要求）当事人或者其代理人应当到不动产登记机构办公场所申请不动产登记。有条件的地方推行"不见面"申请方式的，不动产登记机构应当通过相应技术手段得以保障申请人的真实性。

不动产登记机构将申请登记事项记载于不动产登记簿前，申请人可以撤回登记申请。

第十九条（申请材料）申请人应当提交下列材料，并对申请材料的真实性负责：

（一）登记申请书；

（二）申请人、代理人身份证明材料、授权委托书；

（三）相关的不动产权属来源证明材料、登记原因证明文件、不动产权属证书；

（四）不动产界址、空间界限、面积等材料；

（五）与他人利害关系的说明材料；

（六）法律、行政法规以及本法实施细则规定的其他材料。

不动产登记机构应当在办公场所和门户网站公开申请登记所需材料目录和示范文本等信息。

第二十条（登记代理人）国家建立不动产登记代理人制度，不动产登记代理人可以受当事人委托代为申请登记。不动产登记代理人的职业资格和机构资质由国务院人力资源社会保障部门会同自然资源主管部门另行规定。

申请人委托不动产登记代理人申请登记的，申请材料的真实性由不动产登记代理人负责。

第二十一条（受理）不动产登记机构收到不动产登记申请材料，应当分别按照下列情况办理：

（一）属于登记职责范围，申请材料齐全、符合法定形式，或者申请人按照要求提交全部补正申请材料的，应当受理并书面告知申请人；

（二）申请材料存在可以当场更正的错误的，应当告知申请人当场更正，申请人当场更正后，应当受理并书面告知申请人；

（三）申请材料不齐全或者不符合法定形式的，应当当场书面告知申请人不予受理并一次性告知需要补正的全部内容；

（四）申请登记的不动产不属于本机构登记范围的，应当当场书面告知申请人不予受理并告知申请人向有登记权的机构申请。

不动产登记机构未当场书面告知申请人不予受理的，视为受理。

受理具有固定登记申请日、确定登记申请顺序等法律效果，不动产登记机构应当依据受理顺序进行登记。

第二十二条（查验）不动产登记机构受理不动产登记申请的，应当按照下列要求进行查验：

（一）不动产界址、空间界限、面积等材料与申请登记的不动产状况是否一致；

（二）有关证明材料、文件与申请登记的内容是否一致；

（三）登记申请是否违反法律、行政法规规定。

第二十三条（公证）对当事人提交了公证证明书或经公证的相关事项，不动产登记机构可以免于查验；但因公证过错导致登记错误，给他人造成损害的，公证机构应承担相应的赔偿责任。

下列申请材料，不动产登记机构认为需要公证的，可以要求申请人先行办理公证：

（一）因继承、受遗赠、赠与所发生的物权变动，对申请登记的不动产享有权利的证明；

（二）涉外的不动产物权变动的法律行为；

（三）自然人委托他人代办处分登记、预告登记、异议登记、变更登记，并可能因此导致利益损失时的授权委托书；

（四）境外申请人委托他人办理登记的授权委托书；

（五）其他法律、行政法规规定必须公证的事项。

第二十四条（实地查看与调查）属于下列情形之一的，不动产登记机构可以对申请登记的不动产进行实地查看：

（一）房屋等建筑物、构筑物所有权首次登记；

（二）在建建筑物抵押权登记；

（三）因不动产灭失导致的注销登记；

（四）不动产登记机构认为需要实地查看的其他情形。

对可能存在权属争议，或者可能涉及他人利害关系的登记申请，不动产登记机构可以向申请人、利害关系人或者有关单位进行调查，必要时还应当履行公告程序。

不动产登记机构进行实地查看或者调查时，申请人、被调查人应当予以配合。

第二十五条（办理时限） 不动产登记机构应当自受理登记申请之日起 10 个工作日内办结不动产登记手续，法律另有规定或国务院另有要求的除外。

第二十六条（登记完成） 登记事项自记载于不动产登记簿时完成登记。

不动产登记机构完成登记，应当依法向申请人核发不动产权属证书或者登记证明。

第二十七条（不予登记） 登记申请有下列情形之一的，不动产登记机构应当不予登记，并书面告知申请人：

（一）违反法律、行政法规规定的；

（二）存在尚未解决的权属争议的；

（三）申请登记的不动产权利超过规定期限的；

（四）法律、行政法规规定不予登记的其他情形。

第二十八条（暂缓登记） 不动产登记机构受理登记申请后，因不可抗力在法定时限内不能完成审查，或者经审查尚有重大法律事实有待确认的，应当决定暂缓登记，并书面告知申请人。

暂缓登记具有保留申请时间顺序等法律效果。

第四章　登记信息共享与保护

第二十九条（信息平台） 国务院自然资源主管部门建立统一的全国自然资源和不动产登记信息管理基础平台。

各级不动产登记机构登记的信息应当纳入统一的全国自然资源和不动产登记信息管理基础平台，确保国家、省、市、县四级登记信息的实时共享。

　　第三十条（信息共享之一） 不动产登记有关信息与住房城乡建设、农业农村、林业草原等部门审批信息、交易信息等应当实时互通共享。有条件的地方应当推动不动产交易登记职责一体化。

　　不动产登记机构能够通过实时互通共享取得的信息，或者已经实现不动产交易登记职责一体化的地方，不得要求不动产登记申请人重复提交相关信息。

　　第三十一条（信息共享之二） 自然资源、公安、民政、财政、税务、市场监管、金融、审计、统计等部门为了实现公共利益、提供公共服务，应当加强不动产登记有关信息互通共享，但共享范围仅限于特定用途。

　　第三十二条（信息保密要求） 不动产登记机构、不动产登记信息共享单位及其工作人员应当对不动产登记信息保密；涉及国家秘密的不动产登记信息，应当依法采取必要的安全保密措施。

　　第三十三条（登记资料查询） 权利人、利害关系人可以依法查询、复制不动产登记资料，不动产登记机构应当提供。权利人、利害关系人的范围和可查询登记资料的范围由国务院自然资源主管部门另行规定。

　　有关党和国家机关可以依照法律、行政法规的规定查询、复制与调查处理事项有关的不动产登记资料，参照部门间登记信息共享办理。

　　第三十四条（查询目的） 查询不动产登记资料的单位、个人应当向不动产登记机构说明查询目的，不得将查询获得的不动产登记资料用于其他目的；未经权利人同意，不得泄露查询获得的不动产登记资料。

有关党和国家机关查询、复制不动产登记资料的，参照上述要求执行。

第五章　法律责任

第三十五条（登记赔偿）不动产登记机构登记错误给他人造成损害，或者当事人提供虚假材料申请登记给他人造成损害的，应当承担赔偿责任。

不动产登记错误完全归责于当事人的，应当依据《中华人民共和国侵权责任法》和相关法律法规通过民事诉讼途径解决。

不动产登记错误完全归责于登记机构的，应当依据《中华人民共和国国家赔偿法》和相关法律法规通过行政诉讼途径解决，损害赔偿的范围可以参照适用民事损害赔偿有关规定。

不动产登记错误由当事人和登记机构及受害人共同过错造成的，应当依据《中华人民共和国国家赔偿法》《中华人民共和国侵权责任法》和相关法律法规通过行政诉讼附带民事诉讼的方式解决，损害赔偿的范围可以参照适用民事损害赔偿有关规定。

国家鼓励有条件的地方设置不动产登记错误赔偿基金，探索运用商业保险机制，扩大不动产登记错误赔偿资金来源。

第三十六条（登记机构的责任）不动产登记机构工作人员进行虚假登记，损毁、伪造不动产登记簿，擅自修改登记事项，或者有其他滥用职权、玩忽职守行为的，依法给予处分；给他人造成损害的，依法承担赔偿责任；构成犯罪的，依法追究刑事责任。

第三十七条（当事人责任）伪造、变造不动产权属证书、不动产登记证明，或者买卖、使用伪造、变造的不动产权属证书、不动产登记证明的，由不动产登记机构或者公安机关依法予以收缴；有违法所得的，没收违法所得；给他人造成损害的，依法承担赔偿责任；构成违反治安管理行为的，依法给予治安管理处罚；构成犯罪的，依法追究刑事责任。

第三十八条（登记信息方面的责任） 不动产登记机构、不动产登记信息共享单位及其工作人员，查询不动产登记资料的单位或者个人违反国家规定，泄露不动产登记资料、登记信息，或者利用不动产登记资料、登记信息进行不正当活动，给他人造成损害的，依法承担赔偿责任；对有关责任人员依法给予处分；有关责任人员构成犯罪的，依法追究刑事责任。

第六章 附 则

第三十九条（溯及力） 本法施行前依法颁发的各类不动产权属证书和制作的不动产登记簿继续有效。

第四十条（实施细则） 本法实施细则由国务院制定或国务院授权自然资源主管部门制定。

第四十一条（生效规定） 本法自××××年×月×日起施行。本法施行前公布的法律有关不动产登记的规定与本法规定不一致的，以本法规定为准。

参考文献

一、中文著作

[1] 王利明:《物权法论》,中国人民大学出版社 2007 年版

[2] 王利明:《物权法研究》(上卷),中国人民大学出版社 2013 年版

[3] 孙宪忠:《论物权法》,法律出版社 2008 年版

[4] 孙宪忠:《中国物权法总论(第三版)》,法律出版社 2014 年版

[5] 崔建远:《物权法(第三版)》,中国人民大学出版社 2014 年版

[6] 崔建远:《土地上的权利群研究》,法律出版社 2004 年版

[7] 崔建远、孙佑海、王宛生:《中国房地产法研究》,中国法制出版社 1995 年版

[8] 梁慧星:《中国物权法草案建议稿:条文、说明、理由与参考立法例》,社会科学文献出版社 2000 年版

[9] 尹田:《物权法》,北京大学出版社 2013 年版

[10] 王卫国:《中国土地权利研究》,中国政法大学出版社 1997 年版

[11] 陈华彬:《民法物权论》,中国法制出版社 2010 年版

[12] 王轶:《物权变动论》,中国人民大学出版社 2001 年版

[13] 朱岩、高圣平、陈鑫:《中国物权法评注》,北京大学出版社 2007 年版

[14] 柳经纬:《物权法》,厦门大学出版社 2008 年版

[15] 高富平:《物权法》,清华大学出版社 2007 年版

［16］高富平、吴一鸣：《英美不动产法：兼与大陆法比较》，清华大学出版社 2007 年版

［17］申卫星：《物权法原理（第二版）》，中国人民大学出版社 2016 年版

［18］张俊浩主编：《民法学原理（修订第三版）》，中国政法大学出版社 2000 年版

［19］程啸：《不动产登记法研究》，法律出版社 2011 年版

［20］常鹏翱：《不动产登记法》，社会科学文献出版社 2011 年版

［21］常鹏翱：《物权法的基础与进阶》，中国社会科学出版社 2016 年版

［22］冉克平：《物权法总论》，法律出版社 2015 年版

［23］金俭：《不动产财产权自由与限制研究》，法律出版社 2007 年版

［24］金俭：《中国住宅法研究》，法律出版社 2004 年版

［25］李昊等：《不动产登记程序的制度建构》，北京大学出版社 2005 年版

［26］楼建波主编：《域外不动产登记制度比较研究》，北京大学出版社 2009 年版

［27］于海涌：《不动产统一登记的立法研究——兼论〈不动产登记法〉草案的设计》，法律出版社 2016 年版

［28］向明：《不动产登记制度研究》，华中师范大学出版社 2011 年版

［29］武立宏：《不动产登记法律制度要论》，中国政法大学出版社 2015 年版

［30］徐涤宇等：《物权法领域公私法接轨问题研究》，北京大学出版社 2016 年版

［31］叶金强：《公信力的法律构造》，北京大学出版社 2004 年版

［32］朱庆育：《民法总论（第二版）》，北京大学出版社 2016 年版

［33］王茵：《不动产物权变动和交易安全——日德法三国物权变动模式的比较研究》，商务印书馆 2004 年版

［34］雷秋玉：《我国台湾地区不动产登记制度研究》，法律出版社 2012 年版

［35］陈洪：《不动产物权冲突研究——类型、规划及裁判方法》，中国法制出版社 2014 年版

［36］谭峻：《不动产产权登记制度研究》，中国文史出版社 2005 年版

［37］王泽鉴：《民法物权（第二版）》，北京大学出版社 2010 年版

［38］谢在全：《民法物权论（修订五版）》（上、中、下册），中国政法大学出版社 2011 年版

［39］苏永钦：《寻找新民法（增订版）》，北京大学出版社 2012 年版

［40］（台）张义权：《土地登记法令与实务（增订三版）》，五南图书出版公司 2002 年版

［41］罗豪才主编：《行政法学》，北京大学出版社 1996 版

［42］姜明安主编：《行政法与行政诉讼法（第二版）》，北京大学出版社、高等教育出版社 2005 年版

［43］应松年主编：《行政法学新论》，中国方正出版社 1998 版

［44］（台）陈新民：《中国行政法学原理》，中国政法大学出版社 2002 年版

［45］叶必丰：《行政行为的效力研究》，中国人民大学出版社 2002 年版

［46］霍振宇：《行政登记与司法审查》，法律出版社 2010 年版

［47］物权登记案件法律适用问题调研课题组编写：《物权登记与司法审查及新司法解释解读》，人民出版社 2011 年版

［48］［德］哈特穆特·毛雷尔：《行政法学总论》，高家伟译，法律出版社 2000 年版

［49］王名扬：《法国行政法》，中国政法大学出版社 1988 年版

［50］马生安：《行政行为研究——宪政下的行政行为基本理论》，山东人民出版社 2008 年版

二、期刊论文

［1］王利明："构建统一的不动产物权公示制度——评《不动产登记暂行条例（征求意见稿）》"，载《政治与法律》2014 年第 12 期

［2］王利明：“物权行为若干问题探讨”，载《中国法学》1997 年第 3 期

［3］王利明：“试论我国不动产登记制度的完善”，载《求索》2001 年第 5 期、第 6 期

［4］孙宪忠：“不动产登记基本范畴解析”，载《法学家》2014 年第 6 期

［5］孙宪忠：“论不动产物权登记”，载《中国法学》1996 年第 5 期

［6］王崇敏：“我国不动产登记制度若干问题探讨”，载《中国法学》2003 年第 2 期

［7］申卫星：“内容与形式之间：我国物权登记立法的完善”，载《中外法学》2006 年第 2 期

［8］王洪亮：“不动产物权登记立法研究”，载《法律科学（西北政法学院学报）》2000 年第 2 期

［9］龙卫球：“不动产登记性质及其纠纷处理机制问题研究——兼评《物权法司法解释（一）》第 1 条”，载《法律科学（西北政法大学学报）》2017 年第 1 期

［10］朱庆育：“寻求民法的体系方法——以物权追及力理论为个案”，载《比较法研究》2000 年第 2 期

［11］常鹏翱：“另一种物权行为理论——以瑞士法为考察对象”，载《环球法律评论》2010 年第 2 期

［12］常鹏翱：“不动产登记簿的制度建构”，载《法律科学（西北政法大学学报）》2009 年第 5 期

［13］常鹏翱：“不动产登记客体的内涵”，载《中国不动产》2016 年第 2 期

［14］常鹏翱：“预告登记制度的死亡与再生”，载《法学家》2016 年第 3 期

［15］常鹏翱：“论可登记财产权的多元化”，载《现代法学》2016 年第 6 期

［16］程啸：“不动产登记簿之推定力”，载《法学研究》2010 年第 3 期

〔17〕程啸："不动产登记簿之研究"，载《清华法学》2007 年第 4 期

〔18〕程啸："未来我国不动产登记法的目标与体系结构"，载《中国房地产》2010 年第 11 期

〔19〕程啸："不动产登记簿的权利事项错误与不动产善意取得"，载《法学家》2017 年第 2 期

〔20〕张双根："论房地关系与统一不动产登记簿册　兼及不动产物权实体法与程序法间的交织关系"，载《中外法学》2014 年第 4 期

〔21〕朱岩："形式审查抑或实质审查——论不动产登记机关的审查义务"，载《法学杂志》2006 年第 6 期

〔22〕杨宏云、孙春雷："形式审查还是实质审查——《物权法》不动产物权登记审查的解析及完善"，载《学术界》2008 年第 5 期

〔23〕尹田："物权登记的效力及其法律适用——对《物权法司法解释一》相关规定的解析"，载《法律适用》2016 年第 5 期

〔24〕李永军、肖思婷："我国《物权法》登记对抗与登记生效模式并存思考"，载《北方法学》2010 年第 3 期

〔25〕朱广新："不动产登记制度探究——以不动产登记簿为中心"，载《河南省政法管理干部学院学报》2010 年第 4 期

〔26〕朱珍华："我国不动产登记制度的完善——以交易成本为视角"，载《社会科学家》2015 年第 6 期

〔27〕吴光荣："不动产登记与不动产权属确认的实体与程序问题研究"，载《法律适用》2014 年第 10 期

〔28〕吴光荣："论不动产登记簿的形式拘束力"，载《清华法学》2009 年第 5 期

〔29〕司伟："论不动产登记与权属确认——兼论对《物权法司法解释一》第 2 条的理解"，载《法律适用》2016 年第 5 期

〔30〕曹巍："房屋权属登记的审查方式研究——以《物权法》和《房屋登记办法》规范为研究对象"，载《法学杂志》2009 年第 11 期

〔31〕吴一鸣："论美国不动产登记之公信力"，载《交大法学》2014 年第 1 期

〔32〕高洪宾："我国不动产登记制度若干问题探讨"，载《法治研究》

2008 年第 1 期

［33］向明："论我国不动产登记机关的合理选择"，载《甘肃社会科学》2010 年第 4 期

［34］向明："我国不动产登记簿制度研究"，载《政治与法律》2011 年第 2 期

［35］梁亚荣、王崇敏："不动产登记机构设置探析"，载《法学论坛》2009 年第 1 期

［36］曲珍英："房产登记的法理和登记机关的选择"，载《政法论丛》2005 年第 2 期

［37］张帅："不动产登记中的'镜像原则'：在理想与现实之间——从托伦斯登记制度看我国不动产登记效力模式改革"，载《研究生法学》2013 年第 6 期

［38］梅瑞琦："不动产登记公信力制度基础研究——兼论我国登记制度构建"，载《河南财经政法大学学报》2015 年第 4 期

［39］陈耀东："登记信息查询与不动产权利保护——基于'以人查房'的讨论"，载《中国不动产》2015 年第 8 期

［40］艾围利："我国物权登记制度之法理研究"，载《西部法学评论》2010 年第 5 期

［41］宋才发、彭振："农村土地、房屋不动产统一登记的法治问题探讨"，载《河北法学》2017 年第 2 期

［42］彭姣："异议登记效力和注销问题的再思考——以异议登记效力期间为视角"，载《社会科学家》2015 年第 2 期

［43］高圣平："政府信息公开视角下的不动产登记查询规则"，载《法学》2015 年第 1 期

［44］王克稳："我国不动产登记中的行政法问题"，载《法学》2008 年第 1 期

［45］吕艳辉："公私法交织中的不动产登记"，载《北方法学》2008 年第 5 期

［46］阎尔宝："不动产物权登记、行政许可与国家赔偿责任"，载《行政法学研究》1999 年第 2 期

［47］王达："对不动产登记的行政法思考"，载《行政法学研究》2007 年第 2 期

［48］张步峰、熊文钊："行政法视野下的不动产物权登记行为"，载《行政法学研究》2009 年第 1 期

［49］杨寅、罗文廷："我国城市不动产登记制度的行政法分析"，载《法学评论》2008 年第 1 期

［50］江必新、刘新少："服务行政与自由法治之辩"，载《理论与改革》2011 年第 1 期

［51］莫于川、郭庆珠："论现代服务行政与服务行政法——以我国服务行政法律体系建构为重点"，载《法学杂志》2007 年第 2 期

［52］张迎涛："不动产为什么要登记——以 1949 年之后中国土地登记为例的历史考察"，载《行政法学研究》2008 年第 1 期

［53］黄新波："论工商变更登记的性质"，载《行政法学研究》2010 年第 1 期

［54］叶必丰："行政行为的模式"，载《行政法论丛（第 2 卷）》，法律出版社 1999 年版

［55］张书克："'服务行政'理论批判"，载《行政法学研究》2002 年第 2 期

［56］刘保玉："不动产登记机构错误登记赔偿责任的性质与形态"，载《中国法学》2012 年第 2 期

［57］孟强："论不动产登记机构登记错误的赔偿责任——兼评《不动产登记暂行条例（征求意见稿）》相关规定"，载《政治与法律》2014 年第 12 期

［58］陈思静、陈耀东："不动产登记机构赔偿责任研究"，载《广西社会科学》2015 年第 2 期

［59］梁蕾："不动产登记中的损害赔偿责任研究"，载《行政法学研究》2008 年第 3 期

［60］徐英军："不动产登记的行为特征和瑕疵救济"，载《中州学刊》2009 年第 1 期

三、学位论文

[1] 孙鹏："物权公示论——以物权变动为中心"，西南政法大学 2003 年博士学位论文

[2] 马栩生："登记公信力研究"，武汉大学 2005 年博士学位论文

[3] 李凤章："登记限度论——以不动产权利登记制为中心"，中国政法大学 2005 年博士学位论文

[4] 王旭军："不动产登记司法审查标准研究"，中国政法大学 2009 年博士学位论文

[5] 杨晓玲："行政登记研究"，中国政法大学 2009 年博士学位论文

[6] 黄常青："不动产物权变动研究"，吉林大学 2009 年博士学位论文

[7] 崔志伟："论不动产上权利冲突及其司法处理——以司法实践中典型不动产上权利冲突类型为视角"，吉林大学 2012 年博士学位论文

[8] 蒋光辉："物权公示效力论——为公示对抗主义辩"，武汉大学 2013 年博士学位论文

[9] 王永亮："论不动产登记中的私权利保护"，华东政法大学 2014 年博士学位论文

[10] 王策："不动产登记机构过错之研究"，中国人民大学 2014 年博士学位论文

[11] 熊玉梅："中国不动产登记制度变迁研究（1949-2014）"，华东政法大学 2014 年博士学位论文

[12] 刘艳："英美不动产登记法律制度研究"，山东大学 2014 年博士学位论文

四、外文专著及文献

[1] A. M. Honoré, *Ownership*, *Oxford Essays in Jurisprudence*, A. G. Guest (Ed), Oxford：Clarendon Press, 1961

〔2〕 Bryan A. Gamer（editor in chief），*Black's Law Dictionary*，9th edition，West，2009

〔3〕 Charles Harpum，Janet Bignell，Registered Land，*Law and Practice under the Land Registration Act 2002*，Jordan Publishing Limited，2004

〔4〕 Charles Harpum，Stuart Bridge，Martin Dixon，Megarry & Wade：*The Law of Real Property*，8th edition，London：Sweet & Maxwell，2012

〔5〕 Diane Chappelle，*Land Law*，8th edition，Pearson Education Limited，2008

〔6〕 E. H. Burn，*Cheshire and Burn's Modern Law of Real Property*，16th edition，London：Butterworths，2000

〔7〕 W. T. Murphy，Simon Roberts，*Understanding Property Law*，3rd edition，Sweet & Maxwell，1998

〔8〕 F. H. Lawson，Bernard Rudden，*The Law of Property*，3rd edition，New York：Oxford University Press Inc，2002

〔9〕 Gregory Hill，Richard Wallington，Timothy Harry，Richard Dew，*The Land Registration Act 2002*，LexisNexis Butterworths，2005

〔10〕 John G. Sprankling，*Understanding Property Law*，2nd edition，Matthew Bender& Company, Inc. ，2008

〔11〕 Joseph William Singer，*Property Law：Rules，Polities，and Practices*，3rd edition，Aspen Publishers, Inc. ，2002

〔12〕 Simon Gardner，*All Introduction to Land Law*，Oxford：Hart Publishing，2007

〔13〕 Roger Bernhardt，Ann M. Burkhart，*Real Property*，5th edition，West Publishing Co. ，2005

〔14〕 Gilbride，Terrence M. ，"2005-2006 SURVEY OFNEW YORK LAW：REAL PROPERTY LAW"，*Syracuse L. Rev.* 57，2007

〔15〕 Shick Blair C. ，Irving H. Plotkin，*Torrens in theUnited States：a legal and economic history and analysis of American landregistration systems*，Lexington Books，1978

〔16〕 Barnet Todd，"The Uniform Registered State Land and Adverse Possession Reform Act, A Proposal for Reform of the United States Real Property Law", *Buff. Envtl. LJ* 12, 2004

[17] James Charles Smith, Robin Paul Malloy, "Real Estate Transactions: Problems, Cases, and Materials", *Wolters Kluwer Law & Business*, 2013

[18] Serkin, Christopher, "Local Property Law: Adjusting the scale of property protection", *Columbia Law Review*, 2007

[19] Miceli, Thomas J. , C. F. Sirmans, Joseph Kieyah, "The demand for land title registration: theory with evidence fromKenya", *American Law and Economics Review* 3. 2, 2001.

[20] Williamson Ian P. , "Land administration "best practice" providing the infrastructure for land policy implementation", *Land Use Policy 18. 4*, 2001

[21] Mcewen Alec, "The significance of land title registration: A global perspective", *75th Annual. Meeting of theInstitute of Surveyors of Sri Lanka*, *Columbo*, September, 2001

[22] Giliberto Michael, "Equity real estate investment trusts and real estate returns", *Journal of Real Estate Research*, 2009

[23] Powell, Richard RB. , "The Relationship Between Property Rights and Civil Rights", *Hastings LJ 15*, 1963

[24] Stoter Jantien, P. J. M. van Oosterom, "Cadastral registration of real estate objects in threedimension", *URISA Journal 15. 2* , 2003

[25] Miceli Thomas J. , C. F. Sirmans, Geoffrey K. Turnbull, "The dynamic effects of land title systems", *Journal of Urban Economics 47. 3*, 2000

后记：回眸我的法学历程

　　十五年前，我在硕士论文的"后记：一挠法学的七年之痒"中感慨，前后历时七年，先至武汉，再赴京师，在戴着口罩的2003年之夏，在非典肆虐的北京城，暂离（抑或永别?）我的法律学徒生涯。当时表示，将牢记"法律应当被信仰"的铭训，终身"视法律为上帝、作法律的顺民"，并追问自己，"可是，可是，胡汉三还能回来吗?"而今，随着博士论文（原题为"论不动产登记审查——以公私法接轨为视角"）答辩全票通过，特别是借博士论文修缮付梓之机（主要是基于体系完整性的考虑增加了部分内容），终于可以作一回答了。

　　回溯至1996年夏天，我因高考失手而致投奔北大"未遂"，来到位于武昌鲁巷的中南政法学院（后来整合更名为中南财经政法大学，或谓之"中南法商学堂"方显雅致，然否?），"未遂"可能是我记住的第一个法律术语。从扬州沿长江逆水而上恰是见证我的这种失意，怎一个郁闷了得！今天看来，上天是公平的，在向我关上一扇门的同时，又为我开启了另一扇门，无心插柳地置身"法家"门下，实为不幸中之大幸。我曾在唉声叹气中虚度光阴，直到有一天，一个山东牟平人向我们展示了法学的魅力和法学家的风度，当时北京大学贺卫方教授频频来汉讲学，是他的讲座完成了我的法律启蒙，原来法学也可以这样！贺公曾戏言"鲁巷正合山东人"，他是那四年我见过的并不太多的学问皇皇而又风度翩翩的学者，虽然他多少有点述而不作的味道。法学开蒙之后，在那个"志士"的年龄（我意就人生追求而言，二十可为志士，四十当为名士，六十应为居士），我有着鼓吹法治的冲动，其时民间性的京汉名家宪政文化论坛的数期举办系我亲力亲为促成。

正是斯时，我对公法产生了足够的好奇，觉得其中充盈着对人的关怀，或许这与我的平民情结相关，对权力的约束是那么地快意情仇，于是苦读考研，终得以北上继续问学之旅。两句小诗可记录那段思绪和时光——"为寻法意几辗转"，放弃了心中难舍的燕园之梦，来到法大研习公法；"蓟门桥下思鱼跃"，在小月河畔经历了读书、写作、编书、讲课，不期然三年已逝。那三年，有春风得意马蹄疾的潇洒，亦有虎落平阳被犬欺的落魄，但这就是我必须直面的人、事以及生活。而当这一切悄悄溜走，心境反而越发冲淡平和，恺撒有云"我来了，我看到了，我胜利了"……回头来看，其实胜利与否也没那么重要。

离开法大后，我即进入职业生涯，部委机关的工作虽说经常同法律政策打交道，但与法学只是沾边而已。并且，由于我硕士阶段研读公法，而职事所涉多属私法范畴，知识背景与实践领域可谓大相径庭，深感再续"法缘"之可望而不可及。随着阜内大街64号大院内花开花落，自己心中一直抱持的法学博士情结，实不知何时方能纾解……直到2015年，"过五关斩六将"，蒙朱岩老师不弃，将我这个或许并不算很合格的学生收于民商法学门下，实现了我由硕而博的深造夙愿，也给我带来了跨界公法私法的极大挑战。

在中国人民大学法学院求学期间，朱岩教授亦师亦友，对我这个"土"官员的指导，让他这样的"洋"博士费心良多，不同层面、不同话题的畅快交流，往往置我于相见恨晚之境，千言万语难表谢意之一二。当斯时也，人大民商法课堂名师云集，王利明、杨立新、姚辉、叶林、张新宝、龙翼飞等诸教授岂止"传道授业解惑"以蔽之，后又欣见王轶教授执掌法学院，高圣平教授荣列教育部长江学者，备感人大作为民商法学重镇之威名绝非"浪得"，而可持续发展之更为可期，深以置身其间为荣！似乎一下子又回到当年求学的青涩岁月。

博士生课程修完后，受组织委派，我到乌蒙山片区的四川省叙永县挂职锻炼，增加了人生历练，也有了相对完整的研究时间。叙永虽处"鸡鸣三省"之远，却是文脉赓续之地，抗战时期西南联大分校一度驻留于此，遥想当年"大师"偏居"大山"一隅，自然与人文均颇值玩味。一年间，我白天出入于"很亲民"的县委（在临街的居民楼办公）、"讲法治"的政府（法院是县政府的房东）以及质朴的乡间，少了些衙门作风书生气，多了些为民情怀实干心。而对学业的牵挂，一个个夜晚也不显得那么寂寞，感谢边城叙永及上苍赐我的这段美妙时光！挂职期间，我曾作打油诗一首："九州遍览根在扬，五院四系三彷徨；京师小吏入蜀地，且留清誉立圆方。"所幸，先后求学的"五院四系"之中南财经政法大学、中国政法大学、中国人民大学，俱入选法学"双一流"学科（共六家），而后两者还是新一轮法学学科评估"唯二"的"A+"，煞是倍感荣光！

借此机会，我要特别感谢硕士生导师中国政法大学的马怀德教授以及焦洪昌、刘莘诸教授，亦应感谢本科恩师当时中南财经政法大学的刘茂林教授以及关保英、童之伟、范忠信诸教授，他们对我的关心帮助起自学问，但早已超出学术，"仙人指路"般地影响着我的人生选择，那种用心令人难忘，个中情义长驻心间。还要感谢苏州大学法学院的张鹏教授，他为人忠直、治学严谨，引我入行、指点前行，我与他相识自乡谊始，友情历二十余载而弥坚，必长久珍惜之。此外，感谢母校的中国政法大学出版社特别是余娟编辑，惠允出版这部介乎学术与实务之间的博士论文"升级版"。

作为一名在职博士生，学业与事业之间的冲突在所难免，我也一度纠结于如何兼顾，以至于做到淡定从容。正是由于领导和同事们的支持和包容，我才能将法律学徒生涯走到底。感谢王广华副部长任司长（局长）时支持我考博，也正因他的关心关注，本人2015年获得了双丰收，并一直坚定地走在成长的道路上。感谢赵龙副部长，我刚进机关门即耳濡目染于年轻"老"领导的一言一行，此后的鼓励和指点，亦让我备感亲切，如沐春风。感谢现任冷宏志局长，前任高延利司长、朱留华司长以及不动产登记中心何平主任，他们不仅是领导，更像是人生导师，如父如兄的情谊、始终给予的信任以及太多太多……都让我难以忘怀，不断增强我的使命感和责任心，唯以加倍努力方不负诸公之所期。

最后，应当感谢我的父亲王长松和母亲翁翠香，他们生我养我、无私帮我，善良通达、言传身教，既让平民出身的我衣食无忧、宠辱不惊，还营造出我一生受用不尽的和谐宽容的氛围，使我自主自如、从心所欲地做人做事，我将用余生去报答他们。"秀才人情纸半张"，对于生命中的贵人，需要感谢的还有很多，方寸之地所限，不再一一列名。但是请相信，做人有情有义、做事有板有眼是我的人生信条，必将始终怀着感恩之心看待人生、善待朋友。

三年博士生时光，转瞬即逝；三年苦行僧生活，亦有甘甜。当博士学位论文行将完工时，工作十多年的机关大门口人影幢幢，在"国土资源部"大牌子下拍照留念的人来来往往，这不正是我即将离开人大法学院心情的生动写照么，好在是从广袤的"国土"到更宏大的"自然"，随后不久，"自然资源部"运行如常……望着眼前这部还不太成熟的书稿，想着自己即将又要离开法学门庭，殊为不舍。如果说学士论文只是敷衍了事，硕士论文是其貌不扬的"初生儿"的话，就让这个还显得不够完美的"小二子"，作为我再次踏入法科这段生活的纪念吧！曾经，我自谓法律的精神已溶入血液之中，心灵深处已经同自由、平等、法治、人权等高妙的价值无从分离；今天，我想说的则是，为了爱我的和我爱的人，一切的一切都将沉淀下来，作为我过往人生的经验，更成为我继续前行的动力！

行文至此，意犹未尽。还要表达的是，自圆其说原系学术论文的基本要求，"文责自负"亦属读书人的操守所在，这本书不过是我这个"自然人"的所思所悟。其中观点若有偏颇抑或错谬之处，当然应由本人负责，而与我所在的部门、岗位无关，即使你和我都如苏力所言"深深地嵌入这个世界之中"……